나를 세우는 책 쓰기의 힘

이 책을 소중한

_____님에게 선물합니다.

_____ 드림

· 흔들리지 않는 단단한 나를 만드는 법 ·

나를 세우는
책 쓰기의 힘

| 김태광 · 임원화 외 58인 지음 |

위닝북스

진정으로 원하는
꿈을 찾아라!

어린 시절 우리는 세계적인 과학자, 억만장자, 피아니스트, 비행기 조종사, 우주인, 영화배우, 가수 등 다양한 꿈을 가슴에 품고 살았다. 그러나 성장하면서 자신의 꿈이 무엇인지, 진정 원하는 것은 무엇인지 잊고 살아간다. 당장 '해야 할 일' 때문에 '하고 싶은 일'을 포기하기 때문이다.

꿈을 포기한다고 해서 당장 큰 문제가 생기는 것은 아니다. 주변 사람의 눈으로 바라보았을 때 자신의 삶이 그다지 나쁘지 않다고 생각하면서 현실과 적당히 타협한다. 이대로 행복하다고 스스로 합리화시키는 것이다. 끓어오르는 내면의 열정과 잠재력을 그냥 식혀 버린다. 그 이유는 간단하다. 귀찮기 때문이다. 이대로 사는 것도 나쁘지 않으므로 굳이 노력할 필요성을 못 느끼는 것이다.

인간은 누구나 엄청난 잠재력을 가지고 태어난다. 자신이 생각하는 것 이상으로 무한한 가능성을 가지고 있다. 그러나 주변 사람들의 시선이나 과거의 삶을 기준으로 자신을 판단하면서 진정한 가치를 다 알지 못한 채 살아간다. 인간의 잠재의식은 항상 자신을 봐 달라고, 이야기 좀 들어 달라고 호소한다. 자신이 진정 바라는 삶이 무엇인지 알려 주기 위해 마음의 문을 끊임없이 두드린다. 그러나 대부분의 사람들은 두려움과 현실적인 일들에 둘러싸여 내면의 소리를 무시해 버린다.

이 책을 쓴 60명의 저자들은 연령과 직업, 그리고 처해 있는 환경이 모두 다르다. 그러나 자신의 가치를 깨닫고 꿈을 이루기 위해 노력하고 있다는 점만큼은 동일하다. 스스로에게 성장할 기회를 준 용기 있는 사람들이다. 이 책의 저자들처럼 스스로를 사랑하고 내면의 소리에 귀 기울인다면 당신의 삶은 상상 이상으로 변화할 것이다. 세상에는 경험해 볼 만한 가치 있는 것들이 무수히 많다. 우리가 해야 할 일은 두려움과 불안에서 벗어나 꿈에 손을 뻗는 것이다. 성공은 언제나 두려움의 한 발짝 뒤에서 우리를 기다리고 있다.

2018년 2월

양현진

프롤로그

1-12

김태광　임원화　김은숙

김은화　이용태　이미경

이지현　양현진　안경옥

송세실　강민주　고은정

01

2020년까지
1,000명의 작가 배출하기

김태광 〈한책협〉 대표이사, 대한민국 대표 책 쓰기 코치, 초·중·고등학교 16권 교과서에 글 수록, 제1회 대한민국 기록문화대상, 대한민국 신창조인대상, 도전한국인대상 수상

저술과 강연을 통해 수백 명을 작가와 강연가, 코치, 컨설턴트로 만들었으며, 지금까지 200여 권의 책을 집필했다. 2011년 제1회 '대한민국 기록문화대상' 최고기록부문 '책과 잡지분야'를 수상했고, 2012년 '대한민국 신창조인대상', 2013년 '도전한국인대상'을 수상했다. 현재 네이버 카페 〈한국 책쓰기 성공학 코칭협회〉를 운영하고 있다.

• Email vision_bada@naver.com

오늘날 자신의 책을 써서 작가, 코치, 컨설턴트, 1인 창업가로 인생 2막을 준비하려는 사람들이 늘고 있다. 나는 그들에게 도움을 주기 위해 네이버 카페 〈한국 책쓰기 성공학 코칭협회(이하 한책협)〉를 운영하고 있다. 20년간 200여 권의 책을 펴내면서 알게 된, 단기간에 책을 쓰는 기술과 노하우를 〈책 쓰기 과정〉에서 전수해주고 있다. 이 과정을 수강한 수백 명의 사람들이 작가, 강연가, 코치로 새로운 삶을 살고 있다. 이제 나는 2020년까지 1,000명의 작가를 배출하는 것이 목표다.

나는 보통 책 한 권을 쓰는 데 한 달이 걸리지 않는다. 사람들은 내게 책을 빨리 쓰는 비결을 묻는다. 그 답은 바로 '빠른 주제 설정'과 '목차 만들기'다. 책을 쓰는 데 오랜 기간이 걸리는 사람들의 특징은 자신과 맞지 않은 주제를 선정하거나 목차를 엉성하게 세운다는 것이다. 책 쓰기의 80%는 목차라고 해도 과언이 아니다. 목차가 제대로 세워져 있다면 누구나 단기간에 완성도 높은 원고를 쓸 수 있다. 〈한책협〉의 〈책 쓰기 과정〉을 수강한 사람들은 대부분 1~2개월 만에 원고를 쓰고 출판사와 출판 계약을 맺는 데 성공한다.

이것이 바로 〈한책협〉에 사람들이 몰리는 이유다. 책 쓰기를 코칭해 주는 코치들은 다른 곳에도 많다. 하지만 고작 1~2권의 책을 쓴 게 전부인 데다 그마저도 자비로 책을 출간하는 경우가 대부분이다. 누군가를 제대로 코칭할 수 있을 리 만무하다.

대부분의 출판사는 원고를 보면 이 저자가 어떤 곳에서 책 쓰기를 배웠는지 단숨에 파악한다. 마찬가지로 〈한책협〉 수강생들의 원고를 본 출판사들은 하나같이 〈한책협〉의 김태광 대표 코치에게 책 쓰기를 배운 것임을 안다. 원고의 목차 수준, 완성도 등을 살펴보면 다른 곳에서 책 쓰기 코칭을 받은 원고와는 수준이 확연하게 차이가 나기 때문이다.

몇 달 전, 71세의 이순희 작가가 〈한책협〉에서 진행하는 〈1일 특강〉의 수강을 마친 후 〈책 쓰기 과정〉에 등록했다. 그리고 과정 수료 후 2개월여 만에 원고를 쓰고 '휴먼앤북스' 출판사와의 출판 계약에 성공했다. 이순희 작가의 책은 2018년 3~4월경에 출간될 예정이다. 책을 쓰는 데는 나이도, 직업도 중요하지 않다. 나는 많은 이들이 이순희 작가처럼 자신의 책을 쓰기를 희망한다. 그리고 더 많은 기회를 누리며 큰 인생을 가꿔 가기를 바란다.

〈한책협〉을 통해 작가가 된 이들은 대부분 1인 창업가로 왕성하게 활동하고 있다. 자신의 지식과 경험, 비결을 전하는 메신저로서의 삶을 사는 것이다. 직장생활을 하던 당시에는 쥐꼬리만 한 일급으로 생활해야 했지만 지금은 상황이 달라졌다. 자신이 좋아하는 일을 하면서도 월 수천만 원에서 수억 원의 수익을 올리고 있다. 나는 지식과 경험, 노하우를 사람들에게 전수해 주고 그 대가를 돈으로 받는 메신저라는 직업보다 더 행복한 직업은 없다고 자신한다.

〈한책협〉을 통해 가슴 뛰는 삶을 사는 사람들 가운데 대표적인 예를 꼽아 보겠다. 임원화 작가, 이나금 작가, 신성호 작가, 신상희 작가, 임동권 작가, 이선영 작가 등이 있다.

임원화 작가는 《한 권으로 끝내는 책쓰기 특강》,《하루 10분 독서의 힘》,《스물아홉, 직장 밖으로 행군하다》 등의 책을 펴내고 〈한책협〉뿐만 아니라 전국을 무대로 독서 코치, 책 쓰기 코치로 활발하게 활동하고 있다. 부동산 여왕으로 불리는 이나금 작가는

《나는 쇼핑보다 부동산 투자가 좋다》를 펴내고 강남에서 〈직장인을 위한 부동산 투자 연구소〉를 개설해 누구보다 즐거운 삶을 살고 있다. 자신이 갖고 있는 부동산 지식과 경험과 노하우로 평범한 사람들을 부자로 만드는 데 도움을 주고 있다. 생식 전문회사 연구원으로 근무하고 있는 신성호 작가는 《하루 한 끼 생식》을 펴내고 강연 등으로 바쁜 나날을 보내고 있으며, 신상희 작가는 《고객이 스스로 사게 하라》라는 책을 펴낸 뒤 〈한국 세일즈 디자인 코칭협회〉를 운영하고 있다. 임동권 작가는 《10년 안에 꼬마빌딩 한 채 갖기》, 《신축 경매로 꼬마빌딩 한 채 갖기》를 펴낸 후 TV에 출연했는가 하면 코치, 컨설턴트, 강연가로서 활발한 활동을 펼치고 있다. 치과에서 치위생사로 근무했던 경력이 있는 이선영 작가는 《1인 창업이 답이다》, 《병원 매출 10배 올리는 절대 법칙》을 펴낸 뒤 1인 기업가로 활동하고 있다. 이 외에도 〈한책협〉을 거쳐 간 수많은 사람들이 자신이 좋아하는 일을 하며 하루하루 행복한 시간을 보내고 있다.

남녀노소 누구나 책을 써야 한다. 나는 전작 《마흔, 당신의 책을 써라》에서 책을 써야 하는 이유로 다섯 가지를 말했다.

첫째, 자신의 이름을 브랜드화할 수 있다.
처음에 사람들은 안철수가 누구인지, 뭐 하는 사람인지 잘 몰랐다. 하지만 그는 《CEO 안철수, 영혼이 있는 승부》라는 책을 출간해 자신이 걸어온 인생과 철학을 세상에 알릴 수 있었다. 《익숙한 것과의 결별》이라는 책으로 유명한 구본형 소장도 책을 내기 전에는 샐러리맨에 불과했다. 지금의 '한비야'라는 브랜드를 만든 것도 다름 아닌 책 《바람의 딸 걸어서 지구 세 바퀴 반》이다. 이들은 모두 책을 통해 자신과 자신의 이름을 세상에 알렸다.

둘째, 평범한 나의 경쟁력이 된다.

자신이 평범하다고 생각된다면 '무조건' 책을 써야 한다. 평범하다는 것은 다른 사람들보다 뛰어나지 않고 그저 그런 실력을 갖추고 있다는 것이다. 그러니 조직에서 언제든 다른 사람으로 대체될 수 있다는 뜻이다. 책을 써야 하는 이유다. 책을 써서 다른 사람들에게는 없는 비밀 병기, 즉 경쟁력을 갖추어야 한다.

셋째, 책 쓰기는 진짜 공부다.

한 권의 책은 그냥 뚝딱 쓸 수 있는 것이 아니다. 책 속에는 저자의 지식과 정보, 생각과 경험 그리고 철학이 담겨 있다. 이러한 것들은 공부를 해야만 얻을 수 있다. 또한 책 쓰기가 아니더라도 조직에서 인정받는 구성원이 되기 위해서는 계속 자기계발, 즉 진짜 공부를 해야 할 필요가 있다.

넷째, 책은 든든한 은퇴자본이다.

은퇴를 떠올렸을 때 불안하거나 두렵게 여겨진다면 책을 써라. 책 한 권, 글 한 편이 든든한 은퇴자본이 된다. 그나마 안전지대에 머물러 있는 지금, 머뭇거리지 말고 당장 책 쓰기에 도전하라.

다섯째, 책은 전문가로 통하는 자격증이다.

사람마다 자신이 잘할 수 있는 특별한 전문분야가 있다. 책 쓰기야말로 자기 분야의 전문가가 되는 가장 효과적이면서도 쉽고 빠른 방법이다. 내 이름 석 자가 들어간 책이야말로 '인생 최고의 학위'가 된다.

나는 2020년까지 1,000명의 작가를 배출하겠다는 목표를 세웠다. 〈한책협〉의 〈책 쓰기 과정〉을 수강하는 사람들은 누구나 작가가 될 수 있도록 목숨 걸고 돕고 있다. 대부분 가난한 사람들에게는 물질적인 도움을 주는 것이 옳은 일이라고 여긴다. 하지만 나는 그들에게 꼭 필요한 것은 자신의 책을 통해 지식과 경험, 깨달음, 삶의 이야기를 전해 주는 것이라고 생각한다. 물질적인 것은 언젠가 동이 나기 마련이지만, 내면에 간직한 지식과 경험은 마르지 않기 때문이다. 그들에게 가장 필요한 것은 한 푼의 '자선'이 아닌 '자극'이다. 나의 책을 읽고 누군가의 삶이 변화한다면 그보다 더 값진 일이 있을까.

02

No. 1이 아닌 Only 1이 되기

임원화 〈임마이티 컴퍼니〉 대표, 동기부여 강연가, 책 쓰기 코치, 1인 기업 멘토, 책 쓰는 간호사

모두의 잠재력을 깨우는 기업 〈임마이티 컴퍼니〉 대표로 집필, 강연, 코칭, 컨설팅, 특강, 워크숍, 칼럼 기고 등을 활발히 진행하고 있다. 지식과 경험을 나누는 메신저로서 다양한 대중들과 소통하고 있다. 또한 책 쓰기를 기반으로 1인 기업가를 시작하는 이들의 멘토로도 활약하고 있다. 저서로는 《하루 10분 독서의 힘》, 《한 권으로 끝내는 책쓰기 특강》 외 15권이 있다.

- Email immighty@naver.com
- Cafe www.immighty.co.kr
- Blog www.dreamdrawing.co.kr
- C·P 010.8330.2638

나는 현재 거의 10개가 넘는 직업이자 역할을 가지고 있다. 간호사, 작가, 프로 강사, 강연가, 코치, 컨설턴트, 동기부여가, 멘토, 1인 기업가, 〈임마이티 컴퍼니〉 대표가 그것들이다. 현재 1인 기업을 넘어 사업가이자 투자자로도 역할을 넓혀 나가고 있으며, 지식과 경험을 나누는 메신저로서 많은 사람들과 소통하고 있다. 직업과 역할이 다양한 만큼 수입 파이프라인 역시 다각화되어 있다. 하는 일에 따라 월급도 여러 번 받고, 수익 창출도 다방면으로 이루어진다. 이 모든 변화는 3년 만에 이루어졌다. 이것이 가능한

이유는 바로 책을 썼기 때문이다.

대부분이 그렇듯 나 역시 초등학교 6년, 중학교 3년, 고등학교 3년, 대학교 4년까지 무려 16년을 공부했다. 1년 재수를 했으니 정확히는 17년을 공부한 셈이다. 그렇게 해서 나는 국가 면허를 취득한 간호사가 되었고, 대학교를 졸업한 후 대학병원에 입사했다. 당시 대기업 신입사원이 받는 수준의 연봉을 받았다. 세전 4,000만 원 정도의 연봉을 받으며 약 5년간 근무했으니 근무 기간 동안 약 2억 원 정도를 벌었다고 볼 수 있다.

한평생 교육직 공무원으로 일하신 아버지는 안정적인 직장에서 정년을 채우며 열심히 근무하는 것을 당연하게 여기셨다. 어머니 역시 자식들이 안정적인 교사나 공무원이라는 직업을 가지길 원하셨다. 특히 딸들은 출산 후에도 복귀할 수 있거나 이직이 가능한 전문직 여성이 되길 원하셨다.

동생들과 나는 그것만이 정답이라고 여기며 달려왔다. 하지만 세상은 객관식이 아니라 주관식이었다. 정답은 하나가 아니라 여러 가지일 수 있으며, 결과는 주어지는 것이 아니라 만들어 가는 것이었다. 그때의 우리는 그걸 몰랐다.

나는 17년 동안 누구보다 열심히 공부하고 노력했다. 좋은 대학에 진학해서 내로라하는 회사에 취업하는 것만이 정답인 줄 알았다. 열심히 살면 보상을 받을 수 있다고 믿었다. 누구나 선호하는 직업을 가지면 평탄하게 인생을 살 줄 알았다. 전문직을 가지면 결혼 후에 임신과 출산을 하더라도 평생 안정적으로 일할 수 있을 줄 알았다.

동생들도 마찬가지였다. 여동생은 4년제 대학의 경영학과를 전공했고, 남동생은 전문대학 호텔조리과를 전공했다. 오로지 성적만을 위한 입시 교육을 받았고, 성적과 여건에 맞춰 대학을 선택했다. 졸업 후에는 남들이 그러하듯 당연히 취업해야 한다고 생각했다. 그러곤 좀 더 나은 조건의 직장에 소속되기 위해 노력했다. 그 결과 여동생은 전공과는 무관한 경찰공무원 시험을 준비하게 되었다. 하지만 적성에 맞지 않은 진로를 선택한 탓에 힘든 시간을 보내야만 했다. 그 후 자신이 진정으로 원하는 바를 진지하게 고민해 본 여동생은 영어를 공부하기 시작했다. 영어 실력이 향상되자 영어를 필요로 하고 영어가 유용하게 쓰이는 곳에 취직하게 되었다. 주로 호텔이나 어학원, 입시학원, 영어 관련 수업이나 업무를 보는 아르바이트 등이었다.

여동생이 지금까지 월급으로 받은 돈은 평균 150만 원에서 200만 원 안팎이었다. 남동생 또한 군대를 다녀와 취업한 패밀리 레스토랑에서 4년간 근무하며 한 달에 100만 원에서 150만 원 남짓한 돈을 벌었다.

한 자녀를 교육시켜서 독립시키는 비용으로 평균 2억 원 정도가 든다는 기사를 본 적이 있는가? 2억 원을 기준으로 할 경우,

4,000만 원의 연봉을 받으며 5년간 직장생활을 한 나는 그제야 제로가 된 셈이었다. 여동생은 나보다 2배인 10년을 일해야 제로가 되며, 남동생은 3배에서 4배인 15~20년 정도를 일해야 제로가 된다. 그 이상의 직장생활을 계속 유지해야만 비로소 들인 돈에 비해 번 돈이 많아진다. 3명의 자식을 키우며 평균 6억 원의 돈이 들어갔으니, 자식농사의 손익분기점을 넘기려면 부모님은 우리가 5년에서 20년 정도 근무할 수 있는 직장이나 직업을 선택하게끔 해야 했던 것이다.

하지만 나와 동생들은 그렇게 하지 않았다. 나의 몸값을 스스로 책정하며 나의 가치를 높이는 길을 선택했다. 나 스스로 정답을 만들어 나가기로 했다. 우리는 책을 써서 지식 창업을 기반으로 한 1인 기업가가 되기로 결심했다. 먼저 내가 직장생활과 책 쓰기를 병행하며 1인 기업가로서 홀로서기를 준비했다. 각고의 노력 끝에 결국 나는 독립에 성공했다.

억대 수입의 1인 기업가로 자리매김한 나를 보고 동기부여를 받은 동생들은 현재 직장인의 인생을 벗어나 나의 발자취를 따라오고 있다. 여동생은 현재 책을 출간한 후 강연, 코칭, 컨설팅, 멘토링 등 활발한 활동을 하고 있다. 남동생 또한 1인 기업가로서의 시스템을 갖춰 나가는 중이며, 현재 20대 중반의 나이임에도 10권에 가까운 책을 써냈다. 나는 현재 약 20권의 책을 출간한 작가이며, 수백만 원대의 강연료를 받으며 활발하게 강연 활동을 하고 있다.

만약 책을 쓰지 않았더라면 과연 우리가 이런 인생을 살 수 있었을까? 우리는 평범한 집안에서 평범하게 자랐다. 생각한 대로 사는 것이 아니라 사는 대로 생각했던 평범한 직장인이었다. 자연스럽게 평범하고 단조로운 인생의 설계도를 그렸다. 하지만 책을 쓰자 평범한 사람들보다 빠른 시간 안에 확실한 결과를 내게 되었다. 남과 같은 인생이 아니라 남다른 인생을 살게 된 것이다.

나는 프로그램, 특강, 워크숍, 과정 등을 통해 지식과 경험을 나누고, 컨설팅, 코칭을 통해 사람들을 도와주는 메신저다. 메신저는 노동 시간에 따라 매겨지는 월급이나 연봉을 받는 것이 아니기 때문에 노력한 가치에 따라 수입이 달라진다. 이것이 내가 억대 연봉을 받을 수 있는 이유다. 이와 더불어 원하는 일을 내가 원할 때 할 수 있는 자유까지 저절로 따라온다.

우리가 만약 계속 직장인으로 살아가는 삶을 선택했다면 치열한 경쟁 속에서 No.1이 되기 위한 싸움을 끝없이 했을 것이다. 하지만 지식 창업을 기반으로 한 1인 기업가가 되기로 결심하고 행동했기에 No.1이 아니라 Only 1이 될 수 있었다.

직장은 당신이 그만두거나 이직해도 잘 돌아간다. 당신을 대체할 사람이 넘쳐 나기 때문이다. 하지만 1인 기업가는 다른 누군가로 대체가 불가하다. 직장에서 개인 사정으로 프레젠테이션을 못하게 되면 누군가로 대체되지만 책을 쓴 저자가 개인 사정으로 강연을 못하게 되면 그 강연은 취소된다. 이것이 회사가 중심인 직장인과 나를 중심으로 돌아가는 1인 기업가의 가장 큰 차이점이다.

책을 쓰고, 강연을 하고, 컨설팅과 코칭을 하는 일은 재미있으면서도 경이롭다. 계속 나 자신을 성장시키면서 끊임없이 역량을 강화할 수 있다. 또한 성장은 성공으로, 다양한 기회는 결과로 이어진다. 그에 따라 다른 이들을 이끌어 줄 수 있는 위치와 역할이 주어진다. 하고 싶은 일을 하며 평생 현역으로 살아갈 수 있고, 나답게 행복한 인생을 영위할 수 있다. 계속 변화하고 진화하며 꿈이 커지고 뚜렷해진다. 내면의 자존감이 올라가고, 하고자 하는 말에 힘이 실리며, 자신감이 충족되면서 행동 역시 당당해진다.

또한 책을 쓰면 예쁘고 멋있어진다. 사람들 앞에 서는 기회가 많아지면서 표정도 밝게 바뀌고, 옷이나 자세 등 보이는 모습에도 신경을 쓰기 때문이다. 책을 쓰면 권위가 생기고 신뢰감을 주는 사람으로 여겨지기에 사람들과의 의사소통도 원활해진다. 책을 쓰면 파급력이 커지기 때문에 누군가 직접 찾아오거나 자연스럽게 만남이 성사될 가능성이 높아진다.

힘들 때나 어려울 때 나를 세워 주었던 것은 책 쓰기였다. 직장인일 때는 직장 밖으로 행군할 용기를 주었다. 그리고 나답게 행복할 수 있을 거라는 기대감을 안겨 주었다. 아무도 가지 않은 길을 개척해 나가면서 외롭고 고독하기도 했다. 하지만 책을 쓰는 과정에서의 충만함과 책을 쓴 후 얻게 되는 성취감 때문에 그 모든 것을 버텨 낼 수 있었다.

1인 기업가로 가는 여정에서 책을 쓰는 것은 더 큰 열매를 맺기 위한 씨앗이고, 줄기였다. 책 쓰기를 통해 경험자, 전문가, 성공자가 되면서 나는 한층 더 단단하고 강한 사람이 될 수 있었다. 또한 내 소신을 지킬 수 있는 카리스마와 아우라가 생겼다. 나를 구원하는 것을 넘어 가족을 구원할 수 있게 되었다. 뿐만 아니라 많은 이들에게 선한 영향력을 미치며 세상의 중심이 될 수 있었다.

책을 쓰는 것은 곧 꿈을 쓰는 것이다. 꿈을 쓰는 것은 미래를 쓰는 것이고, 미래를 기대하는 힘은 상상을 현실로 만든다. 우리가 꿈꾸는 많은 일들은 눈에 보이는 현실이 될 수 있다. 당연한 일상이 될 수 있다. 나는 나의 미래를 응원한다.

부모님 세대가 살던 세상과 우리 세대가 살아가는 세상은 너무나 다르다. 4차 산업혁명 등 빠른 변화가 이루어지고 있다. 하나의 직업만 가지고는 살아남을 수 없다. '평생직장'이라는 단어는 그 뜻을 잃어버린 지 오래다. 앞에서도 언급했듯 나는 간호사라는 직업을 가지기까지 많은 시간과 비용과 에너지를 소비했다. 하지만 책 한 권을 쓰자 내 인생은 그전까지 상상할 수 없었던 방향으로 흘러갔다.

나를 찾고 지킬 수 있는 힘, 나의 소중한 사람들을 변화시키고 그들과 함께 멀리 갈 수 있는 힘은 책 쓰기에 달려 있다. 한 권의 책을 쓰는 것을 더 이상 버킷리스트로 남겨 두지 마라. 지금 당장 실천하라. 보다 더 많은 사람들이 책을 쓰고 꿈을 이루며 자신의 가능성을 마음껏 세상에 펼칠 수 있기를 바란다.

03

꿈을 이루어 주는 메신저 되기

김은숙 육아 코칭 전문가, 육아 코치, 자기계발 작가, 동기부여가

두 아이를 키우면서 얻은 경험과 노하우를 바탕으로, 서투른 초보 엄마도 아이와의 공감과 소통을 통해 좋은 엄마가 될 수 있다는 자신감을 심어 주고자 한다. 중요한 성장발달시기에 있는 아이에게 아낌없이 사랑을 표현하는 방법을 알려 줄 육아법 책을 집필 중이다.

· Email dmstnr4434@naver.com

가을에는 대구수목원에서 국화 축제가 열린다. 이른 아침에 꽃향기가 물씬 풍기는 수목원을 산책 삼아 한 바퀴 돌고 내려와서는 스타벅스에서 의식을 확장시키는 책을 읽으며 하루를 시작한다. 몇 달 전만 해도 일하느라 바빠 주위를 둘러볼 여유조차 없이 살았다. 그런데 〈한책협〉에서 책 쓰기를 시작하면서 지금 나의 일상은 변화하고 있다.

어릴 적 나는 학교 수업시간에 책을 읽고 발표하는 것을 정말

싫어했던 아이였다. 학창시절에 글짓기뿐만이 아니라 일기나 독후감을 쓰는 것도 싫었다. 그 흔한 글짓기 상 한 번 받아 본 적이 없다. 방학이 다가오면 선생님께서 꼭 일기 쓰기, 독후감 숙제를 내주신다. 방학 숙제 중에서도 가장 하기 싫어서 끝까지 미루어 두었다가 마지막으로 겨우 하는 숙제들이었다. 책을 좋아하지 않아서 만화책이나 여성잡지 정도를 읽었던 기억이 있다.

나이를 먹고 사회인이 되어서도 나를 위해 책 한 권을 사서 읽은 적이 거의 없었다. 필요에 의해서 자기계발 책을 몇 권 읽은 게 전부다. 그런 내가 책을 쓴다니, 살면서 한 번도 해 본 적 없는 생각이었다. 그래서 〈한책협〉의 김태광 대표 코치에게서 책 쓰기를 권유받았을 때 어쩐지 실감이 나지 않았다. 아무런 스펙도 없고 지극히 평범한 내가 해낼 수 있겠냐는 생각이 먼저 들었다. 지극히 평범한 내가, 그것도 40대에 책을 쓴다는 것은 불가능해 보였다. 유명한 작가나 시인, 교수들만 책을 쓰는 줄 알았던 것이다.

그러나 평범한 사람도 얼마든지 책을 쓸 수 있다. 그뿐인가? 자신의 경험을 진솔하게 녹여낸 책을 씀으로써 스스로 자신의 가치를 높일 수 있다. 자신의 책을 통해 많은 사람들에게 선한 영향력을 끼치며 높은 수익을 얻을 수 있다.

살면서 글을 쓰기는커녕 책도 제대로 읽지 않았다. 그런 내가 책을 쓰기 위해 〈1일 특강〉을 수강하게 되었다. 책을 쓴다고 생각하니 긴장감과 기대감에 심장이 쉴 새 없이 두근거렸다. 마침내 〈1일 특강〉을 듣는 순간, 나에게도 또 다른 꿈이 있다는 것을 깨달았다. 나는 가슴이 시키는 일을 하고 싶어졌다.

"성공해서 책을 쓰는 것이 아니라, 책을 써야 성공한다."
"자신이 평범하다고 생각된다면 무조건 책을 써야 한다."
"성공하기 위해서는 어떠한 스펙보다도 '책'이 필요하다."

김태광 대표 코치의 특강을 통해서 느끼고 깨달은 바가 많다. 〈1일 특강〉을 통해 나의 부정적인 사고가 긍정적인 사고로 바뀌었다. 그동안 스스로 정해 놓았던 나의 한계가 가차 없이 깨져 버렸다. 〈한책협〉을 처음 접했을 때는 책을 쓰는 것은 내가 할 수 있는 일이 아니라고 생각했다.

하지만 나의 생각을 바꾸었더니 또 다른 세상이 보이기 시작했다. 늘 잘살고 싶다는 생각만 했을 뿐 어떻게 행동해야 하는지 방법도, 목표도 분명치 않았다. 그런데 책 쓰기가 나의 인생의 터닝 포인트가 되어 주었다.

현재는 책을 쓰면서 인생 2막을 준비하고 있다. 지금껏 살면서 알지 못했던 새로운 삶을 준비하는 과정이다. 물론 힘든 순간도 있지만 그것마저도 내겐 즐거움이다. 책 쓰기를 알지 못했던 20·30대 시절 나는 늘 바쁘고 직장 일에 매여 있었다. 다람쥐 쳇

바퀴 돌듯이 똑같은 생활을 하며, 열심히만 하면 잘살 것이라는 희망을 안고 살았다. 결혼을 하고 두 아이를 키우면서도 좀 더 나은 생활을 하기 위해 맞벌이 전선에 나섰다. 그저 앞만 보고 열심히 달려왔다. 그런데 현재의 내 삶을 돌아보면 아무것도 이루어 놓은 게 없다. 언젠가 아이들이 우스갯소리로 "엄마, 난 재벌 2세가 되고 싶어."라고 말한 적이 있다. 아이들도 현실을 불안하게 느끼는 것일까? 아이들의 말 한마디에 더 열심히 살아서 아이들이 더 크기 전에 꼭 성공하고 싶다는 꿈을 가지게 되었다.

이제야 하는 생각이지만 직장생활만 열심히 해서는 성공하거나 특별한 삶을 사는 것은 힘들다. 혹시 구조조정 명단에 내 이름이 들어 있지는 않은지, 하루하루를 가시방석 위에 앉은 것처럼 살아가는 직장인들이 너무나 많다. 언젠가는 나와야 하는 직장에 목매는 시대는 지났다.

IMF 당시의 일이다. 금융구조조정으로 은행들도 퇴출을 면할 수 없던 때였다. 부실한 제2금융권 보험, 신탁, 금고, 신협 등이 금융구조조정에 들어가고 영업 정지를 당하는 곳이 속출했다. 그 와중에 내가 다니던 직장도 사라졌다. 함께하던 직원들과 헤어질 때 많이 슬퍼했던 기억이 난다.

예전에는 큰 회사, 대기업에 입사하면 부러움의 대상이었다. 입사하기만 하면 인생에 봄날이 오는 것이라고 했다. 하지만 오늘날에는 평생직장이란 없다. 평생직업만 있을 뿐이다. 〈한책협〉의 김태광 대표 코치는 이렇게 말한다. "100세 시대를 살아가고 있는 지금, 직장에 얽매여 있지 말고 내 이름 석 자를 알릴 수 있는 퍼스널 브랜드를 구축하라."라고. 나 역시도 결단을 내리지 않고 어영부영하다가는 인생을 바꿀 수 있는 기회를 놓치게 될지 모른다는 생각이 들었다.

요즈음 우리 집에는 내가 책 쓰기를 시작하면서 많은 변화가 생겼다. 아이들과 함께 책을 읽거나 공부하는 분위기가 자연스럽게 연출되는 것이다. 그동안에는 아이들과 책을 보고 힘께하는 시간들이 잘 마련되지 않았다. 부부가 늘 바빴기 때문이었다. 그런데 잔소리쟁이 엄마였던 내가 책을 쓰면서 책들과 함께하는 시간이 점점 늘어났다. 그것이 우리 가족에게도 영향을 미친 것이다.

성장하는 아이들은 부모의 뒷모습을 보고 자란다는 말을 실감하고 있는 요즘이다. 늘 부모가 본보기가 되어야 하지만 1인 몇 역을 해내느라 항상 바빴다. 그래서 아이들과 소통하는 시간을 내기조차 힘들 때가 많았다. 그런데 이제 아이들은 나를 따라 책을 펼치게 되었다. 그 모습을 본 남편은 작가엄마 덕분에 아이들의 TV 보는 시간이 줄고 공부하는 시간이 늘었다며 너무 좋아한다. 책을 쓰려고 한다는 말을 처음 꺼냈을 때, 남편은 책은 아무나 쓰는 게 아니라고 했다. 하지만 책과 함께 변화한 나의 모습을 보고는 지금은 옆에서 많이 도와준다.

지인들은 지극히 평범한 네가 40대에 책을 쓰겠다는 용기를 낸 것이 대단하다고 말한다. 나도 처음에는 그렇게 생각했다. 그런데 지금 나는 작가다. 작년 11월, 나의 공동저서 《또라이들의 전성시대2》가 출간된 바 있다. 서점에서 내 책이 판매되는 것을 보니 참 신기하다. 현재 또 다른 공동저서를 쓰고 있고 개인저서도 준비 중이다.

많은 사람들은 한평생 살면서 자신의 책을 내는 게 쉬운 일은 아닐 것이라고 생각한다. 하지만 생각의 관점을 바꾸면 새로운 것이 보인다. 단지 보지 못했을 뿐이다. 나 역시 〈한책협〉의 김태광 대표 코치가 물심양면으로 도와주셨기에 가능한 일이었다.

꿈이 없는 사람은 꿈을 가진 사람의 들러리가 된다. 소중한 꿈을 잘 지켜 내기 위해선 항상 시각화를 해야 한다. 꿈에는 휘발성이 있어서 머릿속으로만 생각하고 있으면 날아가고 만다. 그 꿈을 꼭 이루기 위해서는 종이 위에 메모하거나 나만의 보물지도로 꾸며서 잘 보이는 곳에 붙여 두고 수시로 봐야 한다.

나는 지금보다 더 나은 삶을 꿈꾼다. 지금은 주위의 많은 도움을 받고 있지만 앞으로는 많은 사람들에게 선한 영향력을 펼치는 내가 되고 싶다.

04

희망을 주는 메신저 되기

김은화 부동산 코치, 동기부여가, 강연가, 자기계발 작가

과거의 힘들었던 날들을 극복하고 직장일과 부동산 임대업을 병행하며 새 삶을 살고 있다. 현재 많은 사람들에게 희망과 용기를 주는 메신저의 삶을 살아가고 있으며, 인생에서 얻은 경험과 지식을 바탕으로 개인저서를 집필 중이다.

• Email dmsghk0010@naver.com

우리는 매일 같은 일상을 반복하며 살아간다. 이런 일상을 숙명처럼 받아들이며 속으로는 비명을 지르면서도 실상 아무런 반항도 하지 못한다. 지금 가진 것조차도 잃어버릴까 봐 두려워하며 살아간다. 너무 바쁜 세상살이에 미래를 생각할 기회도 갖지 못한다. 야속하게도 세월은 너무나 빠르게 흘러가 버린다.

중학교 3학년 시절, 소설이 쓰고 싶었던 나는 친구와 소설에 대해 이야기를 나누었다.

"우리 소설 한번 써 볼까?"

"어떻게 쓰지? 나도 쓰고 싶긴 한데."

"그냥 상상하면서 재미있게 쓰면 되지 않을까?"

이렇게 해서 친구와 나는 무작정 소설을 쓰기 시작했다. 하지만 얼마 가지 않아 포기하고 말았다. 소설을 쓴다는 건 생각처럼 쉬운 일이 아니었다. 글 쓰는 방법이 잘못되었는지, 생각이 풍부하지 못해서인지 자꾸만 글이 막혔다. 그래서 그만 포기해 버린 기억이 난다.

가정형편이 어려워 상업고등학교에 진학해 주경야독할 때의 일이다. 알고 지내던 동생이 학교를 그만두고 싶다고 했다. 동생을 꼭 말려야겠다는 생각이 들었던 나는 급히 동생의 친언니를 만났다. 언니와 대화를 나눠 보니 동생에게 남자 친구가 있고, 그 남자 친구와 같이 지내고 싶어 학교를 그만두려는 것이었다. 언니가 설득해도 막무가내라고 했다.

나는 다시 동생을 만나 보았다.

"1년만 다니면 졸업인데 꼭 그만둬야겠니?"

"일하면서 공부하는 게 힘들어. 난 남자 친구랑 같이 지낼 거야."

그러면서 자신은 공부를 포기할 거라고 했다. 난 동생에게, 시간이 흘러서 어른이 되면 공부를 포기한 걸 반드시 후회하는 날이 올 거라고 했다. 남자 친구가 너를 끝까지 책임져 주지도 않을 거라고 하면서. 그리고 진심을 담아 한마디를 덧붙였다.

"학교는 꼭 공부만 하는 곳이 아니야. 어른이 되기 전에 인성과 사회성을 기르는 과정이야. 가방만 메고 왔다 갔다 해도 학교에서 무엇이라도 배우는 게 있을 거야. 잠깐의 편안함과 즐거움 때문에 너를 망치지 말았으면 해."

며칠 후에 그 동생의 언니에게서 연락을 받았다. 동생이 학교를 계속 다니겠다고 했다는 것이다. 친언니인 자신이 아무리 설득해도 말을 안 들었는데, 어떻게 한 거냐며 진심으로 고맙다고 말했다. 그 이야기를 들은 순간, 날아갈 것처럼 기뻤다. 나의 진심이 통했기 때문이었다.

나를 모르는 사람들은 한결같이 나에 대해 "은화 씨는 까칠하고 차가운 성격인 줄 알았어."라고 한다. 그럴 때마다 나는 "정반대예요."라고 한다. 처음에는 잘 믿지 않는 눈치다. 하지만 좀 친해지고 나면 하나같이 내 말에 공감하곤 한다. 외적인 이미지와 달리 같이 있으면 편안해서 좋다고 한다.

나는 항상 나 자신에게 불만이 많다. 나는 왜 잘하는 게 없는지, 노래도 잘 부르고 잘 놀고 자신감이 넘치는 사람이고 싶은데 말이다. 그래서일까. 마음이 힘들고 외로운 사람들을 대할 때면 내 일같이 얘기도 들어 주고 마음이 다치지 않게 조언해 준다. 그렇게 해서 상대방의 마음이 편해졌다는 이야기를 들으면 덩달아

나도 행복하다. 어떤 사람은 "나도 모르게 은화 씨에게 속사정을 다 털어놓게 돼."라고 말한다. 이럴 땐 심리상담사를 했으면 좋았을 것 같다는 생각을 하기도 했다.

몇 달 전, 우리 부서에 나이가 어린 조선족이 입사했다. 강해 보이는 인상을 갖고 있었다. 그런데 며칠이 지나고 한두 마디씩 나누어 보니 감정을 표현하는 방식이 직설적일 뿐 나쁜 사람은 아니라는 것을 알게 되었다. 홀로 한국 생활을 헤쳐 나가다 보니 살아남기 위해 강해 보여야 한다는 생각이 자리를 잡았던 것 같다. 그래서 마음에 여유가 없었던 것이다. 그 뒤로 그 동생과 가깝게 지내게 되었다.

어느 날 그 동생이 말했다. "언니는 이 회사와 어울리지 않아. 다른 멋진 일을 하면 좋을 텐데."라고. 솔직히 그런 얘기를 많이 들어 왔던 터라 대수롭지 않게 받아들였다. 하지만 가끔 그런 말들이 불편하게 들릴 때도 있었다. 그런 말을 듣고 있노라면 '나는 이제 어린 나이도 아닌데, 이제 와서 무슨 새로운 일을 할 수 있을까?'라는 생각이 들어 짜증이 나기도 했다. 나는 내가 정말로 하고 싶은 일이 무엇인지, 무엇을 해야 허전한 마음이 채워질 수 있을지 알고 싶었다.

그때 그 동생이 묻지도 않은 자신의 과거 얘기와 현재의 힘든 가정생활을 나에게 털어놓았다. 그 동생의 얘기를 가만히 들어 주고 위로해 주면서 그녀의 마음을 한층 더 이해할 수 있었다. 동생은 한국에 온 이후로 자신의 사생활을 그 누구에게도 이야기하지 않았다고 했다. 그런데 나와는 알고 지낸 지 며칠도 되지 않았는데 이렇게 마음을 보여 주게 되니 스스로도 신기하다고 했다. 그 말에 덧붙여 마음속의 얘길 하고 나니 속이 후련하다고도 했다. 그 말을 들으니 동생이 나를 믿고 있다는 걸 느낄 수 있었다.

얼마 전 지인을 통해 〈한책협〉을 알게 되었다. 지인은 〈한책협〉의 〈1일 특강〉을 수강하면 누구든지 글을 쓸 수 있다고 했다. 그 말을 들은 순간, '누구나 글을 쓸 수 있다고? 학벌도, 스펙도 없고 심지어 책도 잘 읽지 않는 나도 할 수 있다고?'라는 부정적인 생각이 내 마음을 지배했다. 그 생각은 나를 한없이 작게 만들었다. 나는 항상 이런 식으로 시도하지 않은 채 도망쳐 버리곤 했다. 그래서 나의 삶은 아무런 변화도 없이 늘 제자리였다.

나는 변하고 싶었다. 내가 원하는 삶을 살아가고 싶었다. 그래서 〈1일 특강〉을 신청했다. 이젠 더 이상 핑계 대지 않겠다고 다짐했다. 더 이상 아까운 시간을 허비할 수 없다는 생각을 하니 용기가 생겼다. 언제까지 이렇게 후회하는 삶을 살 수는 없었다.

현재 나는 내 인생 경험을 담은 책을 쓰기로 마음먹고 글을 써 내려가고 있다. 늦은 만큼 더 열심히 열정을 가지고 노력하며 살아갈 것이다.

목표도 없이 하루하루를 살아간다는 건 너무 슬픈 일이다. 삶의 목적도 없이 무작정 세월을 낭비하지 않을 것이다. 책을 쓰겠다고 마음먹은 요즘은 세상이 달리 보이기 시작했다. 산다는 게 이렇게 행복한 일인지 미처 알지 못했다. 책을 쓰고 싶다는 생각이 내 안에 숨겨져 있었던 것 같다. 진심으로 하고 싶은 일을 한다는 건 정말 꿈만 같은 일이다.

나는 앞으로 내 이름으로 된 책을 내서 나 자신의 가치를 높일 것이다. 그래서 많은 사람들에게 도움을 주는 삶, 지금과 전혀 다른 새로운 인생을 살아갈 것이다. 지금 이 과정은 나의 행복을 찾아가는 과정이라 생각한다. 예전과 전혀 다른 경험을 하며 살아가는 내 모습을 칭찬해 주고 싶다. 이젠 두려움과 싸울 용기가 생겼다. 책이란 나의 무기가 생길 것이기 때문이다. 책을 출간하고 1인 창업을 해서 작가를 넘어 강연가, 인생 컨설턴트로도 성공할 것이다. 그렇게 다른 사람들이 더 나은 삶을 살도록 도와주는 메신저의 삶을 살고 싶다.

나의 가치로 많은 사람들에게 도움을 주고 나 자신도 행복하며 그 일로 수입도 많아진다면 삶이 풍요로워질 것이다. 미래를 위해서 더 열심히 책을 쓸 것이다. 끊임없이 자기계발을 하며 나의 가치에 투자할 것이다. 변화를 두려워하지 않고 끝까지 도전할 것이다. 모든 이에게 희망을 주는 인생을 살고 싶다.

05

도전으로 새로운 인생 이루기

이용태 **'직장성공연구소' 대표, 품질 컨설턴트, 자기계발 작가, 동기부여가**

SK하이닉스에서 29년간 품질정보시스템을 구축하고 운영했다. 현재 대학생들을 대상으로 직장 성공을 주제로 한 강의와 기업체 품질에 관한 강의를 진행하고 있다. 저서로는 《회사는 이런 사람을 원한다》, 《버킷리스트 11》, 《나는 책 쓰기로 당당하게 사는 법을 배웠다》, 《꼭 이루고 싶은 나의 꿈 나의 인생》 등이 있다.

- Email ytlee0311@naver.com
- Blog blog.naver.com/ytlee0311
- Cafe cafe.naver.com/rkfcl123456
- C·P 010.4741.7760

지금으로부터 1년 전이었다. 나는 그동안 꿈꾸어 왔던 나만의 인생을 살기로 결심했다. 그 일은 바로 1인 창업을 하는 것이었다. 나는 30년간 직장생활을 하면서 한 회사를 최고의 수준으로 높일 수 있는 품질시스템에 관해 배웠다. 그 경험을 다른 사람들과 함께 나누고 싶었다. 그리고 어려운 환경에서 고전하는 중소기업을 세계 최고의 품질회사로 키우는 데 도움을 주고 싶었다. 이것이 1인 창업을 하게 된 동기다.

그런데 1인 창업을 하기 전에 알아 두어야 할 일이 있다. 회사

를 나오면 아무도 자신을 알아주지 않는다는 것이다. 그간 쌓아
온 명성은 모두 사라지고 만다.

　주변의 많은 이들이 섣불리 창업했다가 실패하는 모습들을 보
면서, 나를 어떻게 홍보할 수 있을까 고민했다. 오랜 고민 끝에 내
린 결론은 바로 책 쓰기였다. 책을 써서 자신을 브랜딩하는 것이
중요하다고 판단했다. 그래서 〈한책협〉의 〈책 쓰기 과정〉에 등록
해 책 쓰기를 배웠다. 그리고 얼마 지나지 않아 《회사는 이런 사
람을 원한다》를 펴냈다. 단 한 번도 글쓰기를 제대로 배워 본 적
이 없었던 나였다. 하지만 김태광 대표 코치를 만난 후, 나는 과거
와는 전혀 다른 인생을 살고 있다.

　성공하고 싶다면 성공한 전문가를 만나야 한다. 성공의 비결은
성공한 사람을 그대로 따라 하는 것이다. 꿈이 성공으로 이어지지
못하는 이유는 바로 행동으로 옮기지 않기 때문이다. 행동하기 위
해서는 결심이 필요하다. 자신이 원하는 꿈을 실현해 줄 성공한
전문가를 찾아야 한다. 그들을 만나는 것도 당신의 운이다. 잘못
만나면 돈과 시간을 낭비할 수도 있다.

　〈한책협〉에서는 책 쓰기의 노하우뿐만 아니라 1인 창업가로서
갖추어야 할 시스템을 배울 수 있었다. 아마 스스로 그 모든 것을
배우고 익히려 했다면 3년 이상의 시간을 낭비했을 것이다. 부를
창출하는 비결 중의 하나는 시간을 단축하는 것이다. 예전부터

시간은 금이라고 했다. 과거의 나는 이것이 틀린 말이라고 생각했다. 아무리 많은 돈을 주더라도 시간을 살 수 없기 때문이다. 그런데 부자들은 돈을 주고 시간을 사고 있었다.

어떻게 사느냐고? 바로 자신의 꿈을 실현하기 위해 전문가에게 돈을 주고 시간을 사는 것이다. 부자가 되고 싶은가? 그렇다면 시간을 사는 방법을 배워야 한다. 나는 성공한 사람들을 통해 시간을 사는 방법을 배웠고, 그것을 실천했다.

전문가를 통해 1인 지식 창업 시스템을 배운 후, 내 이름을 내건 〈직장성공연구소〉를 세웠다. 혼자서 했더라면 많은 시간을 낭비하고 숱한 시행착오를 겪었을 것이다. 하지만 운 좋게도 김태광 대표 코치를 만나 단기간에 1인 지식 창업을 할 수 있었다. 지식 창업은 나의 지혜를 다른 사람들에게 판매하는 것이다. 즉, 다른 사람들의 시행착오를 줄여 주고 시간을 살 수 있도록 도움을 주는 일인 것이다.

부자가 되고 싶은가? 부자가 되는 일도 운이 따라야 한다. 하지만 운도 준비하는 자에게 온다. 아무런 준비가 되어 있지 않다면, 기회가 주어져도 잡을 수가 없다. 운은 밖으로부터 오는 것이다. 성공한 사람들을 자주 만나야 한다. 나의 생활수준은 주변의 친구 다섯을 보면 알 수 있다고 했다. 운은 선불이 원칙이다. 인풋(input, 투입)이 있어야 아웃풋(output, 산출)이 있는 법이다. 먼저 전문가를 만나 자신의 꿈을 위해 시간과 돈을 투자하라.

〈직장성공연구소〉를 세운 후, 다양한 사람들을 만나 소통하는 기회를 가졌다. 그들의 생각 또한 나의 생각과 별반 다르지 않다는 것을 알았다. 사람들은 모두 자신만의 꿈을 가지고 있었다. 나는 지금도 나의 꿈을 실현하기 위해 전문가를 통해 배우고 있다. 대중들과 소통하기 위해 아나운서를 만나 말하기 기술을 배웠다. 회사를 알리기 위해 SNS 마케팅 기술도 익혔다. 대학 강의를 위해 전문가에게 거금을 주고 프레젠테이션 기법도 익혔다.

빠르게 변화하는 사회에 적응하기 위해서는 끊임없이 배우고 익혀야 한다. 1인 지식 창업을 하기 위해 스스로 모든 것을 배우고 익혀야 했다. 하지만 그런 모든 일은 나를 위한 투자의 시간이었다. 직장에서도 성과를 내고 성장하기 위해서는 끊임없이 자기계발을 해야 하는 것처럼 말이다.

오랜 회사생활을 통해 깨달은 성공 비결은 세 가지로 요약할 수 있다.

첫째, 자신의 업무에서만큼은 전문가가 되어야 한다. 전문가로 성장하기 위해서는 자신의 업무에서 많은 경험을 쌓아야 한다. 또한 그 일과 관련된 전문서적을 통해 이론적인 지식을 쌓아야 한다. 경험과 이론이 접목되어야 성과를 발휘할 수 있다.

둘째, 언어능력을 키워라. 지금은 무한 경쟁시대다. 우리나라는 수출로 먹고사는 나라다. 그런데 언어능력이 떨어진다면 그것이

가능할까? 얼마 전 북유럽 여행을 다녀왔다. 그곳은 우리나라보다 몇 배 이상 잘사는 나라였다. 그런데 그 나라의 국민들은 어릴 때부터 4개 국어를 배운다고 들었다. 최근에는 중국어 교육도 추가했다고 한다. 선진국은 이미 외국어의 중요성을 알고 있었다.

셋째, 자신의 이름으로 된 책을 써라. 지금은 4차 산업혁명시대다. 즉, 정보시스템을 통해 모든 것을 주고받는 시대인 것이다. 외국에서는 4차 산업혁명을 시작한 지 오래되었다. 고급 정보를 누가 먼저 얻는가에 따라 부를 창출하는 가치가 달라진다. 나의 가치를 전 세계에 홍보하라. 책을 쓰기 위해서는 그 분야에 대해 깊이 공부하게 된다. 그것을 통해 전문가로 변화할 수 있다.

무슨 일을 하든 수동적인 자세에서 벗어나 능동적인 사람이 되어야 한다. 자신의 삶은 스스로 개척하는 것이다. 후회 없는 인생을 살고 싶은가? 그렇다면 머리가 아닌 마음이 원하는 대로 살아야 한다. 첫사랑이 그리운 이유도 머리가 아닌 마음으로 사랑했기 때문이다. 머리로 주판알을 튕기는 사랑은 진정한 사랑이 아닌 것이다.

인생도 마찬가지다. 내가 진정으로 사랑하는 인생은 무엇일까? 그것은 내 마음속 깊은 곳에 숨겨져 있는 나만의 꿈일 것이다. 그런데 우리는 그것을 포기하고 남들을 따라 하는 인생을 살고 있다. 앞으로 남은 짧은 인생을 나의 꿈을 위해 살아 보는 것은 어떨까? 후회하지 않는 삶, 즐겁고 행복한 인생을 살고 싶지 않은가?

자신의 꿈을 향해 발걸음을 내딛는 것은 쉽지 않다. 새로운 길을 가려면 누구나 두려움을 느낀다. 깊은 산속의 오솔길도 누군가 첫발을 내디딘 길이다. 시작은 누구나 어렵다. 하지만 자신의 꿈을 성취하기 위해서는 시련과 고통을 겪어야 하게 마련이다. 나 또한 1인 창업을 실행하기 전에는 많은 두려움이 있었다. 하지만 나의 꿈을 실천해 보고 싶었다. 회사에서 일을 배우는 데 고통을 느끼는 직장인들에게 도움을 주고 싶었다. 열악한 환경에서 힘들게 일하는 중소기업을 세계 최고의 품질회사로 키우는 일에 보탬이 되고 싶었다. 그런 마음이 나를 강하게 움직였기 때문에 1인 창업이 가능했다.

머리가 아닌 마음속에서 우러나는 것을 실천하는 것이 중요하다. 생각을 행동으로 바꿔야 자신의 운명을 바꿀 수 있다. 시냇물은 멈추면 썩는다. 끊임없이 흘러야 깨끗한 물이 된다. 가을이 되면 나무들은 내년의 새로운 도약을 위해 자신의 나뭇잎을 떨어뜨린다. 씨앗이 새로운 생명으로 태어나려면 땅속에 묻히는 죽임을 각오해야 한다. 도전하지 않으면 인생을 바꿀 수 없다. 새로운 인생을 살고 싶다면 자신의 생각을 바꿔라.

06

책 쓰기를 통해
매일 성장하는 삶 살기

이미경 직장생활 코치, 직장생활 동기부여가, 직장생활 희망 멘토, 자기계발 작가

현직 공무원으로 재직 중이다. 37년간 직장생활을 한 경험을 바탕으로 후배들이 성공적인 직장생활을 할 수 있도록 동기부여를 해 주는 멘토, 강연가로 활동하고 있다. 저서로는《보물지도9》가 있다.

"뭐가 뭔지 모르게 괴롭고 힘든 경험으로 기억되어 있는 감정의 덩어리도 글로 정리하고 재평가하면 견딜 만한 수준으로 재가공된다. 도저히 꺼내 볼 엄두조차 내지 못할 만큼 무섭기만 하던 일도 글로 한번 풀어내면서 '돌이켜 생각해 보니 내게는 이런 의미가 있었다'라고 해석하고 나면, 한결 그 일을 돌아보는 것이 수월해진다."

장동석 외 여러 명의 작가들이 공동으로 쓴 책《글쓰기의 힘》

중 하지현 작가의 글 일부다. 이 글을 본 순간 많은 공감을 했다. 재작년과 지난해 큰 시련과 역경을 겪는 동안 '이 난관을 어떻게 극복해야 하나' 고심하며 하루하루를 견뎠다. 그럴 때마다 "이 또한 지나가리라."라는 성경 구절을 입에서 떼질 않고 지냈던 기억도 되살아났다. 하나님은 인간이 견딜 수 있을 만큼의 시련과 역경을 주신다고 했다. 이 모든 말들은 진리였다. 얽히고설킨 역경들을 견뎌 내고 잘 살고 있는 나를 보면 말이다.

나는 오래전부터 직장생활이 어렵고 힘들 때면 그때의 상황을 습관적으로 노트에 적곤 했다. 많은 생각과 감정을 노트에 글로 써 가며 하나하나 마음속의 응어리를 풀어 갔던 것이 시련과 역경을 이겨 낼 수 있었던 원동력이었던 것 같다. 루츠 폰 베르더는 "자아표현의 욕구야말로 살아 있는 인간의 참을 수 없는 본능이다."라고 했다. 나는 힘들 때나 즐거울 때나 늘 그림이나 글로 나를 표현하고 싶다고 생각했다.

지난해 초에 〈한책협〉을 알게 되었다. 〈1일 특강〉을 듣고 난 후, 신세계를 본 것 같은 기분이 들었다. 책 쓰기는 40여 년의 직장생활에서 겪은 시련과 역경을 단숨에 끄집어내게 만들었다. 그리고 예순 살이 다 된 나의 인생담도 정리할 수 있게 해 주었다.

급한 대로 재작년과 작년의 이야기를 글로 풀어내었다. 직장생활을 10년 단위로 정리하다 보니, 참 파란만장하게 살아왔다는 걸 깨달았다. 미친 듯이 글을 써 내려가다가 힘들게 살았던 대목에서는 목이 메기도 했다. 글을 쓴다는 것은 가슴에 맺힌 응어리를 풀어내는 후련하고 시원한 감정 해소 방법이라는 걸 다시 한번 알았다.

요즘 나와 동생은 교대로 병원에서 아버지를 간호한다. 퇴근하고 병원에서 지내느라 많이 힘들고 지칠 법도 하다. 그러나 나는 틈틈이 책 쓰기를 하느라 힘든 줄도 모른다. 동생하고 임무 교대를 할 때 배낭에 두둑하게 책을 챙겨 가면 동생은 "언니는 좋겠다. 할 일이 있어서."라고 한다. 본인은 지루하다며 TV나 본다고 한다.

병원의 좁은 보조 침대에 책과 노트를 펴 놓고 틈틈이 생각나는 대로 적고 읽는다. 간호사나 의사들이 지나다니며 의아하게 바라본다. 도대체 뭘 하는 건지 궁금해하다가 이내 미소를 띠며 지나간다. 어제저녁에는 책을 몰입해서 쓰다가 아버지의 산소 보급 줄이 빠진 줄도 몰랐다.

주변 사람들은 나를 '늘 바쁘고 뭔가 끊임없이 하는 사람'으로 생각한다. 그렇다. 나는 무난하고 평탄한 생활이 왠지 지루하고 싫다. 아이들을 키울 때는 휴일에도 좀 더 다양한 체험을 하게 해 주려고 무조건 밖으로 데리고 나갔다. 아이들과 의논해 각자 해 보고 싶은 것들을 목록을 정해 실천했다. 등산, 낚시, 래프팅, 해맞이

등 셀 수 없이 많다. 하물며 큰아이는 번지점프도 겁 없이 한다.

아이들이 다 큰 요즈음은 휴일이면 조조영화부터 예약해 놓는다. 혼자 영화를 보는 것도 몇 년을 하다 보니 익숙하다. 그러고는 공원 산책이나 등산을 즐긴다. 1년에 서너 번은 서울로 뮤지컬을 보러 가기도 한다. 1년에 한 번 있는 '자라 섬 재즈 페스티벌'도 몇 년째 즐기는 문화생활 중 하나다. 지인들과 어울려 다닐 때도 있지만 의견이 안 맞거나 하면 시간낭비가 되기도 한다. 그래서 가능하면 혼자 다니려고 한다. 책을 쓰면서부터는 모든 일상이 책 쓰기 자료가 되고 있다.

나는 책 쓰기 수업을 들은 이후, 매일 단 몇 줄이라도 써야 하루를 잘 보냈다고 생각하게 되었다. 책 쓰기를 하고부터는 하루하루가 보람되고 즐겁다. 매일 책을 읽고, 생각하고, 쓰면서 다양한 경험을 쌓고 있다. 책 쓰기를 시작하고부터는 모든 생활에 의미를 부여하면서 희열을 느끼며 살아간다. 어찌 인간이 좋은 일만 간직하고 살아갈까? 그렇지만 '좋지 않은 일들은 금세 또 좋아지겠지'라고 마음을 다독이며 지낸다. 이렇게 책 쓰기는 나를 지탱하는 버팀목이 되었다.

다사다난한 한 해를 마무리하며 아버지 간호에, 직장생활에, 큰아이 결혼 준비까지 정말 몸이 두 개였으면 좋겠다는 생각이 들 정도로 바쁘게 지냈다. 책 쓰기라는 열정과 비전이 없었다면 나는 이런 큰일들을 치러 낼 수 없었을 것이다. 어떠한 어려움과 역경도 책 쓰기라는 꿈을 위해서는 모두 이겨 낼 수 있었다.

"다윈은 '인간의 유래'를 설명하면서 인간의 문화적 특성을 아주 잘 보여 주는 것으로 세 가지 활동을 들었다. 술 빚기(brewing), 빵 굽기(baking), 글쓰기(writing)가 그것이다. 이 세 가지 활동의 공통점은 무엇인가? 다름 아닌 발효와 숙성이다. 이들은 자연적으로 되는 것이 아니다. 많은 연습을 통해 시행착오와 실수를 극복하고 이루어 낼 수 있는 것이다."

김용석 교수가 공저 《글쓰기의 힘》에서 다윈의 말을 빌려 글을 잘 쓰기 위한 핵심에 대해 한 말이다. 책 쓰기에는 정말 발효와 숙성이라는 표현이 딱 맞는다. 전에 엄마가 계실 때는 손님맞이 술 빚기를 자주 하셨다. 밥을 쪄서 말려서 누룩과 혼합해 발효와 숙성 과정을 아주 정성스럽게 거치시는 것을 자주 보았다. 빵 굽기도 해 보았다. 제과·제빵을 배우면서 발효와 숙성 과정이 잘 맞아야 원하는 빵이 나오는 것을 직접 경험해 보았다. 발효와 숙성, 정성, 인내가 있어야 맛있는 빵이 나온다. 책 쓰기도 마찬가지다. 쓰면 쓸수록 다양한 경험과 지식, 시행착오, 노하우가 녹아 깊은 맛의 책이 나올 것이다.

인생도 매일매일 조금씩 성장하는 것처럼 책 쓰기도 매일 조금씩이라도 해 나가면 차차 성장하며 깊은 맛이 나는 좋은 책이 나올 것이다. 현직에 있으면서 늦게나마 책을 써 강연가와 직장생활 코치라는 꿈을 키우며 살아갈 수 있어 너무 행복하다. 김태광 작가는 《나는 직장에 다니면서 1인 창업을 시작했다》에서 "책 쓰기도 달리기와 마찬가지로 글을 많이 쓸수록 실력이 향상된다. 장거리 육상선수들은 어느 시점부터 달리기가 힘들고 지겨워져서 내딛는 한 발 한 발에 저항심을 가질 수 있다. 하지만 달리는 행위는 결코 멈추지 않는다. 그리고 그 과정에서 원하든 원하지 않든 연습을 하게 된다. 가만히 앉아서 눈부신 영감이 솟아날 때와 계속 달리고 싶게 만드는 깊은 열망이 찾아올 때를 기다리지 않는다. 더구나 열망은 자신이 해야 할 일을 게을리하거나 회피하는 사람에게 절대 저절로 생기지 않는다."라고 했다.

　　지금은 시작이라 책 쓰기가 조금 서툴지만 나의 큰 꿈을 향해 지치고 힘들어도 최선을 다할 것이다. 퇴직 후 제2의 인생인 훌륭한 직장생활 코치, 강연가가 되기 위해 오늘도 한 꼭지의 원고를 썼다. 내일 모레 계속해서 하루하루 발전해 가며 나의 꿈에 자부심을 가지고 살아갈 것이다. 직장의 후배들에게 많은 동기부여가 될 수 있도록 내가 하는 일에 확신을 가지고 도전할 것이다.

07

책 쓰기로 살아온 인생 돌아보기

이지현 '한국진로학습코칭협회' 대표, 청소년 진로학습 전문가, 교육 컨설턴트, 청소년 교육 코치

청소년 진로학습 전문가로서 대한민국 교육의 변화를 꿈꾸고 있다. '교육은 백년지대계'라는 말을 실천할 수 있는 지속가능한 교육 콘텐츠를 연구하고 있다. 또한 강연, 코칭, 컨설팅을 활발히 진행하고 있다. 현재 청소년을 돕기 위해 진로학습에 관한 개인저서를 집필 중이다.

• Email hyun7578@naver.com
• Blog blog.naver.com/hyun7578
• Cafe www.koreasc.net
• C·P 010.7268.2313
• Kakaotalk youthcoach

　　존경하는 교수님의 '멘토링 강의'를 함께 듣던 분 중 생각이 잘 통하는 어린이집 원장님이 계셨다. 그분은 K 대학원의 상담심리 박사과정을 밟으며 일과 학업을 병행하고 계셨는데 아이들에 대한 교육관이 나와 참 비슷했다. 이후 뇌과학에 대한 강의도 추천해 주셔서 함께 듣게 되었다. 교육에 관해 열정적이면서 대화가 잘 통하는 분을 만나 내심 반가웠다.

　　그분과 일대일로 만나 좀 더 깊은 이야기를 나눠 보고 싶어 데이트를 신청했다. 내가 살고 있는 동네의 한 카페에서 그분을 만

났다. 대학원에 들어가 오랫동안 연구해 왔던 청소년 코칭에 대한 이론과 실제를 정리하고 싶었다. 대학원 학업에 대해 물어보기도 하고 세부전공에 대한 이야기도 나눴다. 그리고 나의 비전과 소명까지 나누면서 장장 3시간 이상이 흘렀다.

"선생님, 대학원 논문보다 책을 써 보면 어때요?"

한창 이야기꽃을 피우고 있을 때 원장님은 내게 '책을 쓰는 것이 더 좋겠다'라고 권유하셨다. 사실 책을 써야겠다고 생각한 것은 지금으로부터 약 2년 전이다. 세상이 알 수 없는 나와 제자들의 이야기를 담고 싶었다.

정신과 병원에서 약을 먹고 상담 치료를 했던 학생도 나를 만나 모든 것이 변화하기 시작했다. 학원 공부와 과외를 꾸준히 해 왔지만 부진한 성적으로 힘들어하던 학생들도 나와의 만남을 통해 지금까지 한 번도 받아 보지 못한 점수의 학습 성과를 냈다. 꿈이 없던 친구들도 나를 만나 꿈이 생겼다. 자심감이 없어 늘 학교와 가정에서 힘들어하던 아이도 자신감이 넘치는 건강한 모습으로 변했다. 어디에서도 도움을 받지 못했던 아이들인데 말이다.

이런 내용을 책으로 써야겠다는 생각을 가진 적이 있었지만 금방 행동으로 옮기지는 못했다. 하지만 주변의 많은 사람들은 내가 '꼭 책을 써야 하는 사람'인 것처럼 나에게 영향을 주기 시작했다. W연구소에서 청소년 학습·상담을 고급과정까지 마치고 같은 기

수 선생님들과 이야기를 나누는 자리를 가졌다. 그런데 그중 G 선생님이 전주로 내려가기 전 출판사와 약속이 있다고 했다. 자신이 책을 집필했는데 출판사와 계약을 하기 위해 간다는 것이었다. 책의 주제와 내용에 대해 간단히 이야기해 주셨다. 학회에도 등록해 자신의 책을 알릴 거라는 계획도 말씀하셨다. 그분은 초등학교에서 일반 교사가 아니라 수석 교사였다. 즉, 수업 시 교사들의 어려움과 힘든 점을 상담해 주고 개선할 수 있도록 도움을 주는 역할을 하는 분이셨다.

그분은 학교에서 교사들이 진로와 학습에 관한 교육을 잘 지도하도록 돕는 일에 W연구소에서 배운 과정들이 많은 도움이 되었다고 하셨다. 그래서 전국의 초등교사들을 돕기 위해 자신의 책을 썼다고 하셨다. 그 당시 그분의 이야기를 들으며 '아이들에 대한 사랑과 열정이 참 많으시구나!'라고 생각했던 기억이 난다. 그게 약 2년 전쯤의 일이다.

교회에서 청소년부 교사로 활동하던 때였다. 아이들과의 모임 후에 교사들의 회의가 있었다. 회의를 마칠 때쯤 평소 존경하던 Y 집사님께서 책을 한 권씩 선물해 주셨다. 서울대학교 경제학과를 졸업하고 경영 컨설턴트라는 직업을 갖고 계신 Y 집사님을 포함해 두 분의 저자가 경제에 관해 쓴 책이었다. 그리고 6개월 후 집사님은 가족들과 싱가포르로 유학을 떠나셨다. 이게 약 1년 3개월 전쯤의 일이다.

존경하는 M 교수님의 강의를 들으러 갔다. M 교수님은 청소년 교육학 박사이자 교수다. 현재 청소년 전문사역을 하고 계시는 목사님이시기도 하다. M 교수님의 강의를 들으면 지금까지 내가 청소년을 만나 오며 발견한 깨달음과 지혜들이 잘 정돈되어 체계화되는 느낌이 들었다. 늘 새롭고 많은 것을 얻어 오는 수업이라 시간을 내어서라도 참석하려고 노력한다.

"학습 코칭을 하는 사람들이 어떤 책을 내야 도움이 될까?"

쉬는 시간 자리에서 일어나 간식을 먹으러 가려는데 교수님께서 내게 책에 관한 질문을 하셨다. 그래서 내 생각을 말씀드렸다.

"학습 코칭을 할 때 가이드가 되는 안내서와 학생 워크북도 함께 담아 구성하면 좋을 듯해요. 처음 학습 코칭을 하시는 분들은 전혀 감을 못 잡으실 수도 있어서 워크북까지 함께 들어 있으면 이해하는 데 많은 도움이 될 거예요. 실제 현장에서 워크북을 갖고 시작할 수 있으니 시행착오도 줄이고 부담도 덜 될 것 같아요."

한 번도 '학습 코칭을 하는 분들을 위한 책'에 대해 생각해 보지 않았는데 교수님의 질문을 받곤 책 쓰기에 대한 생각이 확장되었다. 이 일이 약 6개월 전쯤의 일이다.

S 회사의 T 프로그램의 강사인 나는 프로그램의 고급 비법들을 전수받을 수 있는 강의가 있으면 챙겨 들으려고 노력한다. 그중 책 쓰기를 할 때 유용한 노하우를 배우러 갔던 날이다. 강사

는 T 프로그램의 강사이자 한 권의 책을 출판한 저자이기도 했다. 자신이 책을 쓰는 과정에서 T 프로그램을 어떻게 활용했는지 보여 주는 강의였다. 당장은 아니지만 언젠가 책을 쓰려는 생각을 갖고 있는 데다 계획 및 강의 기획, 강의 시에도 T 프로그램을 활용하고 있는 나로서는 그 방법이 궁금했다. 강의 중반쯤, '자신이 쓰고 싶은 책'에 관해 브레인스토밍을 하는 시간이었다. 강사의 피드백이 있었다.

"책을 쓸 준비를 오래 하셨던 것 같아요."

그 한마디에 머리가 멍했다. 그러고 보니 늘 책과 책에 무엇을 담을지 생각하고 있었지만 쓰고 있지는 않았다. 그 순간 생각에만 머물지 말고 글을 쓰기 시작해야겠다고 다짐했다. 강의가 끝나 갈 즈음, 뒤에서 사진을 찍던 분이 종이를 건네며 말했다.

"책 쓰기를 꽤 오래 준비하신 것 같은데 여기 코칭을 잘해 주는 곳이니 한번 가 보세요."

블로그 주소가 적혀 있는 종이였다. 집에 와 블로그에 들어가 내용을 읽어 보니 '혼자 쓰는 것보다 도움을 받으면 좋겠다'라는 생각이 들어 등록하게 되었다. 그러나 소개해 준 강의를 듣다 중도에 회의가 들었다. 책을 쓰려는 나의 목표와 거리감이 있는 허술한 책 쓰기 교육이었기 때문이었다.

책 쓰기 교육에 대한 회의가 들 때쯤 카페 쪽지함에 들어 있던 〈한책협〉의 카페 초대장을 발견했다. 〈책 쓰기 과정〉을 소개하는 카페였기에 가입하고 내용을 읽어 보았다. 이틀 밤을 고민하다가 원래 수강하고 있던 책 쓰기 강의를 그만두고 〈한책협〉의 〈1일 특강〉에 참석했다. 그리고 그날 나는 '책 쓰기의 힘'을 제대로 알게 되었다. 소명을 감당하기 위해 목숨을 걸고 선한 싸움을 시작한 나였다. '목숨 걸고 책 쓰기 코칭을 해 준다'는 〈한책협〉의 슬로건이 마음에 와 닿았다. 그래서 〈1일 특강〉을 들으러 간 날 〈책 쓰기 과정〉에 등록했다.

등록 이후 일주일간 나는 세상에서 가장 행복한 사람이었다. 나는 나의 여섯 가지 꿈에 대한 글을 썼고 곧 출간을 앞두고 있다. 매일 새벽에 글을 쓰기 위해 책상에 앉았다. 글을 쓰며 웃었다가 울었다가 홀로 감동받기도 했다. 그때만큼은 시간이 멈춰 버린 것 같았다.

책 쓰기는 나의 인생을 돌아볼 수 있는 계기가 되었다. 또한 실패든 성공이든 모두 나의 멋진 이야기임을 알게 되었다. '나'라는 존재가 지금의 모습이 되기까지 얼마나 많은 분들의 사랑과 도움이 있었는지 새삼 깨달았다. 그리고 꿈이 더 많아졌다.

내 책을 읽을 독자에게 내 생각과 마음을 글로 표현한다. 그러고 나면 더 많이 포용하고 어떤 것도 이해할 수 있을 것 같은 넓은 마음이 자란다. 다 쓰인 글을 보면 성취감도 느껴진다. 평생 다음 세대에게 좋은 유산이 되는 책을 쓰려고 한다. 다음 세대들에게 줄 최고의 선물로 준비한다. 이는 삶의 매 순간 나의 선택과 살아가는 과정이 얼마나 가치 있고 중요한가를 의미한다.

남은 삶의 그릇에 무엇을 담을까? '담는 대로 삶이 되고 책이 만들어진다'라고 생각하니 막중한 책임감이 느껴진다. 그리고 세상과 소통할 수 있는 통로가 생겼다는 것이 참 감사하다. 이 땅의 청소년들에게 가장 먼저 이야기를 건네고 싶다.

"실수해도, 실패해도 괜찮아. 너에겐 무한한 가능성과 잠재력이 있어. 네 안의 거인이 아직 깨어나지 않았을 뿐이야. 지금의 너는 다듬어지지 않아서 돌멩이처럼 보이지만 사실 다이아몬드야. 너 자신만으로 충분히 귀하고 가치가 있단다. 늘 행복하렴."

08

책 쓰기를 통해
진정한 자유를 느끼며 성장하기

양현진 '좋은아빠육아연구소' 대표, 아빠육아 전문가, 자기계발 작가, 강연가, 위험 관리 전문가

세 아이와 행복한 일상을 누리고 있는 직장인 아빠다. '좋은아빠육아연구소'를 운영하며 많은 사람들에게 육아를 주제로 강연활동을 하고 있다. 바쁜 직장인 아빠들을 위해 바로 적용할 수 있는 실전 놀이법을 코칭하고, 행복한 가정을 만들기 위한 방법을 제시하고 있다. 저서로는 《아빠 육아 공부》, 《보물지도9》, 《꼭 이루고 싶은 나의 꿈 나의 인생》, 《또라이들의 전성시대2》, 《실전 정보보호 개론》 등이 있다.

- Email lufang3@naver.com
- Blog blog.naver.com/lufang3
- Cafe gpplab.co.kr

아빠 육아를 주제로 한 방송에 출연할 기회가 생겼다. 제작진이 직접 집으로 찾아와 내가 아이들을 육아하는 모습을 찍고 싶다고 했다. 촬영 일자와 방송 콘셉트 등에 대한 내용을 협의한 후 전화로 사전 인터뷰를 진행했다.

"어떻게 육아 전문가가 되셨나요?"

제작진은 평범한 직장인 아빠인데 육아에 대한 책까지 쓴 나를 신기하게 여기는 듯했다.

"책을 쓰면서 전문가가 되었습니다."

제작진은 어떻게 육아전문가가 되었는지 조금 더 구체적이고 상식적인 이야기를 듣고 싶어 했다. 그런데 나는 책을 쓰면서 전문가가 되었다는 말밖에 해 줄 말이 없었다. 아빠육아에 대한 책을 써야겠다는 목표를 세우고 글을 썼으니까. 엄밀히 말하자면 그전까지는 육아에 대한 전문가는 아니었다.

육아 관련 책을 수십 권 구매해 읽어 보고 내 것으로 만들었다. 거기에다 또다시 나만의 생각과 노하우와 깨달음을 덧붙였다. 만약 내가 육아에 대한 석사, 박사 학위를 따고 많은 논문을 쓰고 난 후 책을 써야겠다고 생각했다면 아마 지금의 육아 책을 출간하지 못했을 것이다.

대부분 특정 분야의 전문가가 되어야 책을 쓸 수 있다고 생각한다. 그러나 사실은 그 반대다. 현재 전문가가 아니더라도 책을 쓰다 보면 전문가가 된다. 방대한 자료를 찾아보고 공부하고 책을 심도 있게 보기 때문이다. 책을 쓰기 전의 독서는 말 그대로 독자의 입장에서의 독서다. 하지만 작가의 입장에서 책을 보는 것은 실제로 활용하기 위한 독서다. 사람은 무언가에 활용하기 위해 일할 때 적극적으로 변한다. 책 쓰기도 마찬가지다. 비즈니스, 인문학, 심리학 등 여러 장르의 책을 보더라도 작가의 위치에서 보는 책은 다양한 시각, 집중도, 습득의 정도에서 차이가 난다.

방송국 제작진이 집에 찾아온 날이었다. 내가 아이들을 목욕

시키고 함께 노는 장면을 촬영했다. 카메라가 있어 어색해하던 아이들도 금방 적응하고 평소처럼 놀았다. 약속했던 촬영시간이 거의 다 되어 갈 때쯤 마지막으로 인터뷰를 진행했다. 제작진은 이때도 마찬가지로 육아 책을 어떻게 썼는지 궁금해했다.

나는 책장에 있던 책 몇 권을 꺼내 와 보여 줬다. 책에는 페이지마다 밑줄이 그어져 있고 내 생각이 쓰여 있었다. 책의 옆면은 붙여 놓은 메모지로 빼곡했다. 제작진은 수능을 공부하는 학생보다 더 열심히 육아 책을 공부했다며 놀라워했다. 하지만 나는 독자가 아닌 작가의 입장에서 더욱더 몰입해 책을 본 것뿐이었다. 촬영이 끝나고 헤어질 때쯤 아이들은 제작진과 그사이 정이 들었는지 아쉬워하며 제작진의 품에 푹 안겼다. 제작진도 어린아이들은 오랜만에 본다며 귀여워해 줬다.

"우리는 언제 단둘이 영화를 보러 갈 수 있을까?"

어느 날 아내가 내게 물었다. 언젠가 하루 휴가를 쓰고 아이들이 유치원이나 어린이집에 갔을 때 단둘이 극장에 가자고 약속했었다. 그러나 셋째 아이까지 어린이집에 가려면 시간이 좀 더 필요했다. 하루만 쉴 수 있다면 무엇을 할지 생각해 보았다.

'그동안 못 본 친구들을 만날까? 카페에서 온종일 내가 좋아하는 책을 볼까? 가까운 곳에 여행을 갈까? 아니면 온종일 잠을 잘까?'

하고 싶은 것들은 많았다. 그런데 문득 온전히 나를 위해 하루를 쓰고 싶다는 생각이 들었다. 곰곰이 생각해 보니 내가 진정 원하는 것은 잠깐의 '자유'였다. 회사 끝나면 부랴부랴 집에 가서 아이들을 돌보고 기절해서 잠드는 게 일상이었다. 나를 위한 시간이 없었던 것이다. 아내 또한 나와 마찬가지였다. 매일매일 나 자신이 소진되어 가는 느낌이었다. 정신적, 육체적 에너지가 고갈되고 있었기 때문이다.

에너지가 떨어진 상태에서도 '해야 할 일'은 여전히 존재했다. 끊임없이 육아를 해야 하고, 밀린 일들을 처리해야 했다. 내 상태와 상관없이 '해야 할 일'은 파도처럼 계속 밀려 들어왔다. 몸이 아파도 아파할 시간이 없었다. 감기에 걸리더라도 앓아누울 수가 없었던 것이다. 아파도 일과 육아는 해야 했다.

온종일 바쁜 일상을 살다 보면 내가 진정 원하는 것은 무엇인지, 꿈이 무엇인지 잊고 살게 된다. '하고 싶은 일'보다 '해야 할 일'에 허덕이며 하루하루를 보낼 뿐이다. 육체적으로뿐만 아니라 정신적으로도 힘든 것이다. 고갈된 에너지를 충전하기 위해서는 나 자신에게 자유를 주어야 했다. 물리적인 자유보다 정신적인 자유를 얻고 싶은 마음이 더 크다. 내가 하고 싶은 일을 할 때 진정한 자유를 느낄 수 있다. 시간이 없다고 포기할 것이 아니라 강제로라도 시간을 만들어 내야 한다. 그래서 나는 잠을 줄이더라도 나만의 시간을 가지기로 했다.

아이들을 재우고 조용히 나와 책을 보고 글을 썼다. 하루 중 가장 행복한 시간이 이 시간이었다. 책을 보면서 여태까지 몰랐던 많은 것들을 깨닫게 되었다. 책을 보지 않았다면 남은 인생을 어떻게 살았을까, 할 정도로 두려움을 느끼기도 했다. 또한 글을 쓰는 동안 오로지 나 자신과 마주하며 내면의 목소리에 집중할 수 있었다. 머릿속이 복잡할 때도 글을 쓰면 생각이 정리되고 방향이 조금씩 보이기 시작했다. 그 순간만큼은 다른 것들은 다 잊고 나에게 온전히 집중할 수 있는 진정한 자유 시간이었다. 결국 나는 생존하기 위해 책을 보고 글을 썼다.

시간이 의미 없이 흘러가는 것이 아까웠다. 내가 바쁘든 바쁘지 않든 상관없이 시간은 계속 흘러갔다. 시간은 가장 소중한 가치다. 인간의 인생은 단 한 번뿐이다. 부자든 가난한 자든 시간은 동일하게 주어진다. 이런 소중한 시간에 책을 쓰면 나 자신이 진정 무엇을 원하는지 알게 된다. 또한 그전까지 느낄 수 없었던 자유를 느끼게 된다. 자유를 느끼며 나 자신과 마주했을 때 인생의 터닝 포인트가 찾아온다. 나도 몰랐던 나를 발견할 수 있는 것이다. 지금 이 순간이 힘들다면 책 쓰기를 권하고 싶다. 진정한 자유를 느끼며 성장할 수 있는 계기가 될 것이다.

09

책을 쓰고
내 안의 무한한 가능성 엿보기

안경옥 '퀸스터디' 대표, 교육지원청 학습 코칭 강사, 동기부여가, 강연가, 자기계발 작가

'퀸스터디' 대표이자 교육지원청의 학습 코칭 강사로서 학생들의 진로와 학습 코칭 및 성인들의 진로, 자기계발, 인간관계 해소, 부모 교육 등을 코칭하고 있다. 또한 자기계발 작가, 강연가, 동기부여가로서 선한 영향력을 끼칠 수 있는 활동에 주력하고 있다. 저서로는 《보물지도10》, 《또라이들의 전성시대2》가 있으며 현재 학습 코칭에 관련된 개인저서를 준비 중이다.

• Email an7734@hanmail.net   • Blog queenstudy.co.kr

작가들은 책을 통해 누군가에게 희망을 주고 꿈을 주며 동기를 부여해 준다. 그래서 나는 작가라는 직업이 참 좋다. 삶에 나른함을 느끼고 허전함을 느낄 때마다 다시 책장을 펼치게 된다. 나 자신을 돌아보기 위해 책 속으로 나를 위한 여행을 떠난다. 책 속에서 길을 만나게 된다. 책 속에서 의사를 만나기도 하고, 책 속에서 친구를 만나기도 한다.

몇 년 전, 우연히 이시형 작가의 《공부하는 독종이 살아남는

다》라는 책을 읽게 되었다. 그 내용 중 이 문장에 깊이 공감했다.

"모든 것이 흔들리는 불확실하고 불안한 시대, 무엇을 할 것인가? 사회가 필요로 하는 인재는 문제의 핵심을 꿰뚫어 보고 해결책을 찾아내는 사람이다. 오직 끝없이 배우는 사람만이 새로운 세상에서 살아남을 수 있다. 당신의 미래는 오늘 무엇을 공부하느냐에 따라 달라진다. 즐겁게, 그러나 독하게 '공부하는 독종'만이 내일 웃을 수 있는 힘을 갖게 된다."

평소 나는 지겹도록 공부해 왔다. 공부로 아직까지는 세상을 버텨 낼 수 있었기 때문이다. 그래서 이 말이 많이 와 닿았다. 특히 '모든 것이 흔들리는 불확실하고 불안한 시대'라는 표현에 더 공감이 갔다. 요즘은 무엇도 장담할 수 없는 세상이다. 오늘 부자가 내일 갑자기 땅거지가 될 수도 있고, 오늘 가난뱅이가 내일 벼락부자가 될 수도 있다. 이건 극단적인 예다. 다만 불확실한 세상이다 보니 사람 일이 어떻게 될지 아무도 모른다는 얘기다.

이시형 작가의 말대로 나는 앞으로도 계속 공부할 것이다. 몇 년 전에도 이제 공부는 그만하겠다고 속으로 다짐하고도 결국은 또 책 쓰기 공부를 했다. 그 덕에 지금은 책을 써냈지만 말이다.

이시형 작가는 유명한 정신과 전문 의학 박사다. 또한 뇌과학자이자 한국자연의학종합연구원 원장이다. 이시형 작가야말로 평생을 쉬지 않고 공부해 왔다. 그랬기에 공부하는 자만이 성공하고 살아남는다는 주제로 책을 집필하기까지 한 것이다. 이시형 박사는 책 쓰기를 통해서 더 유명해졌고 TV에도 수없이 출연했다. 책 쓰기로 더 큰 힘을 가진 의학 박사이자 작가가 되었다. 그만큼 책의 힘은 크다.

"당신의 미래는 오늘 무엇을 공부하느냐에 따라 달라진다!"라는 말이 있다. 부동산 공부를 하면 부동산 분야에서 승부를 낼 것이고, 다이어트 책을 열심히 읽으면 살을 뺄 것이다. 블로그 책을 열심히 공부하면 블로그 전문가가 될 것이다. 최근에 나는 책 쓰기 책을 열심히 보았고 책 쓰기 공부에 매진했다. 그랬기에 책을 내고 작가가 되었다. 오늘 무슨 공부를 하느냐에 따라서, 즉 오늘 나의 관심사가 무엇이냐에 따라서 내 인생이 달라질 수 있다는 말이다.

한동안 나의 꿈에 불을 지폈던 또 한 사람이 있다. 바로 이지성 작가다. 그는 《꿈꾸는 다락방》이라는 책을 쓰고 세상에 모습을 드러냈다. "생생하게 꿈꾸면 이루어진다."라고 말하면서 많은 사람들에게 생생하게 꿈꾸기를 가르쳤다. 나 또한 이 책을 통해서 생생하게 꿈꾸려 애썼고 비전보드를 만들어 시각화하기 시작했다. 책 쓰기를 통해서 나의 이름을 세상에 알렸고 사람들에게 영향력 있는 사람이 되었다.

내 주변엔 책을 쓴 작가들이 참 많다. 그들은 책을 쓰고 나서 백팔십도로 변한 삶을 살고 있다. 책 쓰기는 그 사람에게 특별한 힘을 준다. 간호사 출신의 한 작가는 책을 쓰고 전국의 다양한 계층의 사람들에게 자신의 이야기를 강연하며, 새로운 작가들을 배출하는 데 힘쓰고 있다. 또 다른 작가는 출산과 육아로 경력단절을 겪으며 우울증으로 힘들어하던 때가 있었지만 책을 쓴 이후 멋진 삶을 살고 있다. 또한 블로그 쇼핑몰로 옷을 판매하던 누군가는 책을 쓰고 온라인 쇼핑몰을 더 크게 확장시킬 수 있었다. 그녀는 많은 이들에게 온라인 컨설팅을 해 주고 있다. 뿐만 아니라 강연 활동까지 하며 1석 2조, 1석 3조의 즐거움을 누리고 있다.

책을 쓰는 순간 그 사람에게는 아우라가 생긴다. 아무리 오래된 경력의 전문가라 해도 책을 쓴 사람 앞에서는 큰 소리를 내지 못한다. 이것이 바로 책 쓰기의 힘인 것이다.

내게 책을 쓰도록 동기부여해 준 책이 몇 권 있다. 허지영 작가의 《나는 블로그 쇼핑몰로 월 1,000만 원 번다》와 임원화 작가의 《한 권으로 끝내는 책쓰기 특강》이다. 이 책들은 책을 써야겠다는 내 생각에 불을 지폈다. 난 망설임 없이 책 쓰기에 진입했다. 책을 써서 유명해지고 돈을 버는 건 나중 문제였다. '과연 내가 해낼 수 있을까?' 단지 이것이 관건이었다.

작가가 되고 난 후 "꿈을 생생하게 꾸면 이루어진다."라는 말을 또 한 번 경험하게 되었다. 나는 작가가 된 나의 모습을 생생하게 상상했고, 의심 없이 책을 써 나갔다. 결국 3개월 만에 책을 쓰고 작가로 데뷔했다. 출판사와 출판 계약을 마치고 나자 비로소 실감이 났다.

한국사람 대부분은 자신을 평가절하하는 경향이 있다. 자신의 능력도, 가치도, 장점도 잘 알지 못한다. 그렇기 때문에 항상 스스로에게 "나도 할 수 있을까?"라는 물음을 던진다. 무식하게 도전하고 실행하면 안 될 리 없는데도 많은 사람들이 지레 겁먹고 포기한다.

그냥 무작정 해 보고 시도하고 실행하면 80% 이상의 성과를 낼 수 있다. 그런데도 해 보고 실패하는 것보다 안 해서 실패하는 경우가 훨씬 더 많다. 얼마나 어리석은가. 나의 능력을 모른 채, 스스로 한계를 만들어 버렸으니 말이다.

나는 책을 쓰고 난 후 새로운 날개를 단 느낌이다. 이제 비상하기만 하면 된다. 50세가 다 되어서 상상도 못했던 작가의 꿈을 이뤘다. 이젠 내가 못할 것은 없다. 불가능하다고 여겼던 것을 가능하게 만들었으니 말이다.

책을 완성하고 나니 내 속에서 기운이 솟아난다. 내 속에서 자신감이라는 힘이 솟아오른다. 내 속에서 자존감이라는 미소가 고개를 든다. 그동안 자존감은 충분하다고 생각해 왔는데, 그 생각이 무색할 정도다. 그보다 더 큰 기운들이 나를 튼튼하게 세워 주고 있다. 어느 누구의 앞에서도 당당히 서 있을 수 있게 되었다. 책을 쓰면서 나 스스로 나의 무한한 가능성을 믿게 되었다. 앞으로도 나는 나를 믿는다. 이것이 바로 책 쓰기의 힘이다.

10

책 쓰기로 진짜 나를 만나기

송세실 **'한국간호사코칭협회'** 대표, 간호사 코칭 전문가, 심리치료사, 자기계발 작가

11년간 간호사로 근무했다. 간호사들을 위한 간호사가 되어야겠다는 소명의식이 생겨 '한국간호사코칭협회'를 설립하고 간호사 코치로 활동 중이다. 간호사들의 취업, 임상고민, 자기계발 등에 대한 상담을 통해 그들과 소통하고 있으며 간호사들의 자존감을 높이기 위한 프로그램도 운영 중이다. 저서로는 《간호사 취업 비법》, 《부모님에게 꼭 해 드리고 싶은 39가지》, 《보물지도8》, 《또라이들의 전성시대2》가 있다.

- Email riyon7@naver.com
- Cafe www.nursec.kr
- Blog www.nursec.co.kr
- C·P 010.8898.6176

"엄마, 나 책 쓸 거예요."

간호사로 병원에 잘 다니고 있던 딸이 어느 날 퇴근하고 집에 와서는 저렇게 말했다. 엄마는 '애가 일이 힘드니까 또 다른 생각을 하는구나'라고 생각하셨단다. 억지로 간호학과에 집어넣어 간호사를 만들어 놨더니 자꾸 딴생각만 한다고 말이다.

사람들은 누구나 꿈을 가지고 있다. 그리고 저마다 버킷리스트도 가지고 있다. 대부분의 사람들의 버킷리스트에 빠지지 않

고 들어가는 것 중 하나가 바로 '책 쓰기'다. 자신의 삶을 이야기로 풀어내어 한 권의 책으로 만든다는 것은 그 상상만으로도 우리를 한없이 행복하게 만든다. 그래서 사람들은 죽기 전에 자신의 책 한 권을 쓰고 싶어 한다. 그러나 흔히들 책은 성공한 사람이나 위대한 업적을 남긴 사람만 쓰는 것이라고 생각한다. 때문에 자신과는 인연이 없다고 지레 포기하고 만다.

나의 생각도 이것과 크게 다르지 않았다. 그래서 책을 쓸 수 있을 만큼 성공한 사람이 되어야겠다고 생각하고 공부에 매진했다. 내가 훌륭한 사람이 되면 나의 이야기를 담은 책을 쓸 수 있을 것이라 생각하고 말이다. 왜냐하면 나에게도 나의 이야기를 담은 책을 쓰겠다는 꿈이 있었기 때문이다.

힘든 일들이 있을 때도 언젠가 이 일이 내 책의 사례로 쓰일 것이라는 생각이 들면 견딜 수 있었다. 그리고 꼭 이 순간을 이겨내겠다는 다짐도 생겼다. 이겨 내야 그 일을 책에 담을 수 있으니 말이다. 그럼에도 불구하고 책을 쓴다는 것은 내게 먼 미래의 일이었다. 이루어질지 이루어지지 않을지 알 수 없는 그런 먼 미래의 일. 다른 사람들이 그러하듯이.

기회는 우연히 찾아왔다. 기회라는 말보다 인연, 혹은 운명이라는 말이 더 맞을 것 같다. 지금 생각해 보면 모든 것들이 톱니바퀴처럼 하나하나 연결되어서 이루어진 것 같다. 일을 하던 어느 날, 도저히 이 생활을 더는 할 수 없을 것 같은 순간이 있었다. 그동안 이루어 놓은 것들을 부정당하고 미래에 대한 희망마저 없어진 순간, 나는 운명처럼 한 권의 책을 만났다. 바로 〈한책협〉의 수석 코치이자 〈임마이티〉의 대표, 임원화 작가의 《한 권으로 끝내는 책쓰기 특강》이다.

내가 이 사건을 왜 운명이라 말하느냐면, 그즈음의 나는 한창 독서에 몰입하고 있었기 때문이다. 나에게는 1년에 한두 번씩 미친 듯 독서하는 시기가 있다. 그때는 일주일에 10권까지도 읽는다. 그리고 그 시기가 지나면 한동안 책을 읽지 않는다. 임원화 작가의 책을 만났던 때가 내가 독서에 빠져 있던 바로 그 시기였다.

마음을 가라앉히기 위해 책을 사려고 교보문고 사이트에 들어간 그때, 그 책이 화제의 신간으로 소개되고 있었다. 처음에는 무심히 넘겼던 그 페이지를 다시 돌려 보았던 것은 광고 문구 때문이었다. 정확하게 기억이 나지는 않지만 평범한 중환자실 간호사가 책을 써서 억대 연봉의 1인 기업가가 되었다는 내용이었다.

내 눈을 사로잡은 것은 두 단어였다. '간호사' 그리고 '책'. 그순간 나는 홀린 듯이 그 책을 결제했다. 이튿날 배송된 책을 나는 그 자리에서 다 읽어 버렸다. 그리고 그 책을 통해 나는 책 쓰기를 배울 수 있다는 사실과 〈한책협〉에 대해서 알게 되었다.

나는 바로 〈한책협〉의 〈1일 특강〉에 참석하게 되었다. 처음에는 너무나도 어색했다. 사람들이 모두 웃고 있고, 너무도 친절한데 그것이 정말 적응이 되지 않았다. 대체 이 사람들은 왜 이렇게 웃는 것인지 궁금했다.

두 번째 〈1일 특강〉에서는 이들과 '함께'라는 테두리에 속하지 못하는 내가 너무 초라해 보였다. 저들은 빛의 자식 같았고 나는 어두운 그늘에서 그들을 동경하는 존재 같았다. 그때 느꼈던 상실감은 아직도 생생하다. 그리고 그때 나는 꼭 저들의 틈에 끼겠다고 결심했다. 시간이 흘러 내가 그 빛의 자식들의 무리에 끼고 나서 알게 되었다. 그들의 표정이 밝았던 것은 자신의 꿈을 향해 달려가는 중이거나 이미 자신의 꿈을 이루었기 때문이라는 것을.

우여곡절 끝에 책 쓰기를 배우게 되었다. 나는 나의 10년 동안의 간호사 생활을 원고에 담기 시작했다. 할 말이 너무나 많은데 구구절절 늘어놓자니 하소연 같고, 간략하게만 말하자니 도무지 감정이입이 되지 않았다. 원고를 쓰면서 가장 힘들었던 점은 바로 이 수위를 조절하는 것이었다. 지나치지도 모자라지도 않는 그 선을 지키는 것 말이다.

한 사례를 글로 옮기기 위해 내 안에서 그 일을 여러 번 되새김질했다. 썼다, 지웠다를 반복하다 보니 자연스레 스스로를 돌아보게 되었다. 그 과정은 때론 고통스러웠다. 나조차도 들춰 보고 싶지 않은 기억들이 있었기 때문이다. 책을 쓰는 동안 나는 늘 도망가고 싶었다. 실제로 도망간 적도 많았다. 그러나 결국 나는 다시 책상으로 돌아와 글을 썼다. 다른 것도 아닌 내 이야기니까 도망갈 수가 없었다. 다른 사람은 모를 수도 있지만 나는 알고 있으니까 비겁해지고 싶지 않았다.

그렇게 책을 쓰면서 알게 된 사실은 내가 간호사라는 직업을 꽤나 많이 좋아했다는 것이다. 다시 태어나면 다시는 간호사를 하지 않을 것이라고 늘 말하곤 했었다. 그런데 내 이야기들을 하나둘씩 적어 나가다 보니 내가 그동안 간호사로서 많이 행복했었다는 사실을 알게 되었다.

물론 힘들고 서러웠던 순간들도 있었다. 그러나 그 모든 순간들을 다 모아 보니 참 예쁜 기억들이었다. 그래서 나는 그 예쁜 감정을 그대로 내 책에 다 담았다. 독자들이 읽었을 때, 몽실몽실한 느낌이 날 수 있도록 말이다. 나는 내 책이 간호사가 되고 싶은 사람들에게나 간호사로 일하고 있는 사람들에게 힘이 되길 바란다. '맞아, 나는 이런 직업을 가진 사람이었어'라는 생각을 가지게 한다면 나의 책은 그것만으로도 성공이라고 볼 수 있겠다.

초고를 다 완성한 후 남자 친구에게 1장의 첫 번째 꼭지를 읽어 주었다. 다 듣고 난 남자 친구는 내게 "이렇게 좋아하는 간호사를 왜 그만두려고 그래요?"라고 물었다. 독자 입장에서 듣기에, 저자는 간호사라는 직업에 애정이 많아 보였다는 것이다. 일단 절반의 성공은 이룬 셈이었다. 나머지는 내 책을 읽은 독자에게 달렸다.

사람들은 대체로 자기 자신을 잘 알고 있다고 생각한다. 때로는 잘못된 자신의 모습을 진짜 자신의 모습이라 착각하기도 한다. 나 역시 그렇게 살아왔다. 나에게 간호사는 어쩌다 보니 갖게 된 직업이었다. 월급이 아쉬워서 계속 지속해 온 직업이었다. 아니, 그렇게 생각해 왔다.

하지만 사실 나는 간호사라는 직업을 몹시 사랑하고 있었고 내가 간호사라는 사실에 강한 자부심을 가지고 있었다. 만약 내가 책을 쓰지 않았다면, 그래서 지나온 내 시간들을 다시 되돌아보지 않았다면 나는 지금까지도 이 사실을 몰랐을 것이다.

나는 책을 쓰면서 살아온 내 삶을 되돌아볼 수 있었다. 나 자신에 대해서 깊이 생각하는 시간을 가질 수 있었다. 그렇게 나조차도 몰랐던 나를 만났다. 지금 누군가 어디로 가야 할지 길이 보이지 않는다면 책을 쓰라고 말해 주고 싶다. 어떤 이야기를 쓰더라도 결국 자신을 한 번은 끄집어내야 한다. 그리고 작가는 그 과정에서 진정한 자신을 만나게 된다. 진짜 자신을 만난다면 그다음은 길이 보일 것이다. 그렇게 자신의 내면의 목소리를 따라가면 된다.

11

책 쓰기로 내면 치유하고
운명 바꿔 나가기

강민주 '나답게살기연구소' 대표, 자존감 코치, 동기부여가, 자기계발 작가

인생을 가장 잘 사는 방법은 나다운 인생을 사는 것이다. 나 자신을 찾다 보면 그 안에 보물이 기다리고 있다. 불행했던 과거에 갇혀 있던 자신을 끊임없이 뛰어넘으려 고군분투해 왔다. 그간의 경험을 바탕으로 선한 영향력을 끼칠 수 있는 메신저의 삶을 살고자 한다. 사람들이 하얀 도화지에 자신만의 꿈과 삶을 그리면서 살아갈 수 있도록 돕는 것이 목표다. 저서로는 《보물지도 11》이 있으며, 현재 '나답게 살아가기'라는 주제로 개인저서를 집필 중이다.

• Email philosophia00@naver.com   • Blog nadapgae.me
• Cafe nadapgae.com

내가 힘들고 외로울 때 나를 일으켜 세워 준 것은 다름 아닌 책이었다. 책은 언제나 내게 용기와 힘을 불어넣어 주었다. 때론 말없이 묵묵히 나를 기다려 주고 지켜 주기도 했다. 내 삶에 큰 변화가 올 때마다 항상 친구이자 스승으로서 함께했다.

어렸을 때 책을 좋아하기는 했지만 다양하게 많은 책을 읽었던 것은 아니었다. 그저 남들에게 뒤처지지 않을 정도로 읽은 것에 불과했다. 내가 책을 절실하게 찾았던 때는 삶의 밑바닥에서 한 줄기 희망의 빛을 찾아 헤매던 순간들이었다.

손에서 놓았던 책을 절망 속에서 다시 만났을 때는 그저 흥미만 충족해 준 것이 아니었다. 책을 통해서 내 삶의 존재 이유를 깨닫고 많은 궁금증을 해소할 수 있었다. 마치 책 속의 내용이 살아 움직이는 것 같았다. 한 번도 만난 적이 없는 저자지만 내겐 그의 목소리가 생생하게 들리는 것만 같았다. 그렇게 한동안 내 가슴을 울린 책들을 몇 번이고 다시 읽고 또 읽었다.

그러다 문득 이런 생각이 들었다. '나도 사람들에게 감동과 울림을 주는 책을 쓰고 싶다', '나도 내 이름으로 된 책을 쓰고 싶다'라는. 하지만 당시 책을 쓴다는 것은 나와는 거리가 너무 먼 얘기라고 생각했다.

그러던 어느 날 양현주 교수님의 〈현대경영〉 수업 시간에 '죽기 전 자신이 이루고 싶은 버킷리스트 100가지'를 적어 보는 시간을 가지게 되었다. 그때 처음으로 나는 '저자'라는 꿈을 종이에 적고, 동기생들 앞에서 저자가 되어 보겠노라고 발표했었다. 버킷리스트를 발표하던 당시, 동기생 한 명이 나에게 어떤 책을 쓸 거냐고 질문했다. 막연하게 생각만 한 것이기 때문에 구체적인 답변을 하지는 못했다. 자서전을 쓸 거냐는 또 한 번의 질문에 나는 "그것도 좋고, 무엇이 되었든 책을 쓰고 싶다."라고만 답했다.

저자가 되고 싶다고 생각했고, 종이 위에 썼다. 그리고 많은 사람들 앞에서 선언했다. 그런데 10년 전 그 일이 지금 현실이 되었다. 나는 얼마 전 〈한책협〉에서 《보물지도 11》이라는 책을 출간했고 성공적으로 신인 작가로 데뷔했다. 기적 같은 일이 내게 일어났다. 아니, 이건 그냥 기적이다.

나는 문학수업을 받은 적도 없고 관련 학과를 전공한 적도 없다. 작가가 되고 싶다는 일념과 열정만으로 나의 스토리를 글로 썼다. 그렇게 15일 만에 공동저서를 펴냈다. 단지 대한민국 책 쓰기 1등 기업 〈한책협〉의 김태광 대표 코치로부터 원고 첨삭 피드백을 받았을 뿐인데 말이다. 책을 쓰려면 꼭 문학수업을 듣거나 관련 학과를 전공해야 하는 것이 아니라는 것을 깨닫게 되었다.

《생산적 책쓰기》의 김태광, 권동희 작가는 이렇게 말한다.

"책을 읽으면 한 달이 달라지지만 내 이름으로 된 책을 쓰면 운명이 달라집니다."

이 책을 읽는 당신은 지금부터라도 더 나은 인생을 만들어 갈 수 있다. 어떻게 가능할까? 답은 바로 '책 쓰기'에 있다. 지금 당신이 좋아하고 잘하는 관심 분야, 취미 등을 토대로 책을 쓰면 된다. 내 이름으로 된 저서를 출간하는 순간, 자연스레 작가, 코치, 강연가, 컨설턴트 등의 다양한 기회들이 찾아온다.

꿈부부인 두 작가는 "책을 읽는 독자에서 이제는 책을 쓰는 저자가 돼라."라고 강력하게 말한다. 독자에서 저자가 되면, 돈을 주고 책을 사 보던 위치에서 책을 산 독자들에게 사인을 해 주는 위치로 바뀐다. 또한 작가를 넘어 자신이 쓴 책을 주제로 강연하는 삶을 살게 된다. 뿐만 아니라 1인 기업가로도 나아갈 수 있다.

책 쓰기 하나만으로 내가 할 수 있는 일들은 너무나도 많다. 나는 이 모든 것들을 머릿속으로 상상만 해 오다가 〈한책협〉을 만난 후 독자에서 저자로 거듭났다. 누군가의 말처럼 '생존 독서'에서 '생존 책 쓰기'로 전환한 것이다.

김태광, 권동희 작가는 책 쓰기로 인생을 바꾼 대표적인 인물들이다. 김태광 작가는 20여 년 동안 200여 권의 저서를 펴내 한국기록원에서 주최한 '제1회 대한민국 기록문화대상'의 책과 잡지 부문 대상을 수상했다. 얼마 전에는 대한민국신문기자협회에서 주관한 '2017 한국을 빛낸 자랑스러운 한국인 대상'에서 책 쓰기 코칭 부문 대상을 수상했다. 현재 그는 긴 시간 동안 많은 책을 펴낸 자신의 경험과 노하우를 바탕으로 수백 명에 이르는 후배 작가들을 양성하고 있다. 그의 코칭을 받은 후배 작가들은 시행착오를 줄이며 시간과 돈을 벌고 있다.

또한 권동희 작가는 〈한책협〉의 회장으로서 많은 사람들에게 꿈과 희망, 성공을 전파하며 비전을 제시하고 있다. 〈한책협〉의 대표이자 남편인 김태광 작가와 뜻을 함께하고 있다. 더 나은 인생을 꿈꾸는 사람들을 돕는 동기부여가이자 행동주의자의 소명을 다하고 있는 그녀의 모습은 참으로 아름답다. 권동희 작가의 저서 《당신은 드림워커입니까》는 고등학교 진로서평도서에 선정되기도 했다. 그녀는 지금도 종횡무진 전국을 누비면서 꿈과 희망의 전도사로 왕성하게 활동 중이다.

그리고 책으로 운명을 바꾼 사람이 한 사람 더 있다. 한때 중환자실에서 근무하는 간호사였던 그녀는 자신의 책 한 권을 출간한 이후 백팔십도로 인생이 달라졌다. 바로 평범한 직장인에서 억대 수입의 1인 기업가가 된 것이다. 운명을 바꾼 주인공은《한 권으로 끝내는 책쓰기 특강》의 임원화 작가다. 그녀는 자신의 저서에서 다음과 같이 말하고 있다.

"책을 쓰기 전 제대로 글을 써 본 적도 없고, 남 앞에서 말 한마디 제대로 하지 못하는 사람이었지만 한 권의 책을 집필하고 출간한 것을 계기로 운명을 바꿨다."

임원화 작가 역시 꿈꾸는 이들에게 최고의 동기부여가로서 멋지게 행보 중이다. 자신의 1인 기업인 〈임마이티 컴퍼니〉뿐만 아니라 〈한책협〉의 책 쓰기 수석 코치로서 활발하게 활동하고 있다.

나 또한 지금 〈한책협〉과 인연을 맺고 책 쓰기로 운명을 바꿔나가고 있다. 책 읽기는 내면을 성장하게 만들지만 책 쓰기는 자신의 운명을 바꿔 준다. 나는 책 쓰기로 저자가 되었고, 죽을 때까지 글쟁이로 살아갈 것이다. 책 쓰기를 통해 '나는 누구인가?', '나다운 것은 무엇인가?'라는 근본적인 물음에 대한 더 깊은 답을 얻고 있다. 상처받았던 내면을 치유하자 나 자신이 더욱더 단단해지는 것을 느낀다. 그리고 나의 내면이 치유되니 가족과 인간 관계도 개선되고 있다. 나는 머지않아 전 세계 많은 사람들에게 재미와 감동을 주는 베스트셀러 작가, 밀리언셀러 작가가 되어 있을 것이다. 그리고 많은 사람들의 삶을 절망에서 희망으로 이끌어 주는 강연가와 1인 기업가의 삶을 함께 꿈꾸어 본다.

무엇을 망설이는가? 당신 이름으로 된 책을 써라. 그럼 당신의 인생도 달라질 것이다.

자기계발의 끝
책 쓰기에 도전하기

고은정 치위생과 교수, '자기주도학습연구소' 대표, 자기계발 작가, 동기부여가, 공부법 코치

치위생과 교수로 재직 중이다. 끊임없이 자기계발을 하며 꿈 멘토로 활동하고 있다. 워킹맘으로 바쁘게 살아가는 와중에도 아들을 외국어 고등학교에 진학시켰다. 그 경험과 노하우를 담은 자녀 공부법에 관한 개인저서를 준비 중이다. 현재 '자기주도학습연구소'를 운영하며 많은 이들에게 지식과 경험을 나누고 있다. 저서로는 《꼭 이루고 싶은 나의 꿈 나의 인생》, 《또라이들의 전성시대2》 등이 있다.

- Email tooth2005@naver.com
- Cafe cafe.naver.com/ckatoach
- Blog blog.naver.com/tooth2005
- C·P 010.3563.7697

나는 책 읽는 것을 좋아한다. 그러나 책을 읽으면 읽을수록 마음 한구석이 허전했다. '나도 무언가 해야 하지 않을까?'라는 의문이 들었다. 그 허전함은 바로 책을 쓰고 싶은 욕구였다. 하지만 평범한 사람이 책을 쓴다는 것은 쉬운 일이 아니다. 자기계발 도서를 많이 읽었다고 해서 책 쓰기가 뚝딱 되는 것은 아니다. 그리고 나는 책 쓰기에 대비해 평소에 글을 쓰려고 노력한 것도 아니었다. 단지 책을 읽으면서 책을 쓰고 싶다는 소망이 생긴 것에 불과했다.

하지만 그 소망을 구체화시키고 싶었다. 언젠가는 내 이야기를 책으로 만들겠다고 다짐하며 작가의 꿈을 키웠다.

작가가 되기 위해서 먼저 책 쓰기에 대해 알려 주는 책을 찾아봐야겠다고 생각했다. 그렇게 책 쓰기 관련 책을 여러 권 보니 공통적으로 하는 말이 있었다. "누구나 노력하면 작가가 될 수 있다."라는 것이다. 무척 희망적이라 마음에 들었다. 책 쓰기 책들은 '당신의 스토리는 가치가 있다'라며 나를 유혹했다.

그런데 책만으로 책 쓰기에 대해 배우는 데는 한계가 있었다. 그래서 책 쓰기를 세심하게 코칭해 주는 강의를 들어 보자고 결심했다. 검색을 거듭하던 중 〈한책협〉에 대해 알게 되었다. 가입을 앞두고 망설이다가 '인생 뭐 있어? 한번 도전해 보는 거야!'라고 마음먹고 〈책 쓰기 과정〉에 등록했다.

〈책 쓰기 과정〉은 단순히 한 권의 책을 쓰는 것이 전부가 아니었다. 나는 작가가 되고자 하는 많은 사람들의 열정에 동화되어 한동안 새로운 세상을 경험했다. 작가가 되고자 하는 사람에게서는 열정을, 이미 작가가 된 사람에게서는 희망을 얻었다. 그들을 보며, 노력하면 작가가 될 수 있을 거라는 확신이 들었다. 시작 전에는 걸림돌이 많다고 생각했는데 '해야 한다!'라고 생각한 순간 문제 될 것이 없었다.

〈한책협〉의 김태광 대표 코치는 내가 쓰고자 하는 책의 주제에 맞는 제목과 목차를 정해 주었다. 이제 채우는 일만 남은 셈이었다. 그런데 그게 어디 말처럼 쉬운가. 하루에 한 꼭지의 글을 쓰겠다는 목표는 너무나도 쉽게 흔들렸다. 글쓰기를 우선순위에 두라고 하지만 그것은 결코 만만한 일이 아니다. 하지만 이루고 싶은 꿈이 있기에 잠을 줄여 가며 글을 썼다.

나는 글을 쓰는 과정에서 그저 책을 읽기만 했다면 결코 몰랐을 것들을 경험했다. 나의 이야기를 쓰는데 눈물이 나고, 쓴 글을 다시 읽어 보는데 감동이 일었다. 잘 쓴 글이어서가 아니라 글에서 나의 진심을 보았기 때문이다. 때로는 힘든 모습이, 상처받은 모습이 글로 표현된 순간 모두 치유되었다. 마치 철이 드는 것처럼 내가 성숙해진 기분이 들었다. 내 안에 이런 모습이 있다는 것을 처음 알게 되었다.

때로는 글을 쓰는 게 내 마음 같지 않을 때도 있다. 나는 프로 작가가 아니기 때문에 당연한 것이다. 지웠다 쓰기를 여러 번 경험하는 것도 글쓰기이기 때문에 가능하다. 인간관계를 그렇게 할 수 있는가. 글을 쓰는 동안에는 무엇이든 내 마음대로 할 수 있다.

책을 쓰기 위해서는 글감이 필요하다. 여기에는 나의 경험이 큰 역할을 한다. 그러나 책 한 권을 온전히 나의 이야기로 채우는 것은 결코 쉬운 일이 아니다. 대안으로 참고문헌을 찾는 것이 필요하다. 책 한 권을 쓰기 위해서는 그 주제와 관련된 도서를 많이 읽어야 한다. 다른 사람이 쓴 글을 읽고 내 스토리와의 차별성을 찾아야 한다.

나 또한 원고를 쓰는 과정에서 많은 참고도서를 읽었다. 그러면서 새롭게 알게 된 것들이 많이 있다. 책을 쓰는 것은 내 안에 있는 정보를 꺼내는 과정이다. 내 안에 들어 있는 정보가 많아야 내용이 풍부해지는 법이다.

비단 참고도서에 국한할 것이 아니라 매일 다른 분야의 책을 읽어야 한다. 나의 경우에는 자기계발 분야의 도서만 편식해서 읽었었다. 그러나 글쓰기를 배우면서 이 습관을 바꾸었다. 내가 관심 있는 분야가 아니어도 과감하게 도전했다. 그러는 동안 가장 중요한 내 마음가짐을 들여다보게 되었다. 나는 그동안 내게 주어진 일을 열심히 해냈다. 단순히 열심히만 하는 것을 당연하게 여기고 살았다. 지금 생각해 보면 내가 할 수 있는 일의 한계를 스스로 정하고 산 것이었다. 나름 자기계발을 열심히 했다고 생각했는데 실제로는 더 큰 그림을 놓치고 살았다는 것을 깨달았다. 그동안 내 의식의 크기는 아주 작았다. 그런데 책을 쓰면서 내가 놓치고 살았던 더 큰 꿈을 그릴 수 있게 되었다.

글을 쓰는 일은 즐거운 일이기도 하지만 한편으로는 나 자신과 끊임없이 외로운 싸움을 해 나가야 하는 일이기도 하다. 그런데도 사람들은 왜 글을 쓰는 걸까. 누구든지 자신의 인생을 한 번쯤은 정리할 필요가 있기 때문이다. 이 일을 죽음을 앞둔 때에 하는 것이 아니라 살아가는 동안에 해야 한다. 문득 '지금 내가 잘하고 있는 것일까?'라는 의문이 들 때 말이다. 나는 원고를 쓰면서 내 삶을 정리하기도 하고 앞으로의 삶을 설계하기도 했다.

시간이 지나면 자연스럽게 해결되는 것이 있다. 그러나 감정이라는 것은 우선 내가 마음속으로 정리를 끝내야만 비로소 해결된다. 내 마음이 정리되지 않으면 행동이 부자연스럽게 마련이다. 나는 원고를 쓰고 새로운 책들과 만나면서 내 마음의 변화를 경험했다. 내 주변의 모든 상황들을 바라보는 관점이 달라졌다. 예전에는 내가 처한 환경을 비롯해 많은 부분을 탓했다. 원망은 늘 부정적인 감정을 몰고 온다. 하지만 바뀌지 않을 것을 두고 원망하는 것은 의미가 없다.

단기간에 많은 책을 읽고 원고를 쓰면서 나의 의식은 점점 긍정적으로 바뀌었다. 사람은 누구나 살면서 나쁜 일을 경험한다. 그러나 긍정적인 생각이 나의 내면을 가득 채우고 있다면 나쁜 일일지라도 감사함으로 받아들일 수 있는 내공이 생긴다.

초고를 작성하는 과정에서는 무척이나 혼란스러웠다. '정말 이게 맞나? 내가 옳은 방향으로 가고 있는 건가?'라는 말을 수없이 되뇌었다. 고치고 또 고치고를 반복했다. 이때 〈책 쓰기 과정〉과 함께 시작한 '감사일기 쓰기'가 초고를 완성하는 데 힘이 되어 주었다. 일상의 작은 일에도 감사하는 마음을 가졌더니 힘든 순간이 와도 금세 극복해 낼 수 있었다. 그렇게 초고를 완성하고 탈고까지 무사히 마쳐 출판사에 투고했다.

얼마 지나지 않아 출판사에서 연락이 왔다. 연락을 받았을 땐, 기쁜 마음보다 '이게 정말 사실인가?' 하는 생각이 먼저 들었다. 당시의 기분은 말로 표현하기 어려울 정도다. 이래서 책 쓰기를 자기계발의 끝이라고 한다는 것을 그제야 깨달을 수 있었다. 이제껏 느껴 보지 못한 성취감이었다.

초고를 완성한 후 내가 운영하는 블로그에 글을 올렸다. 내 글을 읽고 공감하는 이웃들이 생겨나기 시작했다. 이제 글을 쓰는 일은 나의 일상이 되었다. 짧은 글이더라도 내 생각을 표현하는 일은 나의 감정을 정리하고, 필력을 향상시키는 데 많은 도움이 된다는 것을 느꼈다.

지난해 나는 두 권의 책을 출간했다. 책을 쓰는 과정에서 일어난 모든 일들은 온통 처음 경험하는 것뿐이었다. 그 과정 내내, 새로운 무언가에 도전하고 있다는 사실이 나를 흥분시켰다. 내 이야기가 누군가의 삶에 위로와 지혜를 준다면 이 얼마나 감사한 일인가. 나 또한 누군가의 책에서 용기와 위로를 받은 것처럼 이제 나도 누군가에게 힘이 되어 주고 싶다.

마흔이 되면 나는 어떤 모습일지 상상한 적이 있다. 나는 지금 변화된 내 모습에 만족한다. 글쓰기는 나에게 새로운 세상을 열

어 주었다. 읽기만 했다면 결코 알지 못했을 세상이다. 책을 쓰면
서 나는 많은 것들을 얻었다. 내 안에 가득한 책 쓰기의 열정을
많은 사람들과 나눌 수 있다면 더할 나위 없이 기쁠 것이다.

앞으로 나의 경험과 지식을 필요로 하는 사람에게 도움을 주
는 삶을 살고 싶다. 자기계발의 끝! 나의 꿈이었던 '책 쓰기에 도
전하기'는 대성공이다. 혹시 책을 쓰고 싶은데 망설이는 독자가 있
다면 지금 당장 도전하라. 꿈은 도전하는 자만이 이룰 수 있다.

13 – 24

지승재 포민정 최정훈

임인경 김유나 서명식

허로민 이하늘 허동욱

임선영 임현수 박주연

책 쓰기로 다시 태어나기

지승재 '약선당 한의원' 원장, '뇌과학육아연구소' 대표, 뇌과학 육아 강사, 육아 상담 코치, 청소년 학습 상담 코치, 2017 서울교육멘토, '박문호의 자연과학세상' 이사

한의사로 일하면서 4차 산업혁명시대에 올바른 육아는 어떤 모습일지 고민한다. 뇌과학과 15년 임상 노하우를 바탕으로 최적의 육아법을 집필, 강연, 코칭, 컨설팅하고 있다. 또한 청소년 특강을 통해 '열정' 동기부여가로 활동하고 있으며, 유아 학교 'brainphilo academy'를 설립해 세계적인 부모교육 기관으로 키우고자 한다. 저서로는 《보물지도10》, 《또라이들의 전성시대2》 등이 있다.

- Email wlehfud76@hanmail.net
- Cafe www.brainphilo.com
- Kakaotalk wlehfud76
- Blog blog.naver.com/fantasy96
- C·P 010.8792.1075

나는 11년째 한의원을 운영하고 있다. '강산이 변한다는 10년 동안 나는 무엇을 했고 어떻게 살았나' 하는 생각이 문득 들었다. 그리고 또 생각했다. 10년 후에 어떤 모습으로 살고 있을까를 말이다. 지금도 나쁘지는 않지만 더 발전적인 모습으로 변해 있고 싶다. 그러기 위해서는 바로 지금 변화를 시작해야 한다는 생각이 든다. 그래서 나에게 "너 10년 뒤에 뭐 하고 싶니?"라고 물었다.

'내가 가장 하고 싶은 것!'

바로 '육아 코치'라는 새로운 분야에서의 성공이다. 나는 '성공

하기 위해 책을 쓴다'라는 소망을 가지게 되었다. 책을 쓰는 과정에서 다음의 변화를 느꼈다.

첫째, 나의 욕망을 알 수 있었다. 책의 주제를 선정하면서 더 절실히 알게 되었다. '욕망'이라고 표현하니 조금 저급하다고 생각할 수도 있다. 그러나 욕망은 모든 이의 뇌를 움직이는 원동력이며 목표를 갖게 한다. 심지어 이 세상을 만든 추동력이기도 하다. 모든 것의 역사는 결국 인간의 욕구가 그 기원이다.

시간이 되면 어김없이 배가 꼬르륵거린다. 식욕은 먹이 사냥, 농사, 채집 활동을 하게 했고 현대의 경제활동으로 이어진다. 결국 식욕은 자본주의에서 돈을 버는 것으로 연결된다. 그런데 학교에서는 형이상학적인 가치만을 강조하는 것 같다. 물론 좋은 얘기다. 하지만 학생들이 너무 욕망을 억제하도록 강요받는 것 같아 걱정된다.

과도한 학업으로 인해 아이들은 본인이 좋아하는 것이 무엇인지 생각할 틈도 없이 20년을 산다. 그래서 가고 싶은 대학도 학과도 모두 부모님이 정해 주는 경우가 많다. 나 역시 지금 한의사로서 이 자리에 서 있지만 내가 한의사를 직업으로 택하게 된 첫 번째 이유는 아버지의 권유 때문이었다. '돈 많이 벌고, 시간을 자유롭게 가질 수 있는 직업'이라는 말에 한의사가 되겠다고 마음먹게 되었다. 그런데 실제로 한의사가 되고 보니 꼭 그렇지만은 않았다. 부모님 세대의 한의사는 그랬을지 모르나 지금은 무한경쟁 체제이기 때문에 피눈물 나게 노력해야 겨우 살아남을 수 있다.

지금 내가 해야 하는 선택은 다른 삶을 살기 위해 무엇을 준비해야 하는가다. 10년 뒤에 다른 모습으로 변해 있고 싶기 때문이다. '내 마음이 시키는가의 여부'가 결정 기준이다. 내가 하고 싶은 것, 내가 이루고 싶은 성과가 내 욕구를 구성한다. 나는 16년 간의 임상을 통해 학생들에게 동기부여해 주는 방법을 터득했다. 그리고 한약 치료와 컨설팅을 통해 아이들이 변화해 가는 모습을 볼 때 희열과 쾌감을 느낀다. 내가 할 수 있는 것 중에서 내 욕망을 어떻게 실현할 수 있는가를 알게 된 것이다.

둘째, 나의 지식을 정리하는 계기가 되었다. 대학 때부터 20년 동안 많은 자료를 봐 왔다. 나는 내가 공부한 한의학과 뇌과학의 실전 적용으로 주변 사람들에게 도움을 줄 수 있다. 한의학은 전공분야이고 임상을 함께하고 있기 때문에 체질에 맞는 건강관리법을 사람들에게 알려 줄 수 있다. 뇌과학을 통해서는 뇌를 어떻게 효율적으로 활용할 수 있을지 해결책을 찾아 준다.

책을 쓰기 위해서도 정리된 자료가 많이 필요했다. 그냥 많이 쌓여 있기만 한 지식은 오히려 방해가 된다. 나름의 정리법을 이용해 자료를 모으면 책 쓰기의 자료로 활용도가 높다. 그래서 나는 '에버노트'라는 프로그램을 활용한다. 내가 관심 있어 하는 분야를 카테고리로 만들어 생각나는 대로 적고, 자료를 구별해서 각 카테고리 안에 넣어 둔다. 그러면 어느 순간 글감이 되기도 하고 환자 치료 시에 중요한 힌트가 되기도 한다. 우연히 찾은 좋은 자료가 기막힌 글감이 될 때 날아갈 듯한 기분이 든다.

셋째, 자신감이 상승했다. 현재 아이 육아에 필요한 뇌과학적 내용을 담은 책을 집필 중이다. 딸과 아들을 키우는 나의 생생한 경험을 담았기 때문에 0세부터 취학 전의 자녀를 두고 있는 부모들에게 많은 도움이 될 것이다. 육아에는 절대적인 답이 없다. 그래서 나의 이야기를 솔직 담백하게 들려주는 것이 가장 도움이 되는 일이라고 생각했다. 그렇게 글을 쓰고 있노라니 마음이 뿌듯하다. 축 처져 있던 내 어깨에 힘이 들어가고 가슴이 쫙 펴진다. 끝까지 완성하는 힘이 얼마나 중요한 것인가를 다시 한 번 느끼게 된다.

자신감은 내면의 완성이다. 그리고 이것은 나만이 할 수 있는 일이다. 누가 대신해 줄 수 없다. 그렇기 때문에 스스로 해야 한다. 한 꼭지 한 꼭지를 완성하면서 목차에 빨간 펜으로 체크해 나갈 때의 쾌감 역시 짜릿하다. 내 이름이 찍힌 분신 같은 책을 만든 내가 자랑스럽다. 그리고 어느 순간 성장한 나와 마주하게 된다.

넷째, 생각을 모으는 힘이 생겼다. 책을 쓰려는 시도는 누구나 할 수 있다. 그러나 그 사람들 전부가 해내지는 못한다. 왜냐하면 하나의 생각을 지속해서 이어 가기 힘들기 때문이다. 목차가 그래서 중요하다. '글감을 가득 실은 배'를 '책'이라는 종착지로 안내해 주는 나침반의 역할을 하기 때문이다. 바로 이 나침반 덕분에 생각을 하나로 모으는 힘이 생겼다.

예전에 혼자 책을 써 보고자 노력했던 적이 있었다. 그런데 번번이 실패했고, 그러다 보니 1년이 금세 지나갔다. 이제는 그 이유를 안다. 제대로 된 목차가 없었기 때문이다. 그 상태에서 글을 쓰다 보니 주제에서 벗어난 이야기로 빠지는 경우가 많았다. 그래서 처음에는 경험이 많은 코치에게서 배울 것을 권한다. 나도 〈한책협〉의 김태광 대표 코치에게서 코칭을 받은 후 집중력이 향상되어 글쓰기에 탄력을 받을 수 있었다.

다섯째, 꿈이 생겼다. 세상에서 가장 중요한 것이 뭐냐는 질문을 받는다면 이제 주저 없이 이야기한다. "꿈! 그것 하나면 된다."라고 말이다. 사람의 뇌는 목표 지향적으로 움직이게 되어 있다. 목표가 없으면 뇌는 더 이상 움직이지 않는다. 고장 난 배가 바다 위를 표류하듯 정처 없이 떠돌게 된다. 그래서 소망, 꿈, 욕구 등이 중요하다. 결승점을 향해 달리는 말에게 앞만 볼 수 있도록 눈을 가려 주듯이 말이다.

나는 꿈을 갖는다. 바로 멘토로서의 삶이다. 내가 시간 가는 줄 모르고 가장 즐겨하고 행복해하는 행위가 바로 '대화'다. '수다'를 '멘토링'으로 승화시킬 수 있는 능력을 키우는 것이 필요하다. 이것이 대화의 매력이다. 상대방의 마음에 공감하고, 인정해 주는 것이 중요한 포인트다. 대화하며 오가는 단어들 속에 감정이 묻어 있기 때문에 이를 어루만져 주는 것이다. 그 후에 멘티에게 나라면 어떻게 하겠다는 의견을 제시해 줄 것이다. 본인의 생각을 정리할 마음의 여유를 주기 위해서다.

강연가로서의 삶을 꿈꾼다. '아이들의 올바른 성장은 이것이다'라고 답할 수는 없다. 모두 다른 환경에서 자라나기 때문이다. 그런데 한 가지는 확신한다. 지금의 교육체계에서 벗어나야 한다는 것 말이다. 이미 현재 교육체계에 적응되어 있는 사람들을 바꾸기에는 현실적인 벽이 너무 높다. 그래서 신생아, 영·유아를 둔 부모님들의 교육이 절실함을 느낀다. 이에 엄마 아빠를 교육할 수 있는 강연가가 되려는 것이다.

또한 나는 메신저로서의 삶을 꿈꾼다. 내가 알고 있는 지식을 바탕으로 내가 깨달은 바를 전달함으로써 사람들의 시간을 절약해 주고 싶다. 현재보다 나은 삶으로 도약할 수 있도록 돕고 싶다. 그러면 내가 살아온 삶이 나만을 위한 것이 아닌 많은 사람을 위한 더 큰 가치로 변할 수 있다. 이 과정에서 나도 다른 사람들의 삶을 배우고 본받을 수 있으니 큰 시너지를 이룰 수 있을 것이다.

10년 뒤의 미래를 고민하면서 책을 쓰게 되었다. "네가 진짜로 원하는 게 뭐야?"라는 노래 가사처럼 내가 하고 싶은 것을 찾아 주제로 삼았다. 그러자 내가 바라는 바를 명확하게 알게 되었다. 알고 있는 것을 그것이 필요한 사람에게 알려 주고 싶은 열망 말이다. 책을 쓰는 과정에서 내가 알고 있는 지식을 정리할 수 있는 기회를 가졌다. 그리고 지식에 경험을 더해 한 권의 책이 탄생했을 때 내 몸에 자신감이 가득 참을 경험했다. 그 대견함에 나 자신을 사랑하는 마음이 싹트게 되었다. 이 과정에서 생각을 모으는 힘이 생겼고 모든 일에 집중력이 높아졌다. 이런 자신감과 자존감을 바탕으로 멘토, 강연가, 메신저로서의 삶을 꿈꾼다. 10년 뒤, 20년 뒤의 꿈 너머 꿈을 바라보게 되었다. 책 쓰기로 다시 태어난 나를 너무도 사랑한다.

14

책 쓰기를 통해
꿈꾸던 인생으로 도약하기

포민정 〈한책협〉 코치, 자기계발 작가, 1인 창업 코치, 연애 코치

열정덩어리 행동주의자다. 치위생사로 일하다 1인 창업으로 자신의 경험과 지식을 나누는 메신저 산업에 눈을
떴고, 현재 1인 기업가를 꿈꾸는 작가들을 코칭해 주는 1인 창업 코치로서 강의하고 있다. 꿈꾸는 사람들을 돕는
동기부여가이자 네이버 카페 관리 및 매출을 올리는 포스팅 비법을 코칭하는 마케팅 코치로도 활동하고 있다. 현재는
연애경험과 건강하게 연애하는 방법을 담은 개인저서를 준비 중이다.

• Email vhalsrhkd@naver.com   • C·P 010. 2490. 1603

아침이면 벌떡 일어나 기지개를 켠다. 씻고 나와서 네이버 〈한
책협〉 카페에 출석체크를 하고 댓글을 남긴다. 물 한 잔을 마시고
가볍게 셰이크로 아침을 대신한다. 그러곤 노트북과 구찌 클러치
를 들고 출근길에 나선다. 신발은 지난 추석 김태광 대표 코치가
〈한책협〉 직원 모두에게 선물해 준 구찌 스니커즈를 신었다. 집 앞
에는 내가 사랑하는 나의 차가 서 있다. 내가 차에 붙여 준 애칭
은 '까망이'다. 차에 짐을 싣고, 편안한 벤츠의 드라이빙을 즐기며
분당에 있는 〈한책협〉 드림디즈니랜드 센터로 간다.

센터에 도착해 1층 건물 아저씨와 인사하고, 건물을 청소해 주시는 이모님들과도 인사를 나눈다. 그러곤 6층 센터에 들어온다. 출근시간보다 2시간 전쯤 센터에 도착한 나는 네이버 〈한책협〉 카페에서 꿈맥 작가님들과 소통하며 하루를 시작한다. 회사로 들어온 계산서들과 요청이 들어온 송금 건들을 처리한다. 나는 '놀 때는 확실하게 놀고, 일할 때는 확실하게 하자'라는 주의다. 일을 통해 내 일상을 행복하게 누릴 수 있게 된 만큼 일할 때는 집중해서 한다.

센터에 수업이 있는 날은 내가 좋아하는 〈한책협〉 꿈맥 작가님들을 만나는 시간이다. 나는 특히 〈한책협〉 김태광 대표 코치의 '성공 철학과 성공자의 마인드'에 대한 수업을 듣는 금요일을 가장 좋아한다.

〈한책협〉에는 각 분야 최고의 전문가들과 각 분야의 열정 또라이(?)들이 많이 온다. 여기서 말하는 또라이는 나쁜 의미의 또라이가 아니다. 자신이 좋아하는 일에 열정이 가득하고 꿈에 대한 똘기로 가득 찬 사람들을 의미한다. 〈한책협〉에는 열정적이고 간절하게 자신의 이름으로 된 책을 쓰고, 자신의 경험과 지식을 나누고자 하는 많은 사람들이 있다. 그들과 함께할 때면 나는 그들의 성공을 도울 수 있다는 뿌듯함과 그들의 에너지에 자극받을 수 있어서 행복함을 느낀다.

쉬는 날이면 아침에 청계산으로 향한다. 피톤치드가 많이 발

산되어 스트레스 해소, 마음 진정에 도움이 되는 편백나무 찜질을 하러 간다. 편백 효소 찜질을 하며 자연과 함께하고, 생각을 전환시키면 혈액순환이 잘되어 몸이 가벼워진다. 그러고 나서 청계산 근처 카페에 가서 책을 읽거나 원고를 쓴다.

한 달에 한 번, 일요일이면 나는 강의를 한다. 책을 쓰고 앞으로 1인 기업가로 나아가기 위해 준비하는 작가들이 있다. 그들을 위해 네이버 카페를 관리하는 방법과 매출을 올리는 데 필수인 포스팅 비법, 마케팅 노하우들을 강의하는 것이다. 나의 이야기를 들으며 유쾌하게 웃고, 열심히 필기하는 수강생의 모습을 보면 뿌듯함을 느낀다. 하나라도 더 알려 줘서 그들이 성공할 수 있게 돕고 싶다는 마음이 가득 차오른다.

이런 일상을 보내며 살고 있는 나는 이제 겨우 20대 후반이다. 또래 친구들과 비교하면 엄청난 일상을 살고 있다. 여자 친구들은 대학교를 졸업하고 직장에서 근무하고 있거나, 엄마가 되어서 집에서 아이를 보고 있다. 그리고 남자 친구들은 군대를 갔다 와서 취업을 준비하거나 이제 막 회사에 입사했다. 신입사원 생활을 하고 있는 것이다. 그런데도 나의 일상이 20대 후반에 가능한 일이냐고? 나를 부자 부모님을 둔 '금수저'라고 생각할 수도 있지만, 아니다. 나는 전형적인 '흙수저' 중 한 사람이다.

간호학과를 목표로 공부했지만 성적이 안 되어서 치위생학과를 갔고, 지방 대학교를 졸업했다. 4년 동안 열심히 공부하고 방학 때마다 치과에서 실습하며 더 나은 치위생사가 되겠다고 다짐했다. 그러곤 면허증을 취득하기 위해 국가고시를 준비했다. 실기시험과 필기시험에 모두 합격한 나는 국가의 면허증을 소지한 치과위생사가 되었다. 전문직은 나이 들어서도 취업이 되고, 밥줄이 끊기지 않을 것이라며 어른들은 전문직 직장을 갖는 게 좋다고 말씀하셨다. 나도 그게 당연하다는 듯 면허증을 받고는 이제 전문직 여성이 되었다며 기뻐했다.

취업을 위해 서울에 원룸을 잡았다. 그리고 자취를 하며 직장생활을 했다. 1년 차 치과위생사로서의 나의 첫 월급은 145만 원이었다. 관악구 난곡동의 4~5평 정도 되는 원룸에서 살았다. 치과 근처이기도 했고, 서울에서도 집세가 저렴한 축에 속하는 신림동 근처여서 월세도 저렴한 편이었다. 그럼에도 불구하고 한 달 월세와 관리비를 합하면 45만 원 정도를 지출해야 했다. 적금을 내고 휴대전화 요금과 보험료를 내고 생활비까지 쓰고 나면 월급은 바닥났다. 나를 위해 물건을 사거나 옷을 사는 데 돈을 사용할 수가 없었다.

주말이면 열심히 자기계발을 했다. 지금의 자리에서 특별해지기 위해서는 뭔가 다른 무기가 있어야 한다고 생각했기 때문이다. 그렇게 열심히 자기계발을 하던 중 나는 한 권의 책을 만나게 되었다. 거기에서 김태광 대표 코치를 알게 되었다. 그에 대해 검색하던 중 〈한책협〉이라는 책 쓰기 카페를 알게 되었다. 나는 2015년 11월 22일 처음으로 〈1일 특강〉에 참석하게 되었다.

그때부터 내 삶은 달라지기 시작했다. 쳇바퀴처럼 반복되는 삶을 살며 정처 없고 방향 없는 자기계발을 하던 나에게 꿈이 생긴 것이다. 내 이름으로 된 책을 써서 작가가 되겠다는 꿈 말이다. 20대에 벤츠의 오너가 되겠다는 꿈도 생겼다. 나는 치과위생사라는 직업에 종사하며 치과계에서 내가 어떻게 클 수 있는지에만 집중했다. 그렇게 스스로 한계를 짓고 있었다.

하지만 책을 쓰겠다는 꿈을 가지면서 나는 무한하고 엄청난 가능성을 지닌 존재라는 것을 깨닫게 되었다. 생각이 달라지니 행동도 달라지고, 선택도 달라졌다. 〈한책협〉 스태프로 일할 수 있는 기회가 생기자 나는 망설임 없이 직장에 사직서를 제출하고 〈한책협〉에 입사했다. 4년 동안 대학교에서 열심히 공부한 것이나 국가고시를 봐서 받은 면허증이 아쉽다는 생각은 전혀 들지 않았다. 〈한책협〉이야말로 나의 무한한 가능성을 펼칠 수 있고, 1인 기업가와 메신저의 삶에 대해 배울 수 있는 곳이라고 생각했다.

그때의 내 선택이 나는 지금도 자랑스럽고 뿌듯하다. 김태광 대표와 권동희 회장을 만나 〈한책협〉에서 책을 쓰고, 스물여섯 살 어린 나이에 벤츠의 오너가 되고, 강의를 하게 되었다. 지금은 〈한책협〉의 드림팀으로서 경험과 지식을 나누는 메신저로 살아가고 있다. 성공자와 함께 있을 수 있는 것만으로도 이미 성공한 것과 같다. 성공자의 경험과 생각을 가까운 곳에서 배울 수 있기 때문이다.

나는 실제로 자수성가한 〈한책협〉의 김태광 대표, 권동희 회장과 가장 가까운 곳에서 함께하고 있다. 그만큼 많은 것들을 배우고 경험하고 있다. 목표 없이 막막하고 불안한 삶을 살던 내가 매일 설레고 즐거운 일을 하며 가슴 뛰는 삶을 살고 있는 것이다.

자신이 좋아하는 사람들과 좋아하고 즐거워하는 일을 하면서 경제적 자유를 누리고, 세상의 아름다운 경험들을 나누며 사는 것은 모두의 꿈일 것이다. 나의 꿈이기도 했다. 지금 나는 그런 삶을 살고 있다. 돈은 우리에게 선택의 자유를 준다. 좋아하는 일을 하면서 선택의 자유를 가질 수 있다면 최고의 기쁨일 것이다.

"오늘이 인생의 마지막 날이라면 당신은 오늘 무엇을 할 건가요?"라는 질문을 받아 본 적이 있다. 예전에 나는 당시 하고 있는 것들을 모두 버리고 내가 하고 싶은 것을 하겠다고 말했었다. 하지만 지금의 나는 어제와 같이 경험과 지식을 나누는 메신저의 일을 계속하겠다고 답할 것이다. 지금 이 순간이 나에게는 최고의 순간이고, 가장 행복한 순간이기 때문이다. 난 여전히 열정적으로 일하며 긍정적인 에너지를 나누고, 꿈 이야기를 하고, 사랑하는 사람들과 좋아하는 일을 하며 인생의 마지막 날을 보낼 것이다. 난 이미 내가 꿈꾸던 삶을 살고 있고, 오늘도 꿈을 이루어 가고 있다.

15

책 쓰기를 통해 나만의 지식과
경험으로 창업하기

최정훈 '소셜창업연구소' 대표, 1인 지식 창업 코치, 지식 창업 전문가, 창업 마케팅 컨설턴트

다양한 창업 경험을 통해 얻은 깨달음으로 1인 지식 창업에 도전해 성공했다. 자신의 경험을 활용해 성공하는 창업 방법을 전수하는 '소셜창업연구소'를 만들어 대표로 활동하고 있다. 강연과 컨설팅을 통해 많은 사람들을 1인 지식 창업가로 성공시켰다. 저서로는 《1인 지식 창업의 정석》, 《보물지도6》, 《미래일기》 외 9권이 있다.

• Email machwa@naver.com   • Cafe www.scculab.co.kr

나는 스물세 살에 처음 사업을 시작했다. 그리고 10여 년 동안 다양한 업종에서 사업을 경험하며 창업 정보를 수집했다. 처음에는 사업에 대해 잘 몰랐기 때문에 프랜차이즈에 의지했다. 그 후 여러 해 동안 다양한 시행착오를 거치며 나만의 창업 지식과 경험을 쌓게 되었다. 과거의 지식과 경험을 활용해 기존의 창업 방식과 다른 나만의 창업 방법을 만들어 냈다. 이는 오랜 기간 연구한 끝에 만들어 낸 것이다. 그러나 만드는 것에만 집중한 나머지 그것을 활용한 사업을 준비해 놓지 않아 판매할 수가 없었다.

그 당시 나는 사업을 정리하고 직장생활을 하던 중이었다. 내가 만든 창업 방법에 대한 반응을 알아보기 위해 평소 알고 지내던 창업 희망자들을 만났다. 그러나 이야기를 나눈 결과는 내 기대와 달랐다. 그들은 나를 창업 전문가가 아닌, 단지 창업을 몇 번 경험해 본 것뿐인 아마추어로 평가했다. 그들이 창업에 대해 자문하고 싶어 할 만한 전문가로 인정받지 못한 것이다. 그렇기 때문에 생계형 자영업보다 더 유리한 창업 방법이 있다는 내 이야기 역시 관심을 받지 못했다.

기대가 크면 실망도 크다고 했다. 기대와 다른 결과에 크게 실망하며 동생에게 있었던 일을 이야기했다. 그러자 동생은 "형이 새로운 창업 방법을 만들었다고 하더라도 대부분의 사람들은 그것이 있는지조차 모르고 있어. 형이 인정받는 전문가가 되지 못한다면 사업은 성공할 수 없을 거야."라고 했다. 동생의 이야기를 듣고 나는 어떻게 하면 창업 전문가가 될 수 있을지 고민했다. 전문가로 인정받아야만 내가 하는 이야기가 사람들의 주목을 받고 내 사업이 성공할 수 있기 때문이었다.

하지만 창업 전문가라는 것은 의사나 변호사처럼 어떤 자격증 같은 것으로 이룰 수 있는 게 아니었다. 10여 년의 창업 경험으로도 전문가로 인정받지 못했다. 창업 전문가가 되려면 어떻게 해야 하는지 도무지 알 수 없었다. 그래서 전문가로 인정받는 사람들이 어떤 사람들인지 찾아보기 시작했다. 전문가들에 대해 알아보던 중 많은 사람들로부터 전문가로 인정받는 사람들의 공통점을 한 가지 발견할 수 있었다. 그것은 자신의 지식과 경험을 활용해 책을 썼다는 것이었다.

고민 끝에 나도 그 사람들처럼 책을 써야겠다는 결론에 도달했다. 창업에 관한 책을 써서 내 도움이 필요한 사람들이 읽을 수 있도록 하면 창업 전문가로 인정받을 수 있을 것이라 생각했다. 내 창업 지식과 경험을 활용해 책을 쓰고 내 책을 읽은 많은 사람들에게 내가 알고 있는 다양한 창업 정보를 나누어 주기로 마음먹은 것이다.

책을 쓰기로 결정했지만 평소 책은커녕 짧은 글조차 많이 쓰지 않았던 터라 어떻게 해야 책을 쓸 수 있는지 알 도리가 없었다. 답답한 마음에 주변 사람들에게 책을 쓰는 방법에 대해 물어보았다. 하지만 방법을 아는 사람은 아무도 없었다.

그러다 우연히 읽은 한 권의 책에서 〈한책협〉을 알게 되었다. 고민 없이 바로 〈1일 특강〉을 신청하고 책 쓰기를 시작했다. 이후 〈한책협〉에서 책 쓰기 수업을 들으면서 나와 같은 고민을 갖고 책을 쓰려고 하는 많은 사람들을 만났다. 그들 역시 나처럼 자신의 지식과 경험을 바탕으로 책을 써 자신의 분야에서 전문가로 인정받고 싶어 하는 사람들이었다.

그중에는 이미 책 쓰기 수업을 수료하고 몇 개월 만에 원고를 완성해 책을 출간한 작가들도 있었다. 그들은 자신의 이름으로 책이 출간된 이후부터 전문가로 인정받고 방송, 기업, 관공서, 대학 등에서 인터뷰 및 강연을 하고 있었다. 출간된 책을 통해 다양한 곳으로부터 일이 들어오고 그 일을 진행하면서 점점 더 많은 성과가 쌓이고 더욱 전문가로 만들어지는 선순환이 이루어지고 있었다.

책 쓰기 과정을 수료하고 단기간에 원고를 완성해 《1인 지식 창업의 정석》을 출산힐 수 있었다 책이 출간된 이후 지식 창업을 꿈꾸는 많은 독자들에게서 연락을 받았다. 연락이 온 독자에게 내가 가지고 있는 지식과 정보를 활용해 컨설팅과 강의를 해 주는 '1인 지식 창업'을 시작했다. 그들에게 그동안 내가 연구해 만들어 낸 나만의 창업 방법을 알려 줬다. 그러자 책을 출간하기 전과는 반응이 크게 달랐다. 지식과 경험이 담긴 책의 힘이 이렇게까지 클 것이라고는 생각하지 못했다.

자신의 지식과 경험을 담아 책을 써내면 많은 사람들이 그 책을 읽게 된다. 책을 읽은 사람 중 일부는 책에 담긴 저자의 이야기에 공감하며 팬이 된다. 그러면 저자에게 이메일을 보내거나 책에 나와 있는 전화번호로 연락을 한다. 책을 읽어 저자의 스토리를 자세히 알게 되면 책에 담긴 지식과 경험 외에도 저자와 더 많은 소통을 하고 싶어지기 때문이다.

자신의 지식과 경험으로 새로운 정보를 만들어 내면 그것을 활용해 사업을 할 수 있다. 하지만 아무리 가치가 높은 정보를 가지고 있더라도 사람들이 그것을 모른다면 사업을 할 수 없다. 많은 사람들에게 자신의 지식과 경험을 알리기 위한 수단으로 나처럼 책을 쓰는 것을 추천한다. 나만의 스토리로 책을 쓴다면 출간과 동시에 그 분야의 전문가가 될 수 있다.

누구나 나처럼 자신의 지식과 경험을 활용해 책을 쓰고 작가가 된다면 지식과 경험을 판매하는 1인 창업을 할 수 있다. 지금 바로 책 쓰기를 시작해 보자.

16

책을 쓰며
가슴 뛰는 하루하루를 보내기

임인경   엄마 성장 멘토, 육아 멘토, 좋은 엄마 코치, 자기계발 작가, 동기부여 강연가

두 아들을 엄마표로 키우겠다는 신념을 꾸준히 지켜 온 열혈 직장맘이다. 독서와 창의성, 자기주도적인 습관 기르기를
키워드로 한 육아를 펼치고 있다. 엄마들에게는 행복한 육아를, 아이들에게는 행복한 성장을 코칭하는 컨설팅을
준비하고 있다. 현재 엄마의 성장과 육아를 다룬 개인저서를 집필 중이다.

• Email smiling102@naver.com   • Blog blog.naver.com/smiling102
• C·P 010.8779.3374   • Instagram imingyeong1866

"모든 초고는 걸레다."

헤밍웨이의 말대로 내 초고는 모두 걸레다. 처음 글을 쓰기 시
작할 때, 막막함과 두려움에 휩싸여 내 손은 키보드 위에서 서성
이기만 했다. 머릿속에선 복잡하게 뒤섞인, 마침표 없는 단어들이
내 심정을 대변해 주고 있었다.

'어떻게 시작해야 할까? 내게 글을 쓸 수 있는 자격이 있나?
독자들에게 들려줄 이야기는 가지고 있고?' 끊임없는 물음표들이

나를 평가절하시키고 있었다. 그때 마음을 다잡게 해 주는 소리가 들렸다. '위대한 대문호 헤밍웨이도 그랬잖아! 그래, 내 초고가 걸레인 건 당연해. 일단 생각나는 대로 써 보자!'라는. 이렇게 생각하니 어느 정도 두려움이 사라졌다. 나는 그제야 키보드를 두드릴 수 있었다.

하나의 공동저서를 끝내고 나니 자신감이 더 붙게 되었다. 글을 쓰기 전에는 아침 7시에도 일어나기 힘들어했던 내가 새벽 4시에 눈을 뜨다니. 심지어는 그 4시를 기다리며 중간 중간 2시, 3시대에도 눈을 뜨곤 한다. 그렇게 일어나 차가운 물로 세수하고 가볍게 스트레칭을 하고 커피를 타며 일기장을 편다. 내겐 주문과도 같은 명언들과 기도하고 구하고자 하는 나의 모습들을 적어 내려간다. 그리고 이미 이루어진 것처럼 마음속에 그림을 그리는 훈련을 한다. 이 또한 빠지지 않는, 나의 하루를 여는 방법이다.

"무엇이든지 기도하고 구하는 것은 받은 줄로 믿으라. 그리하면 너희에게 그대로 되리라."

마가복음 11장 24절의 내용이다. 나는 기독교 신자는 아니다. 하지만 글을 쓰겠다고 다짐하고 새벽 일찍 눈을 뜨면서부터 졸림과 글쓰기와 삶에 대한 두려움이 내게 이 성경 구절을 되뇌게 만들었다. 눈 뜨면서부터 잠자리에 드는 순간까지 나의 하루를 지탱

해 주는 보물지도 같은 글귀.

나는 왜 글을 쓰려고 하는가? 초등학생이었던 당시, 나는 책과 그리 친한 아이가 아니었다. 선생님께서 읽은 책들을 독서카드에 기록해 오라고 하시면, 나는 칭찬을 받기 위해 학교 도서관에서 시간에 쫓기듯 대충 훑어보고 그저 제목을 기록했을 뿐이었다. 그런 아이가 어디에서 책을 쓸 힘이 났을까? 중학생이 되자 이외수 작가의 《들개》라는 소설을 읽고 시를 쓰기 시작했다. 《들개》는 중학생이 읽기에는 예술가의 열정을 다소 거칠고 자극적으로 표현한 책이다. 하지만 우울함을 시적으로 풀어 가는 그의 문체는 글쓰기를 시작하는 소녀에게 큰 영감을 불러일으켜 주었다.

또한 푸시킨의 〈삶〉이라는 시가 적힌 작은 액자는 시골의 해 질 녘 노을 아래 서 있는 소녀의 외로움을 다독여 주었다. 돌아가신 아버지에 대한 그리움을 안고 돈을 벌기 위해 식당에 일하러 나가신 어머니의 자정 무렵 귀가를 기다리며 그렇게 푸시킨의 시를 외우고 또 외우곤 했다. 그러고서 써 내려간 사춘기 소녀의 '삶'이라는 시가 청소년 잡지에 실리게 되었다. 나의 외로움을 위안받는 듯했다.

그때부터 시도 좋아했지만 시적인 문체의 소설들에 더 매력을 느꼈다. 여고시절에 읽은 괴테의 《젊은 베르테르의 슬픔》은 거친 《들개》와는 다른, 슬프지만 아름다운 세계를 노래하는 최고의 소설이었다. '어떻게 세상을 이렇게 아름답게 언어화할 수 있을까?' 라며 여고생의 감성이 더해진 감탄을 내뱉었다.

그 이후로 나는 어설프지만 내 일상에 관한 글들을 시적으로 표현하려고 애썼다. 개인 블로그의 글들이 그러했고 일기들도 그러했다. 하지만 우울한 청춘을 감상적으로 포장하는 건 또 다른 우울함을 만들 뿐이었다. 우울한 일의 연속이었다. 내 몸속의 우울한 세포가 증식되고 있는 느낌이었다. 나는 이제 지난날의 나의 잘못된 선택을 깨닫는다. 부정과 긍정 사이에서 부정의 선택이 나의 꿈을 막았고 나를 힘들게 해 왔다는 걸.

그래서 힘든 현실을 벗어나는 방법이 책에 있을 거라고 생각하게 되었다.

'행복은 어디에서 올까? 행복한 사람들은 어떻게 그렇게 되었을까? 성공은 또는 부는 어떻게 만들어지는 걸까? 나도 행복하고 멋지고 성공하고 부자가 될 수 있을까?'

"책 속에 진리가 있다."라는 말을 굳게 믿고 자기계발서, 마인드서, 육아서 등을 전투적으로 읽어 나갔다. 그 속에서 공통점을 발견할 수 있었다. 모든 성공한 사람들은 "현실의 나는 과거 나의 생각들이 불러들인 결과다. 그러므로 현재의 행복과 만족을 원한다면 긍정을 선택하고 그 선택을 믿음으로 간절히 원하라."라고 입을 모아 말하고 있었다.

이제 알았다. 나의 글들에 긍정을 기록해야 한다는 사실을. 부정과 아픔을 겪는 사람들에게 나의 경험을 들려주며 그들도 바뀔 수 있다고 말해 줘야 한다. 그러기 위해 올바른 방향을 선택하고 노력해 내 꿈을 이룬 행복한 메신저가 되어야 한다. 나의 멘토인 강연가 김미경은 꿈에 대해 이렇게 말한다.

"가슴 뛰는 꿈은 없어요. 작은 꿈을 만나 내 가슴이 뛸 때까지 노력하는 것이지요."

그렇다. 내 경험으로는 꿈을 계획할 때 가슴은 뛸 수 있다. 그러나 노력하지 않으면 그 가슴 설렘은 실망으로 끝나고 만다. 큰 꿈을 이루기 위해 계획을 세우고 새벽 일찍 일어나겠다는 결심을 실천하는 순간 나의 가슴은 뛰기 시작한다.

그렇게 하루하루 실천해 갈 때 희망이 보이고 내 심장은 더욱 강하게 펌프질한다. 침대에 누워 하루를 마감하는 시간은 다음 날 새벽을 기다리는 가슴 설레는 시간이다. 나의 성실함과 희망이 펼쳐 줄 이야기들이 궁금해지는 시간이다. 그래서 나는 더욱 편안히 잠들 수 있게 된다. 하루의 소소한 일상에 감사하며 큰 꿈을 그려 보자. 그렇게 노력으로 이룬 하루하루가 모이면 나는 어느새 큰 꿈 위에 올라서 있을 것이다.

그렇다면 진정으로 내가 원하는 것은 무엇인가? 긍정의 꿈을 계획하기 위해선 내가 무엇을 잘할 수 있고 무엇을 즐겨 왔으며 진정으로 원하는 것이 무엇인지부터 알아야 한다. 가고자 하는 방향이 정확하지 않으면 예상치 못한 곳으로 가게 되거나 아예 도착하지 못할 수도 있기 때문이다. 그래서 나에게 끊임없이 목적지에 대한 질문을 던지며 고민해 왔다.

오래전부터 언젠가는 책을 쓰겠다는 바람을 가져 왔다. 강연에 대한 동경도 있었기 때문에 지금 이렇게 가슴이 뛰고 있는지도 모른다. 그 바람은 〈한책협〉을 만나는 우연 아닌 필연으로 연결되었다. 그리고 지금 나는 가슴 뛰는 하루하루를 살며 목적지를 향해 걸어가고 있다.

이제 꿈의 시작이다. 더욱 큰 꿈을 이루기 위해 나는 이 일에 미치기로 했다. 남편과 두 아들에게 소홀해지는 게 마음에 걸렸지만 나는 우선 나 자신이 행복해지기로 했다. 내가 행복해야 그들을 바라보는 내 시선도 행복해진다. 그래야 그들도 행복해진다고 믿기로 했다. 이 믿음 덕분인지 남편은 내 의지에 큰 도움이 되겠노라 했다. 아들들도 엄마의 꿈을 멋있다며 응원해 주기에 이르렀다.

책 쓰기를 통해 내가 살아나고 있다. 우울했던 지난날들을 툭툭 털어 내며 활기를 찾고 있다. 전과는 다르게, 길을 걸으면 나를 향해 미소 짓는 사람들만 만난다.

이렇게 나를 세우며 우리 집 세 남자를 생각한다.

'그들의 든든한 버팀목이 되어 줄 아내와 엄마가 되자. 남편의 꿈도 존중해 주는 꿈친구가 되자. 아직 꿈틀대는 두 아들의 꿈을 든든하게 받쳐 주는 기둥의 받침이 되어 주자. 꿈을 향해 안심하고 올라갈 수 있는 사다리가 되어 주고 비상할 수 있는 안전한 바람이 되어 주자. 대지 위에 강한 뿌리를 내리고 꿈의 열매를 맺을 수 있게 따스한 햇살과 물이 되어 주자'

책 쓰기를 통해 나를 세우는 일은 우리 가족을 세우는 일이다. 그리고 나의 글을 읽고 한 사람이라도 세상을 긍정적으로 바라보고 바라던 꿈을 이룬다면 내 이웃을 세우는 일이 된다.

《폴 마이어의 아름다운 도전》에서 폴 마이어는 내게 이렇게 말한다.

"당신의 눈을 보니 의지가 강한 사람으로 보입니다. 나는 확신합니다. 당신은 분명 일어날 겁니다."

17

삶의 주체가 되어 운명 바꾸기

김유나 '김유나감정코칭연구소' 소장, 동기부여가, 라이프 코치

나답게 사는 법을 끊임없이 고민하다가 퇴사를 결심했다. 현재 '김유나감정코칭연구소'를 설립해 '나'에 대해 고민하는
사람들에게 꿈과 희망을 찾아 주고 있다. 또한 감정 코칭 메신저로서 가장 소중한 '나'를 잃어버린 사람들을 위해 삶의
방향을 제시하고 있다.

• Homepage www.getbetter.co.kr

　책 쓰기는 유명한 사람이나 하늘에서 주는 재능을 타고난 사
람만이 할 수 있다고 생각했었다. 학교에 다닐 때는 독서 감상문
이나 보고서를 써서 제출하는 숙제를 제일 싫어했었다. 차라리 객
관식 문제들을 풀어 제출하는 게 더 낫다고 불평불만을 늘어놓
았었다. 스스로 생각한 것을 쓰기보다는 인터넷에 나오는 정보들
을 그대로 복사해서 제출하곤 했다. 이렇게 내 인생에서 글쓰기는
저 멀리 동떨어져 있었다.

　최근 직장생활을 정리하기 위해 1인 지식 창업에 대해 알아보

다가 책을 쓰는 평범한 사람들이 증가하고 있다는 것을 알게 되었다. 〈한책협〉의 김태광 대표 코치는 "평범할수록 책을 써서 퍼스널 브랜딩을 해야 한다. 앞으로 책을 쓴 사람들이 책을 쓰지 않은 사람들을 지배할 것이다."라고 강조했다.

최고의 자기계발은 책 쓰기다. 직장인일수록 더더욱 책을 써야 한다. 아무리 회사에 충성한다고 해도 어느 날 갑자기 해고되기도 한다. 오히려 회사는 그 직원의 에너지를 회사를 위해 사용하도록 교묘하게 조종한다. "헌신하면 헌신짝 된다."라는 우스갯소리가 괜히 나오는 게 아니다. 냉정하게 말하자면 회사의 인정을 받아 고속 승진을 한다고 해도 회사에서 나는 체스판 위의 게임말일 뿐이다. 물론 나는 이 세상의 유일한 존재이지만, 그 누군가에게는 교체 가능한 존재일 수 있다는 것을 알고 있어야 한다.

물론 당장 일을 그만두고 창업하라는 말은 아니다. 요즘처럼 경기가 팍팍한 때에 많은 돈을 투자해야 하는 창업도 쉽지 않다. 편의점보다 많다는 치킨집은 하루에도 수백 개의 가게가 개업과 폐업을 반복하고 있다. 이런 현실에서 어떻게 은퇴 이후의 삶을 살아가야 할지 고민 중이라면, 단언하건대 책 쓰기가 답이다. 직장을 다니면서 책 쓰기를 통해 나를 퍼스널 브랜딩 하는 것이다.

자신의 이름으로 낸 책은 전문가로 인정받는 소개서이며 나를 마케팅할 수 있는 최고의 수단이다. 이를 통해 대중에게 선한 사회적 영향력을 끼칠 수 있다. 또한 책을 쓰면서 본인의 잠재능력과 가능성을 발굴해 성취감을 느낄 수 있다. 이러한 장점에도 시간을 따로 내어 주제 선정, 자료 수집, 초고와 퇴고 등 여러 과정을 거쳐야 한다는 부담감에 시작도 전에 포기하는 사람들이 많다. 나처럼 평범한 사람에게는 진입장벽이 높게만 느껴질 수 있다. 그러나 책 쓰기에 대해 제대로 배우고 나면 그 매력에 빠져 계속해서 책을 쓰게 된다.

"기록한 대로 이루어진다는 믿음을 담아 열정적으로 펜을 움직이면 그것은 스스로 에너지를 발산하게 된다. 결국 당신의 손으로 삶을 움직이게 되는 것이다."

헨리에트 클라우저가 한 말이다. 이전까지는 나는 남들을 따라 하며 수동적으로 생활해 왔었다. 스스로 하고 싶은 게 없었다. 자기계발은 오로지 회사에서 조금이라도 인정받기 위해 했다. 나를 위한 삶이 아니라 회사를 위한 삶이었다. 머릿속의 계획들이 모두 섞여 정리되지 않았다. 안개가 가득한 미래를 떠올리니 자신감이 떨어져 하루하루 자포자기한 상태로 살고 있었다.

하지만 책 쓰기를 통해서 나는 나의 목표와 비전을 재정비할 수 있었다. 글로 적어 내려가면 포인트가 명확하게 보이게 된다. 무엇이 중요한지, 그것을 위해 내가 어떤 방향으로 변해야 하는지 알 수 있다. 마치 판타지 소설에서 도서관에 반납된 책들이 마법의 주문을 통해 제자리로 날아가는 것처럼, 엉켜 있던 내 머릿속의 생각들이 책 쓰기라는 마법을 통해 정리되었다.

나는 내가 주인이 되는 삶을 향해 한 발 내디뎠다. 아직도 완전히 정리가 되진 않았다. 하지만 명확한 목표를 세우면 내 삶이 바뀐다는 강력한 믿음이 내 안에 생겼다. 전에는 3일이 지나기도 전에 포기했던 일들이 하고자 하는 의지가 강해지자 오래 지속할 수 있게 되었다. 잠이 많아서 조금이라도 틈이 나면 자려고 했던 나였다. 그런데 이제는 자는 시간이 가장 아깝다. 책 쓰기를 위한 베이스를 만들기 위해 그 시간에 책을 읽고 있다. 30년 동안 밀렸던 지식들을 이제야 가득 채우고 있다.

또한 나는 휴대전화 중독이었다. 딱히 휴대전화로 할 일이 없어도 멍하니 네이버 메인 뉴스를 보면서 시간을 때우곤 했다. 특히 많이 보는 것은 연예 뉴스들이었다. 제일 쓸데없는 걱정이 연예인 걱정이라던데, 그렇게 귀중한 내 시간을 남에게 낭비하고 있었다. 그런데 책 쓰기 이후로는 휴대전화를 보는 시간이 많이 줄었다. 남의 소식이 궁금하지 않다. 나를 알아 가는 것만으로도 시간이 부족하기 때문이다. 이렇게 나는 내 인생의 진정한 주인이 되어 가고 있다.

투자 없는 자기계발은 내 운명을 바꿀 수 없다. 운명을 바꾸기 위한 자기혁명은 책 쓰기다. 〈한책협〉에는 책 쓰기를 통해 인생을 바꾼 사람들이 수없이 많다. 혼자 책 쓰기를 하다 보면 포기하고 싶은 마음이 불쑥 솟아오르곤 한다. 그럴 때마다 카페에서 다른 작가들의 글을 읽고 자극을 받는다. 나 혼자가 아니라는 위로도 받곤 한다. 작가들의 한 가지 공통된 목표는 책 쓰기 이후 자신이 좋아하는 일을 하면서 평생 현역으로 활동하겠다는 것이다.

컴퓨터의 프로그램이나 휴대전화의 어플은 계속해서 업그레이드하면서 정작 자신의 인생은 왜 가만히 내버려 두는가? 인생 또한 업그레이드가 필요하다. 멍하니 남들 하는 대로 살다가는 다운그레이드 될 수도 있다. 책 쓰기는 내 인생을 업그레이드해 준다. 책을 쓰면 더 나은 곳, 더 높은 곳으로 가기 위해 스스로를 자극하게 된다. 그렇게 지금보다 더 잘 살 수밖에 없고 운명이 달라지는 것이다. 운명은 바뀔 수 있다. 하지만 하루아침에 바뀌진 않는다. 나의 노력이 매일매일 모여 몇 년 혹은 몇 십 년 이후에 내 삶이 변하는 것이다.

긍정적인 미래를 생각하느라 부정적인 것들을 머릿속에 담지 않게 되었다. 좋지 않은 생각들을 들추는 시간을 줄이고 되고 싶고 하고 싶은 나의 소망에 집중하게 되었다. 의식이 확장되니 자연히 표정이 밝아지고 무엇을 하든 적극적이다. 조선시대의 실학자 정약용은 "책을 쓰기 위해서는 삼라만상이 모두 책이니 지성이나 사고의 능력을 활짝 열어 무심히 지나치는 사소한 것에도 의미를 붙들어 두라."라고 했다. 나의 모든 경험이 책 쓰기의 글감이 된다고 생각하기 때문에, 힘든 순간을 마주하게 되어도 스트레스를 받지 않고 넘기게 되었다. 매 순간 진지하게 삶을 느끼며 글쓰기를 통해 감정을 멈추고 들여다보는 훈련을 하고 있다.

2016년, 울산 약사고등학교 책 쓰기 동아리 학생들의 《책 쓰기로 인생의 나침반을 찾다》가 출간되었다. 학생들과 지도교사가 의기투합해 쓴 책이다 이 책은 책 쓰기 활동을 통해 한계에 도전하며 자신의 꿈의 무한한 가치를 발견하는 과정을 생생하게 담고 있다. 관련 기사를 보며 온 국민이 작가가 되는 세상이 머지않았음을 느꼈다.

책 쓰기에는 화려한 스펙이 필요하지 않다. 내가 가진 경험과 스토리로 나만의 책을 쓰는 것이다. 생각만 하는 것은 아무런 변화를 일으킬 수 없다. 망설이고 있다면 책을 먼저 쓰자. 다른 긍정적인 변화들은 자연히 따라올 것이다. 마치 나처럼.

18

책 쓰기로 인생 2막 준비하기

서명식 세일즈 메신저, 글쓰기 코치, 자기계발 작가, 책 쓰는 회사원

10년째 외국계 IT 회사에서 근무 중이다. 영업 대표, 마케팅 매니저 등 다양한 직무에서의 경험을 통해 인생을 배우고 있다. 세일즈 및 마케팅 전문가를 꿈꾸는 이들에게 도움이 되고자 전문가로서 살아가는 방법들에 대한 이야기를 다룬 저서와 강연, 코칭 프로그램을 기획 중이다. 저서로는 《퍼펙트 세일즈》, 《부모님에게 꼭 해드리고 싶은 39가지》가 있다.

• Email perfect_sales@naver.com   • Cafe www.msseo.co.kr

얼마 전 회사의 한 임원이 출근하자마자 조용히 나를 불렀다.

"서 부장! 11월 10일 오전에 특별한 일정이 있어요?"

"아닙니다. 이사님. 그때까지 기간이 남아 있어 아직 별도의 약속을 잡지 않았습니다."

"그래요. 그럼 그날 아침 일찍 일정이 하나 있을 테니 시간 비워 놓으세요."

"네. 알겠습니다."

갑작스런 이야기라 어떤 일인지 모름에도 그냥 일정이 없기에

괜찮을 것이라 대답하고 내가 해야 할 업무를 시작했다. 며칠 뒤, 회사 인사부에서 메일을 한 통 받았다.

"지금 이 메일을 받으시는 분들은 회사 본사에서 출발해 한국을 들르는 고위 임원과의 조찬 모임에 초대되었습니다."

메일을 읽자마자 그때 깨달았다. 이 모임에 나를 참석시키기 위해서 일정을 물어본 것이었다. 내가 그런 자리에 초대받은 것도 기분이 좋았지만 왜 하필 나인지 궁금했다. 도저히 내가 낄 수 없는 자리인 것 같았다. 메일을 받은 사람들의 면면을 살펴보면 업무적으로나 실적으로나 여러모로 좋은 평판을 받고 있는 분들이었기 때문이다. 도저히 납득이 되지 않아 다시 찾아간 임원은 딱 한마디로 나의 의구심을 잠재웠다.

"서 부장은 책을 썼잖아요!"

순간 멍하면서도 기분이 너무 좋았다. '내가 선택한 책 쓰기가 이렇게 나를 빛내 주는구나!' 나는 웃으면서 자리로 돌아왔다. 그렇게 시간이 흘러 약속 당일이 되었다. 이런 자리는 처음인지라 잔뜩 긴장하며 아침 일찍 식사 장소로 향했다.

이윽고 한 시간의 식사 시간이 시작되었다. 우리는 직원으로서 느끼는 여러 사항에 대해 자연스럽게 대화를 해 나갔다. 나의 차례가 되었을 때 나는 나의 책을 꺼내며 용감하게 얘기하기 시작했다. "제가 회사에서 배우고 느낀 것들을 기초로 하여 만든 책입니다. 한글로 쓰여 있어 읽기가 힘드실 테지만 선물하고 싶습니다.”라며 임원에게 책을 전달했다. 그분께서는 처음에는 어리둥절해하시더니 표지에 적힌 ‘PERFECT SALES(성공적인 세일즈)’라는 단어를 읽고서는 웃음을 터뜨리셨다.

그렇게 나는 책을 통해 나를 알렸다. 식사가 끝나고 난 후에는 내 책을 들고 임원과 함께 사진을 찍는 소중한 기회까지 얻었다.

이 모든 것이 책 쓰기를 시작했기 때문에 일어난 일이다. 내가 책 쓰기를 해야겠다고 생각한 건 2016년 10월쯤이었다. 그전에도 일기를 쓰거나 블로그 등을 하며 글쓰기를 가끔씩 취미생활로 하고 있었다. 그렇지만 무언가 허전했다. 왠지 혼자만의 생각을 그냥 매일 반복해서 적는 것이 큰 의미가 없는 것같이 느껴졌다.

특히 결혼하고 아이를 가지고 가정을 이루면서 보다 나은 가장이자 아버지가 되어야겠다는 일종의 압박감도 있었다. 그런데 이를 책 쓰기로 해결할 수 있을 것이라 생각했다. 지금 돌이켜 보면 말도 안 되는 핑계이자 생각이었다. 그런데 오히려 그런 엉뚱한 발상을 계기로 시작한 책 쓰기가 너무 좋은 결과를 가져왔다.

책 쓰기를 통해 달라진 점으로 나는 세 가지를 꼽는다.

첫째, 자존감이 높아졌다. 지금도 그렇지만 한때 ‘자존감’이라는 단어가 굉장히 유행한 적이 있다. 자존감이란 단어를 사람에 따라 다르게 해석하고 정의를 내리기도 한다. 하지만 대부분 자신이 사랑받을 만한 가치가 있는 소중한 존재이며 어떤 일이라도 할 수 있다고 믿는 마음으로 받아들인다. 그런 의미에서 대부분의 사람들은 자존감이 약하다고 생각한다. 시대가 어렵고 각박해지면서 스스로에 대한 자신감이 많이 부족해졌기 때문이다.

나 역시 비슷한 처지였다. 10여 년의 직장생활을 돌아보면 여러 업무를 담당하면서 나름 전문성도 쌓았다. 하지만 무언가 2% 부족한 느낌이 들었다. 서명식이라는 개인이 내세울 수 있는, 흔히 말하는 '한 방'이 없다고 느껴졌다. 그럴 때 책 쓰기를 접하게 된 건 정말 행운이었다. 이후 책 쓰기에 집중해서 나온 나의 책《퍼펙트 세일즈》는 어디를 가더라도 내가 누구인지 자연스럽게 증명해 주었다. 자존감이 높아진 것은 물론이고 내가 하는 어떤 일에 대해서도 자신감이 생겼다.

둘째, 주위에 자랑스럽고 떳떳해졌다. 내가 책 쓰기를 하겠다고 가장 먼저 얘기한 사람은 나의 아내다. 아무래도 아이가 출생한 지 얼마 되지 않아 손이 많이 필요한 데다 나 스스로도 맞는 일을 하는 것인지 반신반의했기 때문이다. 그런데 오히려 아내가 너무 좋은 생각이라며 적극 지지해 주었다. 나를 이해해 주고 격려해 주며 용기를 북돋워 준 아내에게 지금도 감사한다.

아무래도 책 쓰기를 시작하면 쓰는 기간 동안 다소 집안일에 소홀해진다. 주말에 없는 시간도 쪼개어서 자료를 준비해야 책 쓰기에 집중할 수 있기 때문이다. 그렇게 얼마간의 바쁜 시간을 보내고 출판사에 투고해 계약에 성공했을 때 누구보다도 기뻐한 사람은 다름 아닌 아내였다. 물론 아내뿐만 아니라 양가 부모님 및 친지에게도 자랑스러운 일이 되었다. 또한 친구들은 "네가 일기를 자주 쓰더니 이렇게 책까지 내는구나!"라며 자신의 일처럼 기뻐해 주었다. 그것을 보는 것만으로도 자랑스럽고 떳떳했다.

셋째, 앞으로 더욱더 많은 기회가 찾아온다. 실제로 책이 출간되면 그것이 끝이 아님을 깨닫게 된다. 이건 나를 봐도 그렇고 책 쓰기를 하는 주위 분들을 살펴봐도 변치 않는 사실이다. 왜냐하면 책 쓰기를 통해 배운 지식, 경험 및 지혜 등을 사용할 더 많은 기회가 주어지기 때문이다.

나의 경우도 책 쓰기를 하며 시작한 블로그 및 카페를 통해 많은 이들과 교류하고 있다. 내가 배운 것들을 공유하며 전달하려 힘쓰고 있다. 실제 내 책을 읽고 연락하신 독자들과의 만남을 통해 내가 가진 세일즈의 경험 및 노하우를 더욱 자세하게 전달할 수 있었다. 또한 그분들과 얘기하면서 나에게 부족한 부분을 깨달을 수 있었다. 그리고 몇몇 운 좋게 진행할 수 있었던 강연회 등을 통해 내가 앞으로 어떠한 삶을 살아야 할지 스스로 준비하며 되돌아볼 수 있는 계기도 가지게 되었다. 물론 지금 당장 오늘과 내일의 삶이 어제와 크게 다르지는 않을 것이다. 다만 내가 어떻게 준비하고 대응하느냐에 따라 내가 원하는 미래를 만들 수 있다는 확신을 가지게 되었다. 이것이 내가 책 쓰기를 통해 배운 책 쓰기의 힘이다.

'내 아들이 쓴 책입니다'

부모님의 카카오톡 프로필에는 내가 쓴 책의 사진과 함께 이러한 문구가 쓰여 있다. 그것을 볼 때마다 뿌듯하고 스스로가 대견하게 느껴진다. 나를 낳아 주시고 길러 주신 부모님께 효도하는 것은 기본 중의 기본이다. 그중에서도 부모님 스스로가 자식들이 한 일을 뿌듯해하며 자랑스럽게 얘기할 수 있다면 그것도 큰 효도의 방법이라고 생각한다. 나는 책 쓰기를 통해 부모님께 그러한 효도를 하고 있다.

부모님과 가족 및 주위 지인들에게 나를 알리는 가장 쉬운 방법 중의 하나가 책 쓰기다. 그런 책 쓰기 과정은 생각만큼 쉽지 않다. 다만 그런 과정을 통해 나 스스로를 다시 한 번 돌아보며 또 다른 미래를 준비할 수 있다면 그것만으로도 충분하다. 내 인생은 내가 만드는 것이라고 하지 않았던가! 나를 세우는 책 쓰기의 힘을 다시 깨달으며 나는 또 다른 책을 준비하기 위해 마음을 다잡는다.

19

책을 쓰면서 꿈을 구체화시키기

허로민 농협 직원, 대박 가게 컨설턴트, 자기계발 작가, 동기부여가

10년 차 농협 직원으로 수많은 자영업 고객들을 상대하면서 그들의 가게 경영 노하우을 직접 보고 듣고 느낀 점을 담아 개인저서를 집필 중이다. 대박 나는 가게 경영에 대한 노하우를 전수하는 대박 가게 컨설턴트로 활동 중이다. 현재 인생에서 얻은 경험과 깨달음을 바탕으로 선한 영향력을 행사하는 동기부여가로도 활동하고 있다. 저서로는 《보물지도10》, 《또라이들의 전성시대2》가 있다.

초등학교 5학년 때 박경리 작가의 《김약국의 딸들》이라는 소설을 재미있게 읽었던 기억이 있다. 그때부터 책 읽기에 재미를 붙였던 것 같다. 특히 중학교 2학년 때 사춘기가 시작된 이후로는 헛헛한 마음을 책으로 달래곤 했다. 한창 감수성이 풍부한 학창 시절에는 소설책을 주로 읽었다. 그리고 20대에는 자기계발서를 읽으면서 내 인생의 앞날을 설계해 나갔다.

'나이가 들면 여유롭게 가족과 해외여행을 다니며 세계 곳곳을 누벼야지.'

‘언젠가는 힘들고 지친 이들에게 꿈과 희망을 주는 동기부여가가 되어야지.’

‘나이가 더 들기 전에 경제적 기반을 갖춰 놔야지.’

항상 ‘언젠가는’이라는 단어를 앞에 붙이면서 끊임없이 내 미래를 상상했다.

그러다 20대 중반에 은행에 입사하게 되었다. 이름만 대면 누구나 알고 있는 직장에 입사하게 되자 부모님은 무척 좋아하셨다. 나 역시도 좋은 직장에 취직하게 된 것이 기뻤다. 그러나 막상 일을 시작하니 카드 실적과 보험 실적 등 개인적으로 채워야 하는 실적이 있었다. 고객이 필요해서 직접 구입하러 오는 옷가게나 음식점에서의 아르바이트 경험은 있었지만 내가 직접 권유해서 설득하는 일은 해 본 적이 없었다. 그래서 처음 한동안은 130명의 직원 중 최하위 등수에 머물렀다.

어느 날 지점장님이 나를 개인적으로 부르셨다.

"허로민 씨, 하면 잘할 것 같은데 실적이 왜 이렇게 안 좋지?"

지점장님은 야단치려고 하셨던 말씀이었겠지만 나에게는 번뜩이는 깨달음이 있었다. ‘나는 못하는 것이 아니라, 하려고 노력하지 않았던 것이 아닐까?’라는.

그때부터 카드와 보험 상품에 관련한 동영상은 모두 다운받았다. 그리고 퇴근 후 남들은 쉴 때 나는 공부를 했다. 그런데 단순히 상품의 내용을 아는 것만으로는 고객을 설득하기가 쉽지 않았다. 그래서 세일즈에 대한 책을 수십 권 구입해서 읽고 여러 상황에 맞게 혼자 시뮬레이션도 해 보면서 고객을 상대하는 방법을 익혀 나갔다. 그 결과 나의 세일즈 능력은 입사 첫해보다 많이 나아졌고 실적으로 증명되었다.

나는 지점장님의 야단을 기분 나쁘게 받아들이지 않고 오히려 나를 성장시키는 계기로 만들었다. 그리고 약이 되는 한마디의 깨달음을 통해 노력해 봐야겠다고 마음먹었다. 이게 가능했던 건 모두 그동안 읽었던 책 때문이라는 생각이 든다.

누구는 그냥 좋다고만 말하고 끝낼 내용도 나는 허투루 읽지 않았다. 나에게 도움이 될 만한 내용이 있으면 한 글자 한 글자 곱씹고 음미하면서 읽었다. 그 결과 나를 한 단계 성숙시키는 좋은 결과를 가져왔다. 일하면서부터는 그 누구도 가르쳐 주지 않았던 일하는 자세나 마인드를 책을 통해 배워 나갔다. 그래서 직장인에게는 주기적으로 찾아온다는 슬럼프도 큰 고비 없이 잘 넘길수 있었다.

결혼하기 전 부모님과 함께 지내던 집이 시골이었기 때문에 퇴근 후에는 특별히 할 일이 없었다. 영화를 한 편 보더라도 한 시간가량 차를 타고 나가야 하고 문화생활을 할 수 있는 공간도 없었다. 그래서 나는 그 무료한 시간을 주로 책을 읽으면서 지냈다. 책을 빌릴 수 있는 도서관도 30분 동안 차를 타고 나가야 했기 때문에 주로 인터넷에서 책을 구입해 읽었다. 그때부터 지금까지 구입한 책들이 친정집과 우리 집 책장에 한가득 꽂혀 있다. 어떤 이에게는 자동차나 집이 재산 1호가 될 수도 있고 또 어떤 이에게는 보석이 재산 1호가 될 수도 있다. 그렇지만 나의 재산 1호는 나를 성장시킨 수백 권의 책이다.

수백 권의 책을 읽으면서, 일하면서 보고 느끼고 배웠던 점을 언젠가는 책으로 써 보고 싶다는 생각을 했다. 그런데 읽던 책에서 "원하고 소망하는 것이 있다면 지금 당장 실행하라."라는 구절을 읽고는 무릎을 탁 쳤다.

'그래, 언젠가가 아니라 지금 당장 책을 써야겠어!'

그렇게 해서 나는 책 쓰기에 도전하게 되었다. 현재는 수많은 자영업자들을 고객으로 상대하며 그들에게서 들은 가게 운영 방법과 고객서비스에 대해 느낀 점들을 모아 책을 집필하고 있는 중이다. 이 책은 작은 가게를 운영하지만 가게가 잘되지 않아서 힘들어하는 자영업자들에게 도움이 될 것이다.

내가 책을 읽으며 내 마인드를 성숙시킨 것처럼 나의 경험과 깨달음이 담긴 책이 도움이 필요한 이들에게 귀감이 되었으면 한다. 책 쓰기는 나의 이야기로 다른 사람에게 동기부여를 해 주는 것 외에도 나 스스로에게도 많은 도움을 주었다. 책을 읽으면서 막연하게 '언젠가'라고 생각한 것이 책을 쓰면서는 구체화되어 갔다. 책을 쓰는 것은 막연한 자신의 생각을 확고하게 정립해 자신만의 철학을 담아내는 작업이다. 책을 읽으면 한 사람의 인생을 알 수 있는 것과 같이 책 속에는 저자의 생각, 철학, 느낌 이 모든 것이 담겨 있다.

하루에 있었던 특별한 일과 그 속에서 느낀 자신의 생각을 적는 일기처럼 책 쓰기도 자신의 인생에서 가장 특별했던 일을 기록하고 자신의 생각을 담는 작업이다. 그래서 더욱 특별하다. 타인이 그 글을 읽으면서 대리만족을 할 수도 있고 또는 시행착오를 줄여 나갈 수도 있기 때문이다. 자신이 신입 직원일 때 일을 배워 나가면서 겪은 일들을 담은 책이라고 가정해 보자. 그 책을 쓰면서 과거를 뒤돌아보며 미래를 잘 설계할 수 있는 안목이 생길 것이다. 또한 사회 초년생이 그 책을 읽었다면 그들이 겪어야만 하는 시행착오를 줄여 주는 역할을 해 줄 것이다. 그런 점에서 나 자신에게도, 다른 이를 위해서도 참 의미 있는 일이라고 말하고 싶다.

책을 쓴다는 것은 자신의 경험을 바탕으로 정보가 필요한 사람들의 삶의 질을 향상시킬 수 있게 만드는 소중한 작업이다. 여러분이 생각하기에는 별것 아닌 것 같은 경험도 필요한 사람들에게는 중요한 정보가 될 수도 있다는 점을 알아야 한다. 자신의 인생 경험, 철학, 느낌, 생각이 담긴 책을 살아가면서 꼭 한 권쯤은 집필해 그 책을 읽는 사람들에게 소중한 깨달음을 안겨 주는 것은 어떨까?

20

책 쓰기로 세상 앞에 당당하게 서기

이하늘 〈한책협〉, 〈임마이티〉 코치, 자기계발 작가, 동기부여가

어느 날 한 권의 책으로 자신을 되돌아보게 되었다. 그 책을 통해 스스로를 이해하고 진정한 자신의 모습을 찾을 수 있었다. 현재 많은 사람들이 명확하게 표현하고, 주도적인 삶을 살아갈 수 있도록 거절하는 법에 대해 쓴 개인저서의 출간을 앞두고 있다. 저서로는 《보물지도11》 외 7권이 있다.

• Email skyl86@naver.com   • C·P 010. 3624. 3811

수많은 학자들은 4차 산업혁명이 도래하고 있는 오늘날, 지식 산업의 기반은 바로 책이라고 한다. 잘 만들어진 책 한 권은 다양하고 수준 높은 지식을 전달해 준다. 15세기, 활자 기술의 발달로 인해 책이 일반 사람들에게 빠른 속도로 보급되었다. 당시 단순노동을 하던 이들에게 책은 곧 인생의 성공, 성장, 끝없는 배움을 의미했다고 한다. 이렇듯 책은 지금의 나, 그리고 내가 처해 있는 환경을 벗어날 수 있는 가장 손쉬운 도구다. 책은 우리의 훌륭한 스승이자 인생의 멘토라고 할 수 있다.

우리나라의 하루 평균 독서 시간은 OECD 국가 중에서 최저 수준이다. 1년에 책 한 권도 읽지 않는 사람이 많다. 통계청이 발표한 2015년 '한국인의 생활시간 변화상' 보고서에 따르면 우리나라 국민의 하루 평균 독서 시간은 6분에 불과하다. 이 정도면 거의 책을 읽지 않는다고 해도 무방하다. 스마트폰이 발달하면서 대중교통을 이용하는 사람들은 휴대전화를 하며 시간을 보낸다. 대부분의 사람들이 휴대전화로 인터넷 서치를 하거나 게임을 하는 것이다. 이것이 우리나라의 현실이다.

나 역시 책하고는 담을 쌓고 살았다. 교과서나 겨우 읽을 듯 말 듯하는 정도였다. 독서가 습관화되어 있기 않았기 때문에 책을 읽는다는 건 참 따분하고 지루한 일이었다. 책 읽을 시간에 차라리 전공 공부 하나라도 더 하는 게 낫다고 생각할 정도였다.

나는 학창시절 엄청난 노력파였다. 나는 무엇이든 '노력하면 안 되는 것이 없다'라는 신념을 가지고 항상 최선을 다했다. 나의 내면에는 어떤 분야에서건 1등이 되고 싶다는 열망이 있었다. 그래서 공부며, 연습이며 닥치는 대로 했다. 하지만 단 한 번도 1등이 되지 못했다. 애매한 차이로 항상 2인자에 머물렀다. 이도 저도 아닌 내가 미울 때가 한두 번이 아니었다. 다른 누군가를 탓할 수 없는 일이었기 때문에 열등감은 커져만 갔고 반대로 자신감은 끝도 없이 추락했다.

힘든 마음을 달랠 무언가 필요했던 나는 서점을 찾기 시작했다. 단지 그 공간에 있는 것만으로도 힐링이 되곤 했다. 책에 마음을 치유하는 힘이 있다는 걸 알게 된 순간 자연스럽게 서점은 내게 놀이터가 되었다. 시간이 흐를수록 내가 서점이나 도서관을 찾는 빈도수가 높아졌다. 책을 조금씩 가까이하기 시작했던 것이다. 그러다 20대 중·후반부터 본격적으로 책을 읽기 시작했다.

책 읽는 재미를 알게 된 나는 책 읽기에 점점 흥미를 붙였다. 책에서는 내가 보지 못한 세계들이 펼쳐졌다. 한 사람, 한 사람의 경험담과 깨달음을 읽으면서 수많은 간접경험을 할 수 있었다. 책을 많이 읽을수록 이러한 경험들은 늘어났다.

자연스럽게 내 마음속 깊은 곳에서 욕망이 일어났다. '새로운 경험을 하고 싶다'라는 욕망이. 배움이든 여행이든 닥치는 대로 해 보고 싶다는 마음과 도전해 보고 싶은 마음이 일어나기 시작했다. 겪어 보지 못한 일들을, 그전까지는 존재하는 것조차 모르고 있던 일들을 책을 통해 알게 되면서 내 시야는 넓어졌다.

독서를 하는 내내 든 생각은, 나도 성공하고 싶다는 것이었다. 누군가에게 인정받고 싶은 마음이 일기 시작했다. 성공은 돈, 명예, 권력이 있는 사람들의 것인 줄로만 알았다. 부단한 노력도 필요했다. 하지만 노력해도 달라지지 않았던 그간 나의 경험으로 미루어 노력은 필수 조건이 아니라고 생각했다. 책 속에서는 돈도 명예도 권력도 성공의 조건이 아니었다. 모두가 실패를 경험하고 노력을 밑바탕으로 성공을 쟁취했다.

　남과 비교하며 현실에 맞춰 살아가기 급급했던 내게 책은 특별한 삶을 살아갈 수 있게 했다. 드디어 나도 주목받고 존경받는, 1인자로서의 삶을 살 수 있는 방법을 찾은 것이었다. "성공해서 책을 쓰는 것이 아니라 책을 써야 성공한다."라는 모토를 가지고 있는 김태광 대표 코치를 만나 책을 쓰는 과정에 대해 자세하게 배우기 시작했다.

　김태광 대표 코치는 글과 관련된 학과를 졸업하지 않아도 누구나 책 쓰기가 가능하다고 했다. 쉽사리 이해가 되지 않았지만 600여 명의 작가를 배출한 결과를 당당하게 보여 주는 김태광 대표 코치에게서 나는 책 쓰기 노하우를 배웠다.

　단기간에 책 쓰기를 배운 것은 내 인생에서 최고의 배움이었다. 책 쓰기를 통해서 많은 것들을 이루었고 또 많은 것들이 변화했다. 무엇보다 소극적인 성격을 가진 탓에 남 앞에 나서는 것을 두려워하던 내가 이제는 스스럼없이 남들 앞에 나서는 당찬 사람이 되었다. 불과 1년 전까지 책을 읽기만 했던 내가 책을 쓰고 이렇게 달라질 것이라고는 상상도 못했던 일이다. 좋은 것도 좋고 싫은 것도 괜찮은 척하며 불분명한 태도를 취해 왔던 나는 명확한 의사표현을 할 수 있게 되었다. 나는 책 쓰기를 통해 당당하게 세상 밖으로 행군하고 있었다.

　과거에는 나 자신을 싫어하던 때가 있었다. 그런데 책 쓰기는 세상 중심에 나를 세우는 힘을 주었다. 불안한 미래에 대한 두려움으로 가득했던 나를 세상 밖으로 나오게 했다. 나는 비로소 진짜의 나를 마주할 수 있었다. 더 이상 내가 부끄럽지도, 창피하지도 않았다.

나는 수많은 사람들이 책을 쓰고 출간하는 모습을 보면서 다음은 내 차례라고 상상하며 원고를 완성했다. 글을 쓰는 과정이 순탄하기만 한 것은 아니었다. 아무리 머리를 쥐어짜도 글에 넣을 사례가 생각나지 않아 썼다 지웠다를 수도 없이 반복했다. 글을 쓰며 마주하게 되는 과거의 못난 내 모습이 꼴도 보기 싫어 원고 쓰기를 중단한 적도 있다. 그런 시간을 보낼 때마다, '과연 내 책이 세상에 나올 만한 가치가 있을까?'라는 어리석은 생각을 하기도 했다.

책을 쓰는 기간이 길어질수록 마음은 편치 않았다. 하지만 동시에 원고의 완성도에 대한 욕심도 늘어났다. 계속해서 원고를 다듬고 또 다듬었다. 완성의 욕심은 끝이 없었지만 나는 수차례의 탈고를 거듭한 끝에 현재 개인저서의 출간을 앞두고 있다. 나는 드디어 작가라는 꿈을 이루어 냈다. 개인저서가 출간되기 전 이미 7권의 공동저서를 쓴 작가였지만 개인저서는 조금 더 다르게 다가왔다. A4용지 100페이지를 다 채우고 출력했을 때의 기분은 이루 말할 수 없을 정도였다. 그 글을 쓰던 시간들이 머릿속을 스쳐 지나가면서 많은 감정들이 교차했다. 그 시간을 통해서 나는 온전한 나로 성장했음을 느꼈다.

책을 쓰면서 나는 당당해졌고 스스로를 인정하면서 세상 속에 우뚝 설 수 있었다. 아직 주변에서는 내가 책을 쓴 작가라는 사실을 알지 못한다. 개인저서를 세상에 선보이면서 멋지게 알리고 싶어 내가 책을 쓴다는 사실을 꽁꽁 숨겨 두었다. 나는 더 이상 등급으로 매겨지지 않아도 되었다. 나 스스로를 인정하고 당당해졌다. 내게 책 쓰기는 그런 의미였다.

무엇보다 나는 책을 쓰면서 진정 원하던 일을 찾았다. 누군가를 격려하고 힘이 되어 주고 동기부여를 해 주고 싶었다. 현재 나는 〈한책협〉에서 코치로 활동하고 있다. 책을 써서 인생 2막을 펼치고자 도전하는 사람들에게 조언을 해 주고 있다. 세상에 이로운 영향력을 끼치면서 그들에게 인생을 바꿀 수 있는 기회를 만들어 주고 있다. 누구든 자신의 경험과 스토리로 책을 써서 변화하는 삶, 선한 영향력을 미칠 수 있는 삶을 살아갈 수 있는 것이다. 당신 그 자체만으로도 최고의 가치가 되고 인정받고 존경받는 사람이 될 것이다.

21

책 쓰기로 잊고 있던
꿈과 희망 되찾기

허동욱 〈한책협〉독서법 코치, 시간 관리 코치, 독서습관 컨설턴트, 동기부여 강연가, 자기계발 작가, 청춘 꿈 멘토

대기업에 다니면서 자투리 시간을 오로지 독서에 투자했다. 수백 권의 책을 통해 얻은 신념과 철학을 바탕으로 인생 2막을 살고 있다. 한 살이라도 젊을 때 꿈을 이루고 세상에 선한 영향력을 미치기 위해 직장 밖으로 행군해, 현재는 〈한책협〉에서 독서법 코치로 활동하고 있다. 앞으로 더 많은 사람들이 독서를 통해 자신만의 특기(특별한 기쁨)를 찾을 수 있도록 앞장서고 있다. 저서로는 《자투리 시간 독서법》,《보물·지도5》외 8권이 있다.

• Email princebooks@naver.com　　　　• Blog blog.naver.com/princebooks

"죽기 전에 꼭 이루고 싶은 소원이 있다면 무엇인가요?"라고 물으면, 빼놓지 않고 나오는 답변 중의 하나가 바로 책 쓰기다.

많은 사람들이 자신이 살아오면서 겪었던 경험, 배웠던 지식 등을 책 속에 담아 인생 2막을 시작하고 싶어 한다. 하지만 그 소망을 행동으로 옮기는 사람은 쉽게 찾아볼 수 없다. 책을 쓰려면 공부도 많이 해야 할 것 같고 다방면의 경험이 있어야 할 것만 같다는 생각 때문에 쉽게 도전하지 못하는 것이다.

과거의 나도 책 쓰기는 학력이 높은 사람, 평소에 책을 좋아하

던 사람만이 할 수 있는 영역이라고 생각했다. 책을 쓰는 건 나와 거리가 먼 일이라고만 생각했다. 그런데 이런 생각을 바꾸게 된 계기가 있었다. 강연가라는 꿈이 생긴 것이다. 누군가에게 내가 가진 지식과 경험, 노하우를 전달하기 위해서는 책을 반드시 내야 한다는 것을 깨달았다. 특히 나이가 젊을수록 책이 있어야 청중들로부터 신뢰를 얻고 힘 있게 말할 수 있다는 말에 깊이 공감했다. 대개 나이가 어리면 경험이 적을 거라고 지레짐작하기 때문이다.

책 쓰기의 필요성을 절실히 깨달았지만, '학력도 높지 않고 글도 배워 보지 않은 내가 책을 쓸 수 있을까?'라는 의문이 들었다. 한번 생긴 의문은 시간이 지날수록 더욱 커져만 갔다.

새로운 도전이기 때문에 불안함과 두려움부터 밀려왔다. 하지만 이럴수록 도전해야 한다는 생각에 네이버에서 '책 쓰기'를 검색했다. 그리고 운명처럼 〈한책협〉이라는 책 쓰기 카페를 만났다. 카페에 가입하자마자 〈1일 특강〉을 신청했다. 그러고는 연이어 〈책 쓰기 과정〉을 신청했다.

〈책 쓰기 과정〉에서 김태광 대표 코치에게 배운 대로 충실하게 과제를 해냈다. 그러자 내 첫 책의 제목부터 목차까지 5주 만에 멋지게 완성할 수 있었다. 기세를 몰아 원고 역시 3개월 만에 빠르게 완성했다. 하지만 완성의 기쁨도 잠시. 원고가 내 이야기가 아닌 다른 사람들의 이야기들로만 채워져 있는 것 같다는 김태광 대표 코치의 피드백을 받고 큰 충격을 받았다. 하지만 이대로 원고를 포기할 수는 없었다.

나는 다시 새로운 마음으로 처음부터 원고를 쓰기 시작했다. 원고를 다시 쓰는 과정에서 임원화 코치의 컨설팅을 받았다. 원고 1장의 7~8꼭지들이 완성될 때마다 피드백을 받으며 다시 자신감을 채워 나갔다. 우여곡절 끝에 8개월간의 긴 탈고 과정을 끝냈다. 그리고 내 이름과 얼굴이 들어간 첫 개인저서,《자투리 시간 독서법》이 출간되었다.

스스로와의 싸움에서 이긴 기쁨과 뿌듯함을 만끽했다. 첫 책을 손에 쥐었을 때의 기분은 지금도 잊을 수가 없다. 책을 쓴다고 부모님에게 처음 말씀드렸을 땐 걱정이 섞인 말을 많이 하셨다. 하지만 책 표지가 나왔을 때, 그동안 고생 많았다며 누구보다 기뻐하시고 행복해하셨다. 내가 책을 출간한 것을 모르는 동네 사람이 없을 만큼 나는 어느새 자랑스러운 작가 아들이 되어 있었다.

본격적으로 책이 출간되면서 나는 책을 읽는 위치에서 책을 쓰는 위치로, 사인 받는 위치에서 사인해 주는 위치로, 강연을 듣는 위치에서 강연하는 위치로, 사진을 찍는 위치에서 사진이 찍히는 위치로 신분이 바뀌었다.

그뿐만 아니라 〈한책협〉 작가들의 응원에 힘입어 대한민국 대표 온라인 서점인 YES24의 자기계발 분야 베스트셀러 1위를 달성했다. 그리고 신간 보도기사도 송출되는 신기한 일들이 벌어지기 시작했다. 페이스북과 인스타그램, 블로그 등 SNS상에도 책 표지와 함께 출간 소식이 올라왔다. 그러자 지인들과 친구들은 "꿈을 이룬 모습이 대단하고 대견하다."와 같은 뜨거운 반응을 보였다. 더욱 신기한 일은 몇 년 동안 연락하지 않았던 지인들도 잘 지내냐며 먼저 연락해 왔다는 것이다.

몇 달 전에는 책 출간 기념으로 저자강연회를 진행하면서 처음으로 친가, 외가 가족들이 한자리에 모인 일이 있었다. 저자강연회를 준비하는 과정에서 가족들과 〈한책협〉 분들에게 좋은 모습을 보여 드리고 싶었다. 그래서 이번에도 임원화 코치의 강연 컨설팅 도움을 받아 PPT 자료, 무대 매너, 호흡, 제스처, 청중 반응, 강연 대사 등등 하나부터 열까지 제대로 치열하게 준비했다.

그 결과 나의 첫 저자강연회를 성공적으로 마칠 수 있었다. 또한 오로지 나의 강연을 듣기 위해 멀리서부터 귀한 시간을 내어 와 준 많은 가족과 친구, 〈한책협〉 식구들에게 고마움과 감동을 느꼈다.

재작년에 첫 공동저서인 《보물지도 5》가 나왔을 때 모교에 출간 소식을 알리고자 다녀온 적이 있었다. 그때 담당 선생님께서 후배들을 위해 모교 특강을 해 줬으면 좋겠다고 제의하셨다. 나는 흔쾌히 특강을 하겠다고 말씀드렸다. 몇 달 뒤에 모교 특강을 마치고 교장선생님과 함께 저녁식사를 하면서 출간된 공동저서를 보여 드렸다. 그러면서 내년에는 꼭 개인저서를 출간해 다시 찾아오겠다고 약속했었다.

그리고 딱 1년이 지나 다시 담당 선생님으로부터 모교 특강 요청이 들어왔다. 이번에는 공동저서가 아닌 개인저서를 가지고 모교 특강을 진행하게 되었다. 특강을 마치고 교장선생님을 찾아가 인사를 드렸다. 그 자리에서 작년에 했던 교장선생님과의 약속을 지켰다고 말씀드리자 교장선생님께서는 고맙다고 하며 내 두 손을 꼭 잡아 주셨다. 그 순간 약속을 지켰다는 뿌듯함과 전율이 온몸에 퍼졌다.

지금도 많은 독자들이 책을 읽고 감명받았다며, 어떻게 하면 자신도 책을 쓸 수 있는지 메시지와 전화로 문의해 온다. 문자를 보내온 분 중에 한 분은 3교대 근무를 하고 있다고 했다. 힘든 직장생활의 와중에도 많은 양의 독서를 하는데도 크게 변화하지 않는 현실에 지친다며 자신의 상황을 하소연했다.

나는 그분에게 내가 겪었던 과정과 경험들을 설명하며 〈한책협〉의 〈1일 특강〉을 들어 볼 것을 권했다. 어렵게 시간을 내어 특강에 참석한 그분은 〈책 쓰기 과정〉을 신청해 과정을 수료한 후 현재는 작가, 코치, 강연가로서 인생 2막을 준비하고 있다.

또한 얼마 전에는 모교에 개인저서를 기증하러 갔다가 KT&G에 취업할 수 있도록 많은 도움을 주신 담당 선생님을 만나게 되었다.

오랜만에 이야기를 나누던 중 퇴직하면 1인 기업가로 나아가고 싶다는 말씀에 〈1일 특강〉이 있다는 것을 알려 드렸다. 선생님은 〈1일 특강〉에 참석한 후 〈책 쓰기 과정〉에도 참여해 책 쓰기로 인생 2막을 준비하고 계신다.

한 권의 책으로 그동안 잊고 있었던 꿈과 희망을 되찾을 수 있다. 또한 그전과는 다른 방향으로 인생이 변화할 수 있다. 난 매일 작가, 코치로서 새로운 경험들을 하고 있다. 이제 나는 총 10권의 책을 출간한 작가이며 독서법 코치이자 메신저로서 세상에 선한 영향력을 미치고 있다. 많은 사람들이 나처럼 책 쓰기를 통해 꿈을 실현하길 바란다. 모두가 행복해지는 세상을 만들기 위해 오늘도 난 기적을 만들어 가고 있다. 책 쓰기는 더 이상 남의 일이 아니다. 이 글을 보고 있는 바로 당신의 일이다.

22

책을 통해 끊임없이
발전하는 삶 살기

임선영 '원어민처럼말하기연구소' 대표, 영어 교육 전문가, 자기계발 작가

한국 토박이도 원어민처럼 영어를 구사할 수 있는 영어 공부법을 전파하며 많은 이들과 소통하고 있다. '한국에서 미국 찾기' 스터디 모임을 비롯한 다양한 프로그램을 진행 중이며, 개인별 맞춤 컨설팅을 통해 바쁜 직장인들의 영어 멘토로 활약 중이다. 저서로는 《잉글리시 홈트》, 《되고 싶고 하고 싶고 갖고 싶은 40가지》가 있다.

- Email wild_challenger@naver.com
- Cafe www.wildeng.co.kr
- Blog www.wildeng.kr
- C·P 010.3699.2638

평소 나는 책에 큰 관심을 가지지 않았다. 하지만 지금은 책을 읽는 독자도 아닌 작가의 신분으로 살아가고 있다. 이러한 신분상 승으로 인해 내 삶은 남을 위해 일하는 삶이 아니라 나 스스로가 리더가 되는 삶으로 바뀌었다. 책의 힘이 크다는 것을 이론적으로 는 알고 있었다. 하지만 이렇게 내 삶의 방향을 획기적으로 바꿔 줄 것이라고는 상상도 하지 못했다.

처음으로 '진짜 독서'를 한 것은 스물여섯 살, 내 인생의 방황 기 때였다. 뭔가 실질적인 도움을 받을 수 있는 공부를 해도 부족

한 판국에 책을 읽는 시간은 그저 아깝게만 여겨졌다. 당시의 나는 책이 주는 가치를 정말 손톱만큼도 모르던 사람이었다. 그러던 내가 3년 뒤 책을 쓰기 시작했다. 평생 책을 쓰는 저자의 삶을 살게 되었다. 정말 신기한 일이다.

책 쓰기는 잠자던 나의 가치를 깨우고 새로운 아이디어를 떠올리게 한다. 책을 쓰는 것이 왜 힘들다고 생각하는가? 쓸 이야깃거리가 없기 때문이다. 있다 하더라도 그것을 어떻게 자신만의 색깔로 녹여내야 할지 모른다. 그래서 자신을 들여다보는 작업이 필요한 것이다.

사람들은 다른 이의 많은 것을 궁금해한다. 하지만 정작 자신에 대해서는 무지하다. 책을 쓰다 보면 나 자신의 역사와 강점 그리고 단점까지도 속속들이 파악하게 된다. 그리고 나만의 색깔을 발견할 수 있다. 지금 모든 것이 갖추어지지 않았더라도 괜찮다. 책을 쓰는 동안 필연적으로 전문적인 지식을 갖추게 된다. 전달력을 가진 사람이 되기 위해 정보를 모으고 실제적인 행동력을 갖추게 된다. 어쩌면 이 모든 과정이 책을 쓰는 과정이다.

책 쓰기는 머리와 마음을 동시 성장하게 하는 최상의 방법이다. 나는 책을 쓰고 1인 기업가가 되기로 결심했다. 그 이후로 조용하던 내 마음에 큰 파도가 불어닥쳐 커다란 변화를 겪고 있다. 그런 내 모습을 보며 진정한 기적을 경험하고 있다는 생각이 든다.

처음부터 그저 행복하게 이 과정을 받아들인 것은 아니었다. 처음 책을 쓰기 전까지 나는 많은 저항을 했다. 나에게는 책이라는 인생의 동반자를 만나게 해 준 중매쟁이 언니가 있었다. 그녀는 나보다 한참 앞서 나간 생각을 가진 사람이었다. 그런 그녀가 나에게 책 쓰는 삶을 살아야 한다고 강력하게 주장했다. 책을 써야 한다는 애정 어린 그녀의 잔소리를 들을 때마다 나는 괴로웠다.

당시의 내 눈에 비친 그녀는 나의 인생에 끊임없이 참견하고 강요하는, 잠시도 가만있지 않고 무언가를 하는, 여유를 모르는 여자였다. 책을 쓰면 당연히 좋을 것이라고, 머릿속으로는 인식했다. 그러나 그것을 해내기 위한 연료인 절실함 그리고 결단력이 없었다. 그러다 보니 처음에는 언니의 말에 세뇌당하고 이리저리 끌려다니며 시작하게 되었다.

언니는 정말 끈질겼다. 2~3년에 가까운 시간 동안 지속적으로 나를 설득했다. 당시 근무하던 영어 학원과의 계약이 끝나자마자 언니는 기다렸다는 듯 나를 〈한책협〉으로 이끌었다. 엄마도 옆에서 한번 해 보라며 부추겼다. 그렇게 나는 〈한책협〉의 〈책 쓰기 과정〉을 수강하게 되었다. 당시 그 과정을 밟으며 힘들 때마다 언니에게 정말 화를 많이 냈다. 하지만 언니는 눈도 깜짝하지 않았다. 내가 책 쓰기의 가치를 스스로 깨달을 때까지 인내했다. 이제와 하는 말이지만, 참 무섭고도 대단한 여자다.

하지만 나의 저항도 만만치 않게 대단했다. 〈책 쓰기 과정〉을 시작하기 바로 전, 언니와 논쟁하던 중에 했던 말이다.

"그래, 할게. 근데 서른두 살쯤에 할게. 지금 내가 책을 쓸 만큼 전문가는 아닌 거 같아."

지금 생각하면 의식 낮은 이야기를 끝도 없이 해 댔던 것 같다. 사실 서른두 살도 그냥 그 순간을 모면하기 위해 둘러댄 말이었다. 언니는 한숨을 쉬었다. 그리고 얼마 후, 나는 〈책 쓰기 과정〉에 등록되어 있었다.

어쩌면 나는 절실함을 모를 수밖에 없는 상황이었다. 언니와 동생은 스무 살부터 독립해서 세상물정을 잘 알았다. 하지만 나는 스물일곱 살까지 부모님의 보살핌 속에 살았다. 물론 내 인생도 순탄하지는 않았지만 거친 세상을 느끼기엔 부족했다. 그리고 스물일곱 살 무렵부터 영어 실력이 급격하게 향상되면서 직장에 지원하기만 하면 다 합격했다. 당연히 절실함이 부족할 수밖에 없었다. 더 좋은 환경에서 일하느냐 아니냐의 선택이었지 직업을 구하지 못해 죽느냐 사느냐의 기로에 서 있지 않았다. 지방에 살았으니 경제적인 관념도 그저 소박하기만 했다. 하지만 그 소박함도 멀리 보았을 때는 유지될 수 없음을 곧 깨달았다. 나는 잠시의 성취감과 일시적인 편안함에 젖어 있었던 것이다.

그러던 어느 날 나의 현대판 노예 생활에 큰 고비가 왔다. 끝도 없는 직장의 요구에 지쳐 갔다. 언제까지 이러고 살 순 없었다.

지금 생각해 보면 그 월급에 만족하며 다녔다는 게 믿기지 않을 만큼 당시의 나는 착취당하는 수동적인 삶에 찌들어 있었다.

나는 혼란스러웠다. 그동안 언니가 했던 말들이 마음속에서 스멀스멀 올라오기 시작했다. 몰랐으면 평생 무엇이 잘못된 건지도 모르고 살았을 것이다. 뭔가 마음에 들지 않아도 늘 고만고만한 위치의 또 다른 회사를 위해, 다른 사람을 위해 일하며 그렇게 똑같은 인생을 반복했을 것이다. 하지만 나는 이미 책을 쓰는 삶을 경험한 사람이었다. 책을 쓰는 사람들의 높은 의식과 진취적인 삶의 자세를 맛본 사람이었다. 절실함과 필요성을 느끼지 못했기 때문에 내 머리와 마음속에 이미 들어온 지식들이 진정으로 와닿지 않았을 뿐이었다. 현대판 노예 생활에 고비가 올 때마다 난 언니의 말을 곱씹게 되었다.

나는 잠재력이 있는 사람이다. 하지만 낮은 의식 속에 그 잠재력을 활성화시키지 못했다. 언니는 그걸 미리 보았고 움직이지 않는 내가 답답했을 것이다. 하지만 결국 두 사람의 생각이 만나게 되는 때는 오게 마련이다. 내가 절실함을 느끼고 언니가 말한 것이 옳은 길이라고 생각하기 시작한 순간이 바로 그때였다. 시작은 타의에 의해서였지만 책을 쓰는 그 자체는 나만의 작은 행복으로 바뀌었다. 결국 나는 출판사와 계약했다. 최근 진주에서 다시 분당으로 돌아오면서 몇 년간 쌓아 놓은 포텐이 터지듯이 마음의 성장이 크게 이루어지고 있다.

진즉 깨닫지 못한 것에 대한 후회는 없다. 나의 상황에선 이 정도로 빨리 깨달은 것도 최선이었다. 다만 이것을 깨닫게 해 준 모든 상황과 언니에게 그리고 스스로에게 감사하다. 예전에는 한 번도 언니의 강요에서 오는 스트레스를 포용하고 싶지 않았다. "힘드니까 안 할래. 그렇게까지 해야 해?"라는 말을 입에 달고 살았다. 하지만 지금은 새로운 도전에서 오는 생산적이고 긍정적인 스트레스를 견디고 포용할 마음의 준비가 되었다. 과거의 나를 옆에서 보았다면 상상도 할 수 없는 변화가 책 쓰기를 통해 일어난 것이다.

나는 하루하루 크게 성장한다. 영화를 보아도 TV를 보아도 사람들을 만나도 책을 쓰고 리더가 되는 삶에 대한 생각의 끈을 놓을 수가 없다.

절실함 없이, 타의에 의해 〈책 쓰기 과정〉을 시작했고 의무감으로 글을 쓰기 시작했다. 하지만 책 쓰기라는, 그 어렵게만 보이던 과정을 하나하나 해내면서 나 자신도 깨닫지 못하는 사이에 변화가 생겨나고 있었다. 힘들지만 나의 지식을 책으로 정리하는 그 순간들이 내가 발전하고 있다고 느껴져서 좋았다. 당신의 인생에 위기가 왔거나 올 것임을 예측할 때 절실하게 방법을 강구하고 있다면 책 쓰기를 추천한다. 직장에 있을 때 그리고 삶이 불안할 때 책 쓰기는 당신의 삶을 발전시켜 줄 것이다.

책 쓰기란 누군가를 책을 쓸 수 있는 사람으로 발전하도록 끊임없이 노력하게 만드는 하나의 장치다. 공허하게 반복되던 예전의 삶보다 심장이 뛰는 지금의 삶이 좋다. 나를 발전시키고 좋은 영향력을 줄 수 있는 사람이 된 지금이 훨씬 좋다. 그리고 3년 뒤, 5년 뒤, 10년 뒤에 작은 발전과 변화를 희망하는 삶이 아니라 한 달 뒤, 3개월 뒤에 내가 얼마나 변할지 예측할 수 없는 나의 삶이 더 스릴 있고 좋다.

23

책 쓰기로 성공 꿈꾸기

임현수 욜로 라이프 메신저, 1인 기업가, 자기계발 작가, 동기부여 강연가, 청춘 멘토

불확실한 미래에 대비하기보다는 현재의 가치에 집중해서 행복을 실현하고자 하는 '욜로 라이프' 메신저다. 수년간 다양한 나라를 여행했고 현재 스무 가지가 넘는 취미생활을 하고 있으며 다양한 문화 활동과 자기계발을 하고 있다. 혼자서도 '잘'사는 일상과 노하우를 카페, 블로그, SNS에 공유하며 대중들과 활발히 소통하고 있다. 현재 욜로 라이프 스토리를 담은 개인저서를 집필 중이다.

- Email yolomessenger@naver.com
- Cafe www.yoloman.kr
- Instagram puhabono
- Blog www.yolomen.kr
- C·P 010.9384.2636
- Facebook puhabono

내 가족은 부모님과 누나 2명, 나 이렇게 5명이다. 그중 큰누나는 〈한책협〉의 수석 코치이자 〈임마이티 컴퍼니〉의 대표인 1인 기업가로서 성공한 인생을 살고 있다. 화이트 컬러의 '몽블랑' 벤츠와 블랙 컬러의 '토르' BMW, 오피스텔 한 채를 가지고 있고 정자동에 위치한 전망 좋은 집에 거주하고 있다. 한 달 수익만 해도 3,000만 원이 넘는다.

내가 대학교에 다닐 때였다. 어느 날 큰누나가 가족 채팅 방에 글을 하나 올렸다. 자신이 공동저서에 저자로서 참여할 기회가 생

겼는데 우리 가족 모두가 참여했으면 좋겠다는 것이었다. 나는 그 당시 알바 스케줄이 꽉 차 있었고, 시험 기간이기도 했다. 도저히 시간을 뺄 틈이 없었다.

갑작스럽게 연락이 온 데다, 덜컥 5일 이내에 A4용지 2장의 원고를 써서 보내 달라고 하니 당황스러울 수밖에 없었다. 1년에 책 한 권도 읽지 않는 데다 문학적으로 무지한 나에게 책을 쓰라고 하니 막막했다. 더욱이 가장 바쁜 시기와 겹쳐서 짜증이 났다. 하지만 내가 쓴 이야기가 책으로 나온다면 뿌듯할 것 같다는 생각이 들었다. 지금 당장은 짜증나고 힘들지만 해 보고 싶었다.

책을 한 번도 써 본 적이 없었기에 큰누나에게 하소연했다.

"제대로 써 보고 싶은데 도무지 방법을 모르겠어."

"너의 경험담으로 채워서 일단 써 봐. 부담 갖지 말고 편안하게 써서 주면 내가 다듬어 줄게."

그 말을 듣고 나니 약간의 자신감이 생겼다. 대략 6시간 동안 원고를 쓰니 다행히 A4용지 2장 반을 채우게 되었다. 막상 나의 이야기를 주제로 풀어내다 보니 재미있기도 했다.

책을 다 쓴 후 누나에게 원고를 보냈다. 누나는 책 쓰는 방법을 배우지 않아 어설프긴 하지만, 스토리가 활력이 넘치고 재미있다고 말했다. 누나의 확인을 거치고 4개월이라는 시간이 흐른 후에 책이 출간되었다. 나를 포함해 우리 가족 이야기가 전부 담긴 첫 공동저서 《되고 싶고 하고 싶고 갖고 싶은 40가지》가 탄생한 것이다.

바쁜 일상에 치여 책을 썼다는 것도 잊고 살다가 갑작스럽게 책을 받자 뿌듯함이 절로 밀려왔다. 나뿐만 아니라 전 가족이 순서대로 등장하는 이야기들이 소중했다. 평생 기억에 남을 추억이 되었다. 이 책은 출간 후 네이버에 베스트셀러로 등극했다. 나는 이 소식을 SNS를 통해 공유했다. 많은 친구나 지인들이 축하 글을 남겨 주었다.

그 순간 '공동저서도 이렇게 감격스러운데, 개인저서가 출간되면 얼마나 기쁠까?'라는 생각이 들었다. 그리고 1년이 채 지나지 않아 그 생각은 현실이 되었다. 7년간 요리의 꿈을 안고 달려왔지만, 족저근막염을 포함해 시력이 저하되는 안구건조증 등 몸 상태가 안 좋아지기 시작했다. 20대였지만 신체적 나이는 70대가 된 것만 같았다. 정신적으로도 강박증과 스트레스에 시달렸다. 매사에 예민함이 장착되었다.

나는 스트레스를 풀기 위해 꾸준히 취미생활을 하며 자기계발의 끈을 놓지 않았다. 하지만 이 또한 체력이 소모되는 일이었다. 그런 데다 시간을 투자해야 했기 때문에 몸은 더욱 지쳐만 갔다. 하루에 잠자는 시간이 평균 6시간 미만이었다. 눈 밑에 다크서클이 내려오고 다래끼가 나는 것은 예삿일이었다. 심지어 눈이 통통 부어올라 안대를 쓰고 다니기도 했다.

힘든 생활이 매일 반복되자 걱정이 되기 시작했다. '현재는 젊음의 힘만 믿고 전진해 가고 있지만, 나이를 먹어서도 이 건강 상태를 유지할 수 있을까? 행복할까?' 의문이 들었다. 집에 돌아와 나 자신을 되돌아보는 시간을 가졌다. 그 기간에 우연치 않게 누나가 집으로 놀러 오게 되었다. 자연스레 누나와 고민거리를 나누게 되었다. 그때 나는 경제적인 문제로 인해 일을 쉬지 못하는 상황과 하고 싶은 것들이 많지만 현실적 한계에 부딪혀 힘들다는 이야기를 늘어놓았다.

진심이었다. 부모님에게 힘들다고 하소연하고 싶을 때도 있었지만 하지 못했다. 자취생활을 그만두고 고향으로 내려오라는 대답이 돌아올 것 같았다. 예상되는 답변이 무서워 누구에게도 말하지 않고 나 혼자 속만 끓이고 있을 뿐이었다. 고민을 털어놓고 나서 약간은 후회했다. 어차피 남들과 같은 대답이 돌아올 거라고 생각했기 때문이었다.

그런데 누나에게서 돌아온 답변은 달랐다.

"개미처럼 힘들게 열심히만 살지 말고 베짱이처럼 놀면서 즐겁게 살아."

"열심히 잘 살아왔어. 좀 쉬어도 괜찮아. 항상 무언가를 해야 한다는 압박감을 내려놓고 강박증을 버려."

그러고는 노예처럼 일하는 직장생활을 그만두고 자신처럼 1인 기업가의 삶을 살라고 조언했다. 자신이 도와줄 테니 남들이 정해 준 성공의 기준을 탈피하라는 것이었다.

　그 순간 홀로 속을 끓이며 살아왔던 순간들이 떠올랐다. 설움과 힘듦이 폭발해서 하염없이 눈물이 흘러내렸다. 하지만 난 나의 눈물이 이해가 되지 않았다. '내가 그 정도로 힘들었나?' 나는 힘들어도 항상 참고 살아왔다. 겉으로 내색하지 않았다. 사생활도 좋은 것만 알렸고, SNS에는 즐거운 소식만 공개해 왔다. 그러다 보니 진정으로 사랑하는 가족 혹은 친구, 지인이 아닌 경우에는 나의 사생활을 절대 얘기하지 않았다. 내 사람이라고 생각되는 사람들과 속 터놓고 얘기를 나눌 때야 비로소 엄청 스트레스를 받아 왔고 힘겨웠다는 것을 체감하곤 한다.

　나는 그동안 성공궤도 진입에 필요하다고 믿어 왔던 일들을 모두 놓았다. 근무하던 레스토랑을 그만두었고, 컴퓨터 학원도 그만두었다. 퇴직금을 많이 받으려고 애쓰는 것도 포기했다. 쓸데없는 스펙을 쌓는 데 시간을 낭비하지 않기로 했다. 진정으로 필요한 일을 배우기로 했다. 큰누나가 몸담고 있는 〈한책협〉에서 〈책 쓰기 과정〉을 비롯해 네이버 카페, 블로그 운영에 관한 강의, 1인 창업에 관한 강의, SNS 마케팅 강의 등 웬만한 과정을 모두 수강했다.

　처음 〈한책협〉에 발을 내디뎠을 때, '학창시절 때 공부를 하지도, 책도 읽지도 않은 내가 잘해낼 수 있을까?'라는 의문이 들었다. 하지만 이왕 도전하기로 마음먹었으니 끝까지 해 보자는 마음으로 임했다. 1주 차 수업에는 예비군 훈련 일정으로 인해 참석하지 못했다. 빠진 1주 차의 보충수업은 〈한책협〉의 수석 코치인 큰누나에게서 받게 되었다. 책 쓰기의 기본적인 틀과 제목, 장 제목, 꼭지를 포함한 목차 완성을 우선순위에 둔다는 내용이었다.

7주간의 과정이었기 때문에 매주 단계별로 진도가 나갔다. 먼저 주제를 선정하고 제목을 만들었다. 제목을 만든 후에는 장 제목 만들기, 꼭지 만드는 순서로 넘어가게 되었다. 주마다 주어지는 과제에 하루하루가 전쟁이었다. 책 쓰기 수업을 통해 들은 노하우를 활용하며 과제를 해 나갔다. 그렇게 열정을 가지고 부단히 한 노력은 나를 실망시키지 않았다. 첫 주 차에 목차 전체를 완성하게 된 것이다. 그 순간의 쾌감은 지금도 잊히지가 않는다. 누나의 도움 없이 혼자 힘으로 이뤘다는 데 대해 성취감을 느꼈다.

목차가 완성된 후 서론, 본론, 결론에 대한 수업을 듣게 되었다. 이번에도 수업 내용을 접목해 원고를 써 나가기 시작했다. 나의 경험담과 스토리를 많이 넣었다. 이때 책을 쓰며 나의 인생을 되돌아보게 되었다. 내 삶을 정리하는 느낌도 들었다. 본격적으로 원고를 쓰기 시작하자, 내가 쓴 책이 세상 밖으로 나오면 어떨지, 표지에 내 얼굴이 들어가고 서점에서 내 책이 보이면 어떤 기분일지 상상하게 되었다. 책을 직접 손에 쥐어 보기 전까지 실감이 잘 안 날 테지만, 확실한 것은 책이 출간되면 성취감으로 행복한 고함이 터져 나올 것 같다는 것이었다. 책 출간을 상상하며, 1인 기업가로 성공한 나의 모습을 꿈꾸며 미친 듯이 원고를 써 내려갔다. 원고를 쓰는 동안 집에만 틀어박혀 있었지만 TV를 보거나 노는 시간은 극히 드물었다. 나는 책 쓰기에 미친 듯이 몰입했고, 성공이라는 꿈에만 미쳐 있었다.

미친 듯이 원고를 써 내려간 결과 〈책 쓰기 과정〉 수료 후 13일 만에 초고를 완성하게 되었다. 새벽에는 주로 잔잔한 음악을 틀어두고 원고를 썼다. 허리가 아프거나 몸이 뻐근할 때면 누워서 쓰기도 하고 자리를 바꿔 가며 쓰기도 했다. 열정과 끈기를 놓지 않으며 책 쓰기를 가장 우선순위에 두고 앞으로, 앞으로 달려 나갔다. 백수였지만, 나에게는 커다란 꿈이 생겼고 성공할 수 있다는 자신감도 얻을 수 있었다. 그저 남의 일이라고만 여겼던 성공을 나에게 대입하기 시작했다.

책을 쓰기 불과 두 달 전만 해도 큰누나의 성공 역시 남의 일처럼 보였다. 가수 헨리와 도끼의 삶이 마냥 부러움의 대상이었다. 하지만 책 쓰기를 통해서 자존감이 상승하고 하고 싶은 일을 정확히 찾게 되었다. 퇴직금과 가지고 있던 돈 전부를 투자하고, 현재는 빚만 2,000만 원이 넘지만 일할 때보다 훨씬 행복하다.

지금 당장 이루어진 것은 없지만 나 자신이 발전하고 성숙해지고 있다는 것은 확실했다. 〈한책협〉에 자주 오가며 이미 성공한 사람들과 많은 이야기를 나눈다. 내 또래의 친구나 동생이 하는 시답지 않은 얘기를 듣지 않아서 좋다. 다양한 꿈친구들과 함께하며 의식이 점점 성장하고 있는 것을 느낀다.

성공은 시간문제라는 생각이 든다. 〈한책협〉을 만나며 나는 급속도로 성장했다. 달아오르는 열정과 끈기를 계속해서 유지한다면 어느 순간 나의 삶이 백팔십도로 바뀌어 있지 않을까?

나는 확신한다. 책 쓰기는 나에게 큰 꿈을 가지게 해 주었다. 돈과 시간을 바꾸는 노예의 삶에서 벗어나게 해 주었다. 젊은 나이에 부자 마인드를 갖게 해 주고 잠재의식을 성장시켜 준 권누니와 김태광 대표 코치님, 〈한책협〉의 모든 사람들에게 감사함을 전한다.

24

Read, Read, Read!
다독하는 작가 되기

박주연 대학교 영어강사, 기업 영어강사, 영어 코치, 자기계발 작가

프랑스 및 미국 University of North Carolina at Chapel-hill 대학을 졸업했다. 대한민국 교육발전부문 대상 수상, EBS 외국어 강좌 강사 등의 다양한 경력이 있으며 여러 대학의 초청을 받아 강연했다. 미국 주립대, 연세대, 고려대 외 다수 대학과 신라호텔 외 다수 기업에서 영어강사로 활동 중이며 프리랜서 통·번역가로도 활발하게 활동하고 있다. 저서로는 《토익스피킹 DNA》가 있으며 현재 개인저서와 공동저서를 준비 중이다.

• Email jpark82699@naver.com
• C·P 010.7529.7719
• Cafe cafe.naver.com/bluegraytfh80

"로마는 하루아침에 이루어지지 않았다."

내가 좋아하는 격언이다. 글쓰기에 한창 재미를 붙인 나는 요즘 A4용지에 생각나는 대로 글을 쓰고 있다. 몇 년 전 《토익스피킹 DNA》를 출간했다. 그 책을 쓰면서 느낀 점은 바로 다독의 필요성이다. 내가 책을 읽지 않았을 때 쓴 글과 책을 많이 읽은 후에 쓴 글을 보면 확연히 차이가 나기 때문이다.

요즘 아침 일찍 출근하기 위해 지하철을 타면 느끼는 것이 많다. 손에 휴대전화를 들고 있는 사람들은 많지만 좀처럼 책을 들고 있는 사람들을 보기 힘들다. 나는 최근 지하철로 출·퇴근하며 책을 부쩍 많이 읽게 되었다. 이 모든 것은 〈한책협〉을 만나고부터 시작된 일이다.

내가 책 쓰기에 흥미가 인 날은, 2017년 10월 30일 월요일 오후였다. 그날은 대학에서 영어 강의를 마친 후 개인레슨을 한 날이었다. 한창 레슨을 하던 중 전화벨이 울렸다. 내 생일이 훨씬 지났는데도 한 선생님께서 생일 축하를 못 해 주셨다며 전화를 하신 것이었다. 만나서 저녁을 사 주시며 책 3권을 선물해 주셨다. 그러면서 "이 책들이 Julie 선생님의 인생을 바꾸어 주는 계기가 될 거예요."라고 말씀하셨다. '내 인생을 바꾸어 주는'이라는 말이 내 마음을 뒤흔들었다.

현재 내 스케줄이 거의 포화상태일지라도 좀 더 의미 있는 삶을 살고 싶은 나에게 책 쓰기는 그야말로 꼭 필요한 일이다. 영어로 강의하는 일도 좋지만 색다른 일을 경험해 보고 싶기 때문이다. 나는 지금이야말로 내가 쓴 글을 고치고 또 고치며 글을 쓰는 실력을 키워야 할 때라고 본다. 향상된 글쓰기 실력은 앞으로 내가 하는 일과 큰 시너지 효과를 낼 것이라고 기대한다.

글을 써 본 것은 미국에서 리포트를 쓴 기억과 초등학교 때 독후감 1등 상을 받은 기억, 그리고 《토익스피킹 DNA》의 저자로서 영어책을 쓴 경험이 다. 그럼에도 불구하고 "나도 할 수 있어!"라고 외치며 나의 목표 중의 하나를 책 쓰기로 삼았다.

선생님께서 선물해 주신 3권의 책 중 한 권이 강렬하게 내 눈길을 잡아끌었다. 바로 김태광 작가의 《서른여덟 작가, 코치, 강연가로 50억 자산가가 되다》였다. 끼니도 거르고, 그 자리에서 단숨에 읽어 내려갔다. 거의 한 시간 만에 다 읽었다. 그 책을 읽은 후 책 쓰기에 동기부여를 받은 나는 다음 날 오전 일찍 서점으로 달려갔다. 책 쓰기에 관련된 많은 책 중에서 내 마음에 와 닿는 책 10권을 사서 3일 만에 읽었다.

그날부터 A4용지에 조금씩 조금씩 일기 형태의 글을 쓰기 시작했다. 아주 적은 양이지만 '티끌 모아 태산'이라고, 지금까지도 꾸준히 일기 비슷한 형식의 글을 매일 세 줄씩 쓰고 있다. 김태광 작가는 200여 권의 책을 썼다고 한다. 단 한 권의 저서만 출간한 나에게는 그 사실이 상당한 충격으로 다가왔다. 신세계 같은 이야기였다. 그때부터 김태광 작가에 관심을 갖다 보니 그가 대표로 있는 〈한책협〉이라는 곳을 알게 되었다. 지금은 그곳에서 책을 쓰는 영광을 누리고 있다.

세상에서 가장 어려운 일은 역시 책 쓰는 일이 아닐까? 책을 많이 읽고 학식이 아무리 뛰어나다고 해도 꼭 글을 잘 쓰는 것은 아니기 때문이다. 독자들이 원하는 글을 써야 한다는 건 누구나 다 알고 있는 사실이다. 하지만 독자였던 나도 글을 쓰는 입장이 되어 보니 그건 말처럼 쉬운 일이 아니었다. 책을 낼 정도의 글을 쓰고 싶다면 '다독'하는 것은 필수다.

세계에서 다섯 손가락 안에 드는 부자이자 투자자인 워런 버핏은 어릴 적, 독서 편식이 심했다고 한다. 워런 버핏은 어렸을 때부터 경제에 관심이 많아 투자에 관한 책을 깊이 파고들었다. 그들 책에서 한결같이 강조하는 것이 있었다. 자식들의 능력을 키워주려면, "Read, Read, Read!", 바로 책을 읽으라는 것이었다. 독서는 세계 최고의 부자, 워런 버핏을 만든 힘이었고 원동력이었다. 또한 지식을 쌓는 수단이 되어 수많은 저서를 남기기까지 '다독'은 늘 그와 함께했다.

사람마다 자신이 좋아하는 분야가 있다. 자신이 좋아하는 분야와 관련된 책을 읽으면서 내가 가장 잘하는 나만의 전공분야를 개척할 수 있다. 그러면서 그 분야와 관련된 책을 최소한 50권 정도를 다독하면 나 자신이 변화되며 지식이 저절로 쌓이게 된다.

나 역시 글을 잘 쓰기 위해 매일 다독한다. 다독을 계속하다 보면 조금씩 성숙해지며 변화하는 나를 발견할 수 있으리라 믿는다. 책 쓰기의 여왕이 되는 날을 기대해 본다.

25-36

김영숙　이채명　손성호

조자룡　어성호　최영경

남기석　권태호　신주영

이수경　박하람　김서진

책 쓰기로 연수입 10억 원 벌기

김영숙 교육행정 공무원, '덧셈육아연구소' 대표, 워킹맘 육아 멘토, 직장인 글쓰기 전문가, 자기계발 작가

엄마 경력 9년 차로 두 아이를 키우는 평범한 워킹맘이다. 아이들과 공감대를 형성하고 아이들의 롤모델이 되기 위해 열심히 공부 중이다. 저서로는 《내가 두 아이를 키우면서 배운 것들》과 공저 《미래일기》, 《부모님께 꼭 해드리고 싶은 39가지》 외 5권이 있다.

• Email iamgod100_@naver.com   • Blog blog.naver.com/iamgod100_
• Cafe cafe.naver.com/cubeadvice

퇴근 후 아이들과 시간을 보내고 밀린 집안일까지 하고 나면 몸도 마음도 지친다. 날마다 '오늘 정말 힘들고 피곤한데 그냥 잘까?'라는 유혹을 물리쳐야 한다. 나는 1년 365일 내내 비염과 목감기를 달고 산다. 그래서 커피와 약을 항상 옆에 두고 산다. 커피와 약을 먹으면서 내가 이루고자 하는 꿈을 포기하지 않으려 노력한다.

특히 추운 겨울의 저녁이면 아무것도 하지 않고 그저 집에서 편안하게 쉬고 싶어진다. 하지만 나는 그 유혹을 물리치고 가방을

메고 집을 나선다. 집에 있다 보면 집안일이 신경 쓰여서 결국 하게 된다. 집안일을 하다 보면 시간이 금방 지나간다. 또한 집에 있으면 나도 모르게 긴장이 풀려서 잠을 자게 된다. 결국 이 굴레를 끊을 수가 없게 된다. 그래서 나는 강제적으로 내가 행동할 수 있도록 환경을 조성했다. 집안일을 다 하지 못해도 일정 시간이 되면 바로 집 근처 독서실로 향한다.

내가 살고 있는 곳은 시골이라서 24시간 운영하는 카페가 없다. 그래서 내가 선택한 곳이 독서실이다. 집이 아닌 다른 공간에서는 신경 써야 하는 일이 달리 없기 때문에 집중이 잘된다. 그래서 내가 세운 목표를 꼭 이루어 내겠다는 의식이 강해진다. 집이 아닌 곳에서는 정해진 시간까지 누구의 방해도 받지 않고 내가 좋아하는 일을 할 수 있다. 나는 이렇게 책을 쓰고 또 나의 꿈을 이루기 위해 처절할 정도로 노력하고 있다.

얼마 전 신문에 마지막으로 사법시험에 도전해서 수석 합격한 사람의 기사가 실렸다. 13년 동안 계속 시험에서 떨어졌다고 했다. 올해가 마지막 기회이기 때문에 울면서 공부했다는 말이 나의 뇌리에 강하게 박혔다. 하나의 꿈을 위해 포기하지 않고 행동하니 결국에는 수석 합격이라는 영광을 얻은 것이다. 꿈을 위해 선택과 집중을 한 것이다.

나는 워킹맘이다. 회사 일을 하고 퇴근해서 아이들을 돌보다,

아이들이 잠들면 집안일을 시작한다. 이렇게 하다 보면 어느덧 잘 시간이 되고 무언가를 할 만한 에너지는 이미 사라지고 없다. 그러나 나에게는 꿈과 비전이 있다. 때문에 잠을 줄여 가면서 꿈을 이루고자 노력하고 있다. 명확한 목표를 세우고 꾸준히 실행하다 보면 어느 순간 그것을 해낸 나 자신을 발견할 때가 올 것이라고 믿는다.

솔직히 나는 글쓰기에 큰 재능이 있는 사람은 아니다. 그저 목표를 세우고 그 목표를 이루기 위해 끊임없이 행동할 뿐이다. 나는 "작가는 타고나는 것이 아니라 만들어진다."라는 말을 믿기 때문이다. 그 말에 자신감을 얻어 열심히 글을 썼더니 어느새 작가가 되어 있는 나를 발견할 수 있었다. 이렇듯 한 가지 명확한 목표를 선택하고 그 목표를 꾸준히 실행에 옮기는 것이 그 무엇보다도 중요하다.

나는 대한민국 공무원이다. 요즘같이 불안정한 시대에는 공무원이 최고의 직업으로 손꼽힌다. 최근 기사를 보니 취업준비생들이 가장 선호하는 직업이 대기업이 아닌 공무원이라고 한다. 안정적인 직업으로 인정받은 셈이다. 그러나 얼마나 안정적인 직업을 가졌든 언젠가는 회사를 퇴직해야 한다. 그렇기 때문에 나는 책 쓰기로 수입 파이프라인을 만들어서 노후를 준비하려고 마음먹었다.

지금 나는 직장에 다니면서 작가가 되어 새로운 인생 2막을 준비하고 있다. 직장에 다닐 때 미리미리 준비하는 것이 중요하다. 직장에 다닐 때는 아무런 준비도 하고 있지 않다가 퇴직한 후 그제야 준비하려고 하면 이미 너무 늦다. 퇴직하고 수입이 없는 상태에서 준비하려면 마음이 조급해 제대로 준비할 수 없기 때문이다.

작년에 대기업을 퇴사한 한 지인은 직장생활은 열심히 했지만 퇴직 후를 준비하지 않았다. 한창 일할 나이에 일을 그만두니 살아가는 것이 막막하다고 했다. 하지만 새로운 일자리를 구하려고 해도 여태 해 오던 것과 다른 분야를 시작할 수 있는 기술이 없어서 발만 동동 구를 뿐이었다. 직장생활만 열심히 하느라 퇴직 후 준비를 하지 못했던 이 지인의 이야기를 듣고 안타까움을 느꼈다.

조금이라도 생각이 있는 사람이라면 퇴직 이후의 인생은 직장을 다니는 동안에 준비한다. 오늘날에는 '평생직장'이라는 개념이 사라진 지 오래기 때문이다. 언제 내 책상이 사라질지 모르는 게 회사다. 또한 요즘은 100세 시대이기 때문에 예순 살까지 30~40년 벌어서는 노후를 여유롭게 살아가기 힘들다. 미리미리 노후를 대비해 놔야 자식들에게 짐이 되지 않는 세상이다.

나는 지금부터 책 쓰기를 시작해 개인저서 100권 쓰기를 목표로 하고 있다. 이 중에서 베스트셀러도 나오리라 믿고 연간 인세 10억 원을 목표를 세웠다. 또한 내 책의 저작권을 해외로 수출할 것이다. 나의 독자는 대한민국 사람들뿐만 아니라 전 세계의 사람들이다. 나를 알리는 최고의 마케팅 수단은 바로 책 쓰기다. 나는 책 쓰기로 나를 브랜딩하고 세상에 알려야 한다. 결국 나라는 사람을 상품으로 만들어서 팔아야 하는 것이다.

공병호 소장은 이렇게 말한다.

"나는 내 앞에 유치원 원장이 앉아 있든 대기업 회장님이 앉아 있든 그 사람이 듣고 싶어 하는 강연을 할 수 있다."

나 또한 책을 읽고 책을 쓰면서 다양한 지식을 습득하고 있다. 그리고 내 앞에 누가 있든지 그 사람이 듣고 싶어 하는 말을 할 수 있게 되었다. 나는 책을 쓰고 전문가로 인정받으며, 소비자가 아닌 지식 생산자로서 살아가고 있다. 나를 세상에 알리고 나를 브랜딩하고 나를 성장시켜 나간다. 지금 현재의 삶은 온전히 내 선택에 의해서 이루어졌다. 현재의 내 삶이 행복하든 불행하든 내가 과거에 선택한 결과다. 더 나은 인생을 위해서 오늘 최선을 다해야 하는 이유다. 이렇게 나는 책 쓰기로 3년 후, 5년 후, 10년 후가 기대되는 사람으로 살아가고 있다.

26

책 쓰기로 행복한 내일 약속하기

이채명 '행복드림연구소' 대표, 동기부여 강연가, 새터민 인생 코치, 자기계발 작가

2004년 탈북한 새터민이다. 고향을 떠나 절망 속에서도 희망의 끈을 놓지 않은 결과 지금은 자유의 땅 대한민국에서 하고 싶은 일, 꿈 너머 꿈을 꾸고 있다. 자기계발 작가로, 1인 기업가로, 사람들에게 희망을 전하는 동기부여가로 행복한 삶을 살아가고 있다. 나아가 희망학교 설립을 목표로 하고 있다. 인생의 빅 픽처를 그려 갈 사람들에게 희망을 주고자 강연, 코칭 프로그램을 준비 중이다. 저서로는 《내 생애 단 한 번 희망을 가지다》, 《보물지도11》, 《또라이들의 전성시대2》 등이 있다.

• Email success1734@naver.com   • Blog blog.naver.com/lee2005ok
• Cafe cafe.naver.com/jymspc

나는 지나온 내 인생의 스토리를 책으로 쓰고 싶었다. 그래서 일기 쓰듯 종잇장에 늘 글을 써 왔다. 하지만 그 종이가 어떻게 해야 한 권의 책이 될까 고민하던 중 〈한책협〉을 알게 되었다. 그렇게 〈책 쓰기 과정〉을 듣는 내내 마음이 설레었다. 나도 무언가 할 수 있다는 자신감이 생겼다. 하고 싶은 일이었던 만큼 나는 돈을 따지지 않고 나에게 투자했다.

〈한책협〉에서 나는 책 쓰기의 모든 과정을 수료했다. 내 인생의 가치를 찾는 일에 발품을 아끼지 않았다. 남들이 쉬는 주말에

도 자기계발을 하며 진짜 내 모습을 찾으려 노력했다. 아르바이트 할 때나 회사에 다닐 때는 매일같이 시간을 핑계로, 돈을 핑계로 자기계발을 생각해 보지도 않았다. 그렇게 시간은 계속 흘러갔고 나는 제자리에 머물러 있었다. 어느 순간 그런 생각이 들었다. '진짜 내 모습을 찾고 싶다'라는. 그래서 책을 쓰게 되었다. 난 책을 쓰면서 또 다른 세상을 보게 되었고, 나만의 길을 걷게 되었다.

나는 북한에서 나고 자랐다. 최종 학력은 고등학교 졸업이다. 고등학교도 중간에 2년간이나 중퇴했었다. 그랬던 내가 어떻게 자유의 땅, 대한민국에서 나만의 길을 가면서, 하고 싶은 일을 할 수 있게 되었을까. 나는 내가 북한에서 자랐기 때문에, 탈북자이기 때문에 하고 싶은 무언가를 할 수 없다는 생각을 하지 않았다. 같은 하늘 아래 같은 사람으로 태어나 같은 인생길을 가는데 어디서 자랐는지, 스펙이 얼마나 되는지는 중요하지 않다고 생각했다.

물론 자라 온 환경이 다르기 때문에 한국에 적응하는 데 처음에는 어려움도 겪었다. 중국에서도 6년간 살았지만 한국으로 오니 또 새로웠다. 발 빠르게 성장하는 이 사회에서 내가 어떻게 살아갈까, 라는 생각도 많이 했다. 하지만 이 모든 것이 내가 선택한 길이기에 이겨 내야만 했다. 그렇지만 마음 깊이 나 버린 상처를 잊기란 쉬운 일이 아니었다.

나의 아픈 과거를 마음속에서 깨끗이 지우고 싶었지만 지워지지 않았다. 그래서 나는 책에 나의 아픔과 상처, 내가 살아온 스토리를 담아내기로 했다. 책을 쓰면서 내 삶을 거울처럼 다시 들여다보게 되었다. 새로운 세상에 나아가기 위해 내 마음의 상처를 비워 내야만 했다. 사랑도 행복도 모두 사치였던 20대의 비극적인 삶은 나를 대나무보다 강하게 만들었다. 여자로 태어나 끔찍한 일들을 수없이 겪으면서도 나는 포기보다 도전을 선택했다. 내 앞을 가로막는 두려움 앞에 쉽게 무릎 꿇지 않았다. 인생의 가치를 끊임없이 갈구하며 어떤 것이 진정한 내 인생을 찾는 일인지 생각했다. 책을 씀으로써 더욱더 내 삶의 가치를 알게 되었다. 나의 지난 시련과 아픔들은 백만 불을 주고도 살 수 없는 가치라는 걸 깨닫게 되었다.

내가 이렇게 성장하기까지 늘 힘을 실어 준 한 분이 계시다. 그 분은 바로 〈한책협〉의 김태광 대표다. 북에서 힘든 길을 헤쳐 왔다며 자신이 남한의 오빠가 되어 주겠다고, 용기를 잃지 않게끔 늘 파이팅을 외쳐 주시는 분이다. 나에게 인생의 가치를 깨닫게 해 주었고 세상을 살아가야 할 이유를 가르쳐 주신 분이다. 이 책을 통해서 김태광 대표에게 다시 한 번 감사의 마음을 표한다.

감사할 줄 아는 삶이야말로 진정 행복한 삶이라고 말할 수 있다. 늘 자신의 삶을 부정적으로 몰아가고 소소한 것에도 감사할 줄 모르면 삶이 성장할 수 없다. 인생이란 내 마음대로 되지 않아

때로는 힘들다. 그래도 그것을 극복하고 항상 긍정적인 마인드를 가지고 살아야 한다.

정말 힘들다고 생각될 때, 그때를 잘 넘어서야 한다. 그 순간을 넘어서면 새로운 희망이 보일 것이다. 힘든 순간을 넘어 새롭게 태어날 때 눈부신 인생을 맞이하게 된다. 마음을 나눌 수 있는 친구, 사랑하는 가족과 연인, 또 자연이 주는 모든 것에 감사할 줄 아는 삶을 살아가자. 현재의 삶의 울타리에 갇혀 자신의 진짜 삶을 잃지 않길 바란다.

우리는 누구나 삶의 주인공으로서 멋진 인생을 살아갈 수 있다. 미워하는 마음은 모두 내려놓길 바란다. 미움도 사랑으로 받아들일 수 있는 내가 될 때까지 자기 자신과 싸워야 한다. 자기 자신을 사랑하는 마음이 없다면 그 어떤 누구도 사랑할 수 없다.

가도 가도 끝이 없는 인생길인 것 같지만 인생은 우리가 생각하는 만큼 길지 않다. 내게 오는 오늘을 소중히 여기고 늘 인생의 마지막 날인 것처럼 살아야 한다. 발 빠른 경쟁사회에서 살아남기 위해 남보다 조금 다른 길을 가는 것도 좋은 방법이다. 오늘날에는 누구나 열심히 산다. 하지만 우리는 단지 '열심히'가 아닌 '특별하게' 살아야 한다.

"세상에 온 나는 충분히 그런 삶을 살 수 있어. 나는 특별한 사람이야. 나는 행복한 사람이야."

그렇게 긍정적인 하루를 살아가라. 그리고 가슴 뛰는 인생을 살아가라. 아침에 눈을 뜨곤 또 오늘이 왔구나, 이런 생각으로 살면 5년 후, 10년 후 자신의 삶을 돌아봤을 때 허탈감만 남을 뿐이다. 흐리고 비가 온 후에는 반드시 맑은 하늘이 드러난다. 삶에 잠시 비치는 먹구름이 두려워 그 자리에만 주저앉아 있지 말고 용기 내서 일어서라. 되고 싶은 것, 하고 싶은 일을 하면서 내 삶의 주인공으로 살아가자. 환경이 주어지지 않는다고 탓하지 말자. 내가 환경을 바꾸면 된다. 자기 주위의 사람들이 어떤 사람들인지, 부정적이라고 생각되면 그런 환경에서 과감히 벗어나야 한다.

오늘날 내가 작가가 된 것도, 또 1인 기업가의 길을 가게 된 것도 모두 나의 환경을 바꾸었기 때문에 가능한 일이었다. 이전에는 나 역시 부정의 울타리 안에서 살았다. 부정의 울타리를 벗어나 긍정의 울타리로 들어올 때만이 삶에 변화가 생기고 내 안에 잠자고 있는 거인을 깨울 수 있다. 과거에 파묻혀 있을 때 항상 나의 머리를 스치고 지나갔던 부정적인 생각들이다.

'나는 평생 탈북자라는 꼬리표를 달고 살아야 되잖아. 난 스펙 하나 없잖아. 그런 내가 무엇을 할 수 있을까. 다른 사람들이 나를 어떤 시선으로 바라볼까? 동정할까? 비웃을까?'

나의 발목을 잡았던 순간순간의 안 좋은 생각들이었다. 이런 생각들은 오히려 나를 더 큰 두려움의 세계로 데려다줄 것 같았다. 그래서 항상 나 자신과 싸워야 했다.

다른 경쟁자와 싸우기보다 나 자신과 싸워서 이겨야 한다. 그러면 그 어떤 경쟁 상대도 나를 따라오지 못한다. 남의 시선에 맞추며 살기 때문에 스트레스가 쌓이고 삶이 재미없어지는 것이다. 백만 불을 주고도 살 수 없는 나만의 경험과 노하우로 잠재의식을 깨우고, 삶의 터전에 긍정의 씨앗을 뿌리자. 오늘 하루라는 선물 보따리에 감사한 마음만을 담으며 행복한 삶을 살아가길 바란다.

누군가 "넌 꿈이 뭐야?"라고 물을 때 머뭇거리지 않고 대답할 수 있는 사람이 되어야 한다. 꿈을 가져라. 세상을 바꾸고 성공한 사람들의 공통점은 바로 고정관념의 틀에서 벗어났다는 것이다. 지금 당장 종이를 꺼내 간절한 꿈과 소원을 적어 보길 바란다.

나는 앞으로도 계속 지금처럼 내 삶의 현장을 글로 담으며 작가의 삶을 살아갈 것이다. 비우고 채우는 마음이 세상을 아름답게 한다. 지금 이 순간에도 나는 한 자 한 자 나만의 인생을 글로 적어 가고 있다. 나 자신과 행복한 내일을 약속하며 지금 이 순간에 최선을 다할 것이다.

27

책 쓰기를 통해
눈부신 미래 펼쳐 나가기

손성호 수능 영어강사, 독서 경영 코치, 시간 경영 컨설턴트, '마인드 골프' 시간 경영법 창안자

영어를 매개로 청소년들이 잠재능력과 꿈을 펼칠 수 있도록 돕는 공부 코치이자 청소년 멘토로 활동하고 있다. 사람들이 자신의 무한한 잠재능력을 개발하고 행복한 성공을 누릴 수 있도록, 지식과 경험과 노하우를 전해 주는 자기 경영 코치를 꿈꾼다. 저서로는 《되고 싶고 하고 싶고 갖고 싶은 47가지》, 《인생을 바꾸는 감사일기의 힘》, 《또라이들의 전성시대2》 등이 있으며, 현재 독서 경영과 시간 경영을 주제로 개인저서를 집필 중이다.

• Email sshope2020@naver.com   • Blog blog.naver.com/sshope2020

나는 독서 경영을 통해 많은 책을 읽고 세상을 폭넓게, 그리고 정확하게 받아들일 수 있었다. 경험이 많아지자 내 이야기를 책으로 쓸 수 있게 되었다. 그동안은 독서 경영을 통해 책을 소비해 왔다. 하지만 이제는 책 쓰기 경영을 통해 책의 생산자로 바뀌었다. 재작년에는 단 한 권의 책도 쓰지 못했다. 그러나 2017년에는 무려 7권의 책을 썼다. 생존 독서에서 생존 책 쓰기로 전환했기 때문이었다.

책 쓰기는 발전할 수 있는 무한한 가능성을 내포하고 있는 씨

앗이다. 그 씨앗이 자라 거목이 되면, 풍요롭고 행복한 인생의 숲을 거닐 수 있게 된다. 책 읽기를 거인의 어깨에 올라타는 것에 비유할 수 있다. 그런데 책 쓰기는 한 걸음 더 나아가 스스로 거인이 되는 것이라 할 수 있다. 나는 책 쓰기가 내 인생에 가져올 무한한 가능성과 기회를 믿는다.

나의 첫 공동저서 《되고 싶고 하고 싶고 갖고 싶은 47가지》에서 나는 2017년부터 10년 동안 일주일에 평균 4권의 책을 읽어 총 2,080권을 읽는 '2080 독서 프로젝트'를 새로운 독서 경영의 비전으로 밝혔다. 아울러 1년에 2권씩의 책을 써서, 10년간 20권의 책을 쓴다는 책 쓰기 경영의 꿈도 밝혔다. 그리고 실천 첫해인 2017년 한 해에만 벌써 7권의 책을 썼다. 그동안 독서 경영에만 머물러 있어서 별반 존재감을 가지지 못했다. 그런데 2017년부터는 책 쓰기를 통해 세상과 소통하면서 확실한 존재감을 갖게 되었다. 나 자신을 새롭고 반듯하게 일으켜 세울 수 있었다.

책 쓰기는 나에게 많은 행복을 가져다준다. 나는 두 번째 책 《인생을 바꾸는 감사일기의 힘》을 쓰면서 감사하는 마음의 소중함을 한층 더 깊이 느낄 수 있었다. 사소한 것에도 감사하는 마음을 가지며 썼더니, 행복한 마음이 한층 커짐을 느낄 수 있었다. 또한 어떠한 책을 쓰더라도 책을 쓰는 과정 그 자체가 행복한 일이라고 생각한다. 내가 쓴 책이 누군가의 인생을 바꿔 놓을 수 있다고 생각하면 행복하고 설레기 때문이다.

또한 책 쓰기는 자존감을 높여 준다. 책이 출간되어 나왔을 때 나는 이루 말할 수 없는 벅찬 감격과 희열을 느꼈다. 책이 나온 후, 나는 스스로 생각하는 것보다 더 멋지고 가치 있고 특별한 존재라는 것을 깨닫게 되었다. 책을 출간하면 국립중앙도서관에서 천 년 동안 보존된다고 한다. 세상을 살면서 경험한 나의 스토리가 서기 3,000년의 사람들에게도 전해진다니, 책을 쓴다는 것은 정말 엄청난 가치가 있는 일이다.

한마디로 나는 책 쓰기를 하면서 자존감이 더 한층 높아지게 되었고, 당당하게 살 수 있는 힘을 가지게 되었다. 나의 세 번째 책 《나는 책 쓰기로 당당하게 사는 법을 배웠다》에서 나는 이렇게 책 쓰기로 당당해진 내 인생을 진솔하게 이야기했다.

나는 〈한책협〉의 〈책 쓰기 과정〉을 통해 평생 쓸 수 있는 책 쓰기 기술을 배웠다. 그리고 책 쓰기가 자기계발의 종결판임을 깨달았다. 기존의 자기계발이 재래식 무기라면, 책 쓰기는 핵무기와 같다. 책 쓰기는 작가에 그치지 않고, 강연가, 멘토, 1인 기업가로까지 발전할 수 있는 무한한 가능성을 열어 주기 때문에 인생을 바꾸는 최고의 자기계발이라고 자신 있게 말할 수 있다.

책 쓰기는 나의 꿈을 향한 여정이다. 꿈을 이루기 위한 여정 속에서 책 쓰기를 실천하면, 마음이 뿌듯해지고 행복해진다. 나는 네 번째 공동저서 《꼭 이루고 싶은 나의 꿈 나의 인생》에서 세계 최초의 자기 경영 시스템을 세상에 내놓을 것이라는 꿈을 적었다. 나는 지금까지 세상에 없던 자기 경영 시스템을 세상에 내놓아 인류의 삶을 더욱 윤택하게 하는 데 기여할 것이다. 자기 경영 시스템은 21세기의 1주에 20세기 이전의 1년과 동등한 가치를 부여하는 개념이다. 이에 따라 사람들의 시야를 몇십 년의 단위가 아니라 몇천 주년으로 확대해 새로운 안목으로 인생을 살 수 있도록 돕는 것이다. 사람들이 인생의 권태를 느끼지 않고, 우울증에 빠지지 않고, 더 많은 재미와 흥미와 의미를 가지고 활기차게 인생을 살아갈 수 있도록 하는 것이 목표다.

책 쓰기는 나를 창의적인 인재로 거듭나게 한다. 독서 경영을 통해 나는 폭넓게 새로운 지식을 받아들이고 나의 경험과 접목해 새로운 창의적 통찰력을 얻을 수 있었다. 이러한 깨달음을 책 쓰기를 통해 세상과 소통하려 하니 더욱더 새로운 창의력이 생겨나는 것을 느낀다.

나는 다섯 번째 공동저서 《또라이들의 전성시대2》에서 창조적 또라이가 되어 21세기 감성 창조시대의 한가운데에 우뚝 선 나의 모습을 그렸다. 멘탈 스포츠인 골프와 자기계발을 접목해 '마인드 골프', '15분 시간 경영법', '1주년 시간 경영법'을 창안해 매일매일 실행하고 있다. 그러니 그야말로 나는 창조적 또라이라 할 수 있다. 나는 세상에 없던 그 무엇을 창안해 내었다. 남들이 하지 않는 방식을 도입해서 창의적으로 시간과 독서와 마음과 행복을 경영하면서 멋지게 자기계발까지 하고 있으니 창조적 또라이가 아니고 무엇이란 말인가.

현재 나는 독서 경영과 시간 경영에 관한 개인저서를 집필하고 있다. 수많은 책을 읽으며 내가 독서를 생활에 어떻게 적용하고 실천해 왔는지, 독서를 통해 꿈을 어떻게 경영할 수 있었는지에 관해 쓰고 있다. 또한 독서 경영 비법을 시간이라는 무대에서 실행하고 평가하는 세계 최초의 시간 경영 시스템을 소개함으로써 시간 속에서 행복을 경영하는 노하우를 전하는 책을 쓰고 있다.

나는 내가 가진 가치를 잘 알고 있다. 오직 나만이 가지고 있는 경험과 지식과 스토리를 책으로 써서 나를 우리나라와 세계에 알릴 것이다. 내 책을 읽은 사람들의 인생이 달라진다면 내가 책을 펴내는 일은 그 자체로 사회에 공헌하는 일이 될 것이다. 나만의 지식과 경험이 녹아 있는 책을 낸다고 생각하니 마음이 벅차오른다. 책이 출간되어 자기계발 작가, 독서 경영 코치, 시간 경영 컨설턴트, 행복 메신저, 강연가, 칼럼니스트, 동기부여가로서 멋진 삶을 펼쳐 나가는 모습을 상상하는 것은 참으로 즐겁고 행복한 일이다.

내게 책 쓰기는 행복하고 풍요로운 인생 2막을 열 수 있는 문이다. 나는 작가, 코치, 컨설턴트, 강연가, 칼럼니스트, 동기부여가, 메신저로서의 인생 2막을 꿈꿔 왔다. 내가 진정으로 좋아하고 즐기면서도 잘할 수 있는 일을 찾을 수 있었던 것은 축복이다. 사람들에게 나의 지식과 경험과 노하우를 전하며, 더 나은 삶을 살 수 있도록 선한 영향력을 미치는 메신저의 삶, 1인 기업가의 삶을 사는 것은 행복한 일이다.

책 쓰기는 이러한 모습으로 나를 퍼스널 브랜딩할 수 있는 최고의 방법이다. 나는 책 쓰기를 통해 행복하고 풍요로운 인생 2막의 문을 활짝 열 것이다. 한마디로 나는 책 쓰기를 통해 나를 반듯하게 세울 수 있었다. 그리고 앞으로도 그럴 것이라고 믿는다. 나는 책 쓰기를 통해 눈부신 미래를 펼쳐 나갈 것이다.

28

꿈에 목숨을 걸고
당당하게 나아가기

조자룡 중국어 통·번역사, 자기계발 작가, 동기부여가

중국어 통·번역사로 활동 중이다. 자신의 이름을 내건 회사를 설립해 비전을 가진 사람에게 중국어 비법과 인생을
바꾸는 의식을 전수해 삶에 기적이 일어날 수 있도록 돕는 것이 목표다. 현재 중국어 통번역에 관련된 개인저서를 집필
중이다.

- Email goodbook1@naver.com
- Instagram jojaryong8155
- Blog blog.naver.com/goodbook1
- Facebook JOJARYONG12

올해 서른한 살. 외국어로서는 최고의 대학원을 졸업했지만 단 1초도 대기업에 가야겠다는 생각을 해 본 적은 없었다. 그곳에 가면 그저 톱니바퀴로 전락하게 될까 봐 두려웠다. 색깔을 잃은 넥타이 부대가 되기 싫었다. 큰 기업에 가면 브레인이 짜 놓은 상자에서 노는 마리오네트가 되기 십상이다. 조직에 길들여지면 주체의식이 사라진다. 주체성을 대기업에 팔고 그 대가로 월급을 받는 것이다. 그러면 회사를 그만두고 혼자가 될 때 독립할 수 없다. 나이 들어 자유로울 수 없다면 비참한 인생이 된다.

나는 특별하게 살고 싶었다. 내 이름을 걸고 내 능력을 마음껏 펼치며 멋지게 사는 삶을 꿈꾸었다. 월급 100~200만 원이 더 오르는 것에는 큰 관심이 없다. 나는 오로지 사람을 감동시킬 수 있는 일에 가슴이 떨린다.

주위의 많은 사람들이 대기업, 공무원을 선호한다. 여러 이유가 있지만 근본은 안정감 때문이다. 까놓고 말해 매달 월급이 꼬박꼬박 나온다는 얘기다. 하지만 세상에 안정적인 것은 아무것도 없다. 정체되면 발전하지 못한다. 누군가 정해 놓은 시스템에 두뇌는 둔감해진다. 변화를 민감하게 느끼지 못한다. 지금 이 순간에도 세상은 놀랍게 변하고 있다. 삶은 역동적이기에 무한히 전진한다. 이렇게 세상과 삶은 시시각각 변하는데 오로지 안정에만 기대려고 하니 위기의 순간이 닥치면 맥없이 무너지는 것이다.

정해진 루트를 밟지 않으려면 생존 가능한 강인함이 있어야 한다. 어릴 때는 부모님의 보호가 꼭 필요하다. 아이 혼자서는 두 발로 걸을 수 없기 때문이다. 점차 나이를 먹으면서 독립하기 시작한다. 대부분의 경우 경제적인 부분에서는 독립한다. 그런데 정신까지 완전히 독립하는 사람은 소수다. 직장에 가면 상사, 대표를 부모님을 대신해 바라보고 의지한다.

누구에게나 홀로서기에 대한 불안은 있다. 육체적, 재정적, 정신적으로 모두 완벽하게 독립하는 사람은 평생 걸쳐도 소수다. 어머니께서 항상 하시는 말씀이 있다.

"사막에서도 혼자 살아남을 수 있는 강함이 있니?"

바로 이것이다. 우리는 아무에게도 의지하지 말고, 아무것에도 기대지 않고 스스로의 강함으로 우뚝 서야 한다.

나는 항상 늑대가 되기를 꿈꿔 왔다. 무엇에도 정복되지 않는 강한 늑대 말이다. 20대에 늑대가 되어 성취를 위해 치열한 결투를 펼쳤다. 매일 성공을 향해 굶주린 이빨을 드러냈다. 누군가에게 보이는 나보다 더 큰 내가 있다고 생각했다. 30대, 나는 여전히 늑대다. 어떤 것에도, 누구에게도 길들여지지 않는다. 사회의 노예로 남지 않는다. 스스로 길을 만들며 나아가고 있다. 마음이 약한 사람은 길을 찾지만 늑대는 스스로 길을 만든다. 매 순간 더 강한 늑대가 될 것을 상상한다.

늑대로서 살아남으려면 재정적으로 독립해야 한다. 홀로 부를 창출할 수 있어야 한다. 그 길은 퍼스널 브랜딩에 있다. 브랜딩이 되면 누구나 전문가 반열에 오를 수 있다. 평범한 사람은 자신을 노출시키며 상승 기류를 탄다. 나는 그 흐름을 바꾸자고 결심했다. 바로 블로그를 시작했다. 매일 하루 5개의 글을 포스팅했다. 작성한 글이 1,000개가 넘어서자 점점 필력이 좋아졌다. 하지만 이걸로는 아직 부족하다고 느꼈다. 이제는 눈에 보이는 성과가 필요하다고 생각했다. 그 순간 머릿속에 책이 떠올랐다. 인생을 역전시키는 방법은 책 쓰기밖에 없다는 생각이 들었다. 바로 실행에 옮겼다.

네이버에 '책 쓰기'를 검색했다. 〈한책협〉이 가장 첫 번째로 나왔다. 깊이 고민하지 않고 곧장 가입했다. 그러고 나서 〈1일 특강〉에 참여했다. 특강을 들으며 머릿속 아드레날린이 솟구쳤다. 호르몬의 변화를 느낄 수 있었다. 과정 초반부터 100권 플랜을 진행했다. 김태광 대표 코치는 수천 권의 책 속에서 100권을 추렸다. 나는 한 권씩 천천히 읽어 내려갔다. 그러다 책 읽는 것이 익숙해질 무렵부터는 매일 책을 2권씩 읽으며 꿈을 키워 나갔다. 이 과정을 통해 의식이 개선되는 경험을 했다.

나는 항상 정해지지 않은 루트를 좋아한다. 그러면 시간을 절약하고 남들보다 목적지에 일찍 도착할 거라는 생각이 있었다. 정해진 루트로 달리면 똑같은 경험을 하게 된다. 남들이 가지 않는 길을 가라. 길을 만들어라. 역동성에서 다름이 나오고 차별화가 생긴다.

〈한책협〉 카페에 올라와 있는 대부분의 글을 읽으려 했다. 수십 권의 도서와 카페 글을 보며 많은 것을 깨우쳤다. 한 권의 책에서 출발한 작은 생각이 얼마나 큰 결과를 만들었는지 두 눈으로 보았다. 〈한책협〉의 모든 작가를 멘토로 삼고 모든 것을 세밀하게 연구했더니 단기간에 많은 것들을 이해할 수 있었다. 비단 이것은 글쓰기에만 해당되는 것이 아니다. 우리가 갈망하는 모든 것에 통용된다. 누군가 이루어 낸 성과의 비밀을 알고 싶다면 끊임없이 그 사람을 연구하자. 거기서 출발해 더 치열하게 고민하자.

100권 플랜에 따라 51권쯤 읽었을 때 내 첫 책의 목차가 전부 완성되었다. 목차를 프린트해서 한참 동안 행복하게 바라보았다. 내게는 치열하게 보냈던 과거와 멋지게 펼쳐질 미래를 이어 줄 황금빛 연결고리로 보였다.

목차가 나오고 난 후 일주일 정도는 머릿속에 떠오르는 영감을 정리했다. 매일 프린트한 꼭지 종이를 들고 공원에 갔다. 영감이 떠오르면 종이에 빼곡히 적었다. 키워드, 문장, 에피소드 등 모든 것을 A4용지 위에 표현했다. 온 정신을 목차에만 두려고 노력했다. 집필이 시작되고 약 열흘 만에 초고를 완성했다. 완벽하지는 않았지만 일단 전체를 완성했다는 사실에 기분이 짜릿했다. 〈책 쓰기 과정〉이 채 끝나기도 전에 40꼭지의 원고를 완료한 것이다.

책 쓰기는 미래를 창조하는 과정이다. 책을 쓰는 것은 꿈을 써 내려가는 것과 같다. 이 멋진 기회를 〈한책협〉에서 누릴 수 있어 참 다행이다. 책을 쓰면 의식이 커지고 더 큰 꿈을 꾸게 된다. 책을 쓰면서 내게는 많은 변화가 생겼다. 가장 큰 변화는 자주 웃게 되었다는 것이다. 근 1년 정도 제대로 웃어 본 적이 없다. 의미 없이 흘러가는 시간에 분노해 이 악물고 살았다. 마음에 맞지 않는 일을 억지로 하다 보니 탈이 나는 것은 당연했다. 하지만 글을 쓴 그 순간부터 나의 내면은 즐거운 에너지로 가득 찼다.

원대한 꿈을 가진 사람을 만나면 시너지 효과를 낼 수 있다. 동일한 파장을 지닌 사람끼리 격려해 주면 강해진다. 〈한책협〉에 와서 아무 생각 없이 열심히만 살면 안 된다는 사실을 알았다. 우리가 꿈을 꾸고 있다면 그 꿈에 목숨을 걸어야 한다. 이것 말고 다른 방법은 없다. 나 자신을 알려야 한다. 올해 내 이름 석 자가 걸린 책이 나올 예정이다. 이를 시작으로 중국어를 주제로 한 개인저서도 곧 집필에 들어갈 것이다.

지금 이 순간 행복하다. 꿈맥인 여자 친구도 있다. 그녀는 최고의 패션 디자이너다. 우리는 함께 원대한 꿈을 꾸고 있다. 〈책 쓰기 과정〉을 통해 우리의 비전은 더욱 커졌다. 매일 그녀와 서로를 격려하며 꿈에 대해 이야기하고 있다. 이 책을 시작으로 멋진 미래를 열 것이다. 책이 완성되면 아름다운 일이 더 많이 일어날 것이다. 벌써부터 기대로 가득하다. 당당하게 나아갈 것이다. 나는 꿈을 이루는 사람이다. 내 영혼은 밝게 빛나고 있다.

29

책 쓰기로
나를 바꾸고 세상을 바꾸기

어성호 '직장인글쓰기연구소' 소장, 글쓰기 코치, 자기계발 작가, 강연가, 동기부여가,
의식 성장 메신저

'꿈'과 '희망'을 불어넣는 동기부여가이자 의식 성장 메신저로 가슴 뛰는 삶을 전파하고 있다. 그간의 경험을 토대로 인생 2막을 준비하며 《나를 다시 일어서게 하는 글쓰기의 힘》을 출간해 직장인들을 위한 글쓰기와 위기 극복 컨설턴트로 활약하고 있다. 그 외의 저서에는 《보물지도7》, 《부모님에게 꼭 해드리고 싶은 39가지》, 《또라이들의 전성시대2》 등이 있다.

· Email healingon21@naver.com   · Cafe www.hwlab.co.kr
· C·P 010.9003.1957   · Kakaotalk jumpstarter21

"너희들은 장차 되고 싶은 꿈이 뭐야?"

"로봇 과학자, 교수, 강연하는 사람, TV 출연, 작가요."

얼마 전 아이들에게 무심코 툭 던져 본 질문이었다. 아이들이 지금보다 더 어렸을 적에도 물어본 적이 있다. 하지만 그땐 아직 철이 없을 나이라 로봇 과학자란 아이들의 대답을 들으면서도 잠깐의 흥미이겠거니 생각했다. 그런데 초등학교 6학년, 4학년이면 딴엔 다 컸다고 생각할 터. 나름 커다란 의식이 아이들 머릿속에 자리 잡고 있을 게 분명했다. 철부지 어렸을 적 가진 꿈이 바뀌지

않은 일만 해도 아버지인 나로서는 기쁜 일이다. 큰 기대를 갖고 물어본 질문이 아니었는데 돌아온 대답은 너무나도 구체적이고 뚜렷하다. 어떻게 그럴 수 있는지 다시 물어보았다.

"뭐 그리 하고 싶은 게 많아?"

"로봇 과학자가 꿈이지만 그 꿈을 이루려면 교수가 되는 방법도 있고요. 그리고 배운 지식을 TV에 출연하거나 세상을 돌며 사람들에게 알려야 해요. 그러려면 아빠처럼 책을 쓰는 작가가 되는 건 기본이고요."

누가 강요하지도 않았는데 아이의 입에서 '책을 쓰는 작가'라는 말이 나오는 순간 나도 모르게 울컥했다. 천연덕스럽게 하는 말치고는 너무나 조리 있고 타당하게 들렸다. 일부러 시킨 일도 아닌데 어쩌면 이렇게 자연스럽게 아이들의 생각을 물들일 수 있었을까.

3년 전, 20년간 다니던 직장에서 사직할 수밖에 없는 상황이 생겼다. 금세 새 직장을 구할 수 있지 않을까 막연히 기대하며 열심히 구직 활동을 했다. 백방으로 노력하면서 별의별 궁리를 다해 보았지만 쉽사리 새 일터를 구하지 못했다. 시간은 가고 힘은 빠지고. 손에 쥔 변변한 그 무엇도 없는지라 모든 걸 내려놓고 싶기도 했다.

"당장 벌이가 없지만 아이들과 그간 못 누린 스킨십을 나눌 시간이라 여겨 주세요!"

아내가 위로의 말로 건넨 응원의 한마디였다. 맞벌이하는 동안 나와 집사람은 서로 바빠 가족끼리 여행 한번 제대로 가 본 적이 없다. 허구한 날 회사 일 때문에 퇴근이 늦었던 나는 아이들의 잠자는 얼굴 보는 게 전부였다. 집에 있으면서 학원을 보내지 못하게 되어 아이들 공부를 봐 주었지만 얼마나 도움이 되었을지. 아직 어린 나이들이라 잘 따라 주었으니 그저 고마울 따름이다. 하지만 이대로는 안 된다. 어떻게 하면 바꿀 수 있을까. 누구의 탓도 아닌 나로 인해 생긴 일. 내가 바뀌어야 모든 게 제자리로 돌아간다. 그런데 무엇으로?

살다 보면 더러 부러워할 무언가 생긴다. 그런데 나는 별로 부러운 것이 없다. 욕심이 없는 게 미덕이라고 들어서 그런지, 그다지 갖고 싶거나 무엇이 되어야 한다는 강박관념이 없다. 그래서 곰곰이 생각해 보았다.

'아이들에게는 꿈이 뭐냐고 물으면서 나는 왜 되고 싶고 이루고 싶은 꿈이 없는 거지? 이루고 싶은 꿈이 없으면서 지금의 어려운 시기를 한탄만 하고 있으면 과연 누가 나를 바로잡아 세우지?'

돌이켜 보니 부러운 사람 한 명이 생각났다. 그 형은 시인이었다. 자녀들이 쓴 동시를 책으로 엮어 출판해 준 멋있는 사람이다. 오래전 일이지만 당시에 꽤나 부러워했던 터라 오래도록 기억에 남았다. 나도 나중에 결혼해 아이를 낳으면 그렇게 해 주리라 생각한 적이 있었다. 그와 동시에 또 한 가지 생각이 더 들었다.

나 또한 지금까지 참 많은 책을 읽었다. 그런데 읽는 동안 감동과 감명을 받은 책들이 참 많았는데 왜 지금 머릿속에는 남아 있는 책이 없을까. 그 사실이 나를 무척 당황스럽게 했다. 왜 그럴까, 왜 그럴까. 두 가지 생각이 며칠 동안 교차하면서 결국 답을 찾았다. 바로 책을 쓰는 것이었다. 책을 쓰면 이 모든 고민이 한꺼번에 해결될 수 있다.

1년 전. 나는 책 쓰기에 도전하기로 결심했다. 되는 게 없으니 할 수 있는 어떤 것이라도 하면 되지 않을까. 마음이 섰을 때 과감하게 바뀌리라 생각했다. 마음먹으니 할 수 있는 방법이 찾아졌다. 책 쓰기에 대한 전문가의 조언을 따랐고 그 방법대로 차근차근 자신을 추슬러 나갔다.

젊은 시절에도 글을 썼고 회사생활을 하는 동안에도 글을 썼다. '언젠가 시집을 내겠노라' 마음속으로 되새기며 늘 꿈을 놓지 않고 살았다. 내가 바라는 출판사에서 시집을 내겠다고 상상했지만 현실은 그리 녹록지 않았다. 기존의 방법대로 제일 먼저 등단해야 한다. 등단을 하더라도 내 시를 발표할 지면이 거의 없다시피 한 게 부정할 수 없는 현실이다. '고깃집 불판은 바꾸면서 왜 인생의 판은 바꾸지 않는가?' 내가 내게 던진 질문이었다. 그래서 인생의 판을 바꾸기로 했다. 나만의 룰을 만들고 내가 정한 룰대로 살아갈 길을 모색했다.

누군가에게 음식을 만드는 일은 숨 쉬는 것처럼 별것 아닌 일이지만 또 누군가에게는 돈을 들여서라도 배우고 싶은 크나큰 일이다. 그렇게 본다면 내가 살아온 날들의 경험도 분명 누군가에게 소중한 도움이 되리라. 나도 누군가에게 힘이 되고 멘토가 될 수 있지 않을까. 말로만 끝나면 잔소리가 되지만 지금까지 겪은 경험들을 한 권의 책으로 엮어 세상에 내놓는다면 울림이 되지 않을까. "구슬이 서 말이라도 꿰어야 보배가 된다."라는 말처럼, 하잘것없고 볼품없는 경험담이 또 다른 누군가에게 긍정적인 영향을 미친다면 얼마나 고귀한 선물이 될까. 받는 사람이나 주는 사람이나.

처음 책을 쓴다고 했을 때 아내의 반대가 가장 심했다. 얼른 새 직장을 구해서 가족 생계를 책임져야 할 사람이 책을 쓴다니 도무지 이해가 안 된다는 말이었다. 그 뜻을 이해하지 못하는 것은 아니다. 아니, 사실 백번 맞는 말이다. 하지만 사람이 밥 먹고 잠만 자다 한세상을 마감할 수는 없지 않겠는가. 살아온 이대로 떠나면 나는 그저 잠시 지구를 다녀간 평범한 인물밖에는 되지 않는다. 그러기에는 '나'라는 인생이 너무 아깝다고 느껴졌다. 이 세상에 다녀간 흔적 하나쯤은 남겨 두고 싶다. 단지 그 하나의 이유로 나는 '책'을 택했을 따름이다.

반대를 무릅쓰고 책 쓰기를 공부해 몇 개월 뒤에 내 책을 보여 주었다. 아이들이 가장 신기해했다. "우와, 우리 아빠 멋있다."

무슨 내용을 썼을까 짐작이나 할는지, 아내는 아직도 내가 쓴 책을 읽지 않은 게 분명하다. 안 읽은 게 아니라 못 읽었으리라. 3년이라는 시간을 어떻게 보냈는지 누구보다 잘 아는 아내로서는 책장을 펼치기가 몹시도 망설여졌으리라. 다만 누구나 쉽사리 도전하기 힘들어하는 일을 치열하게 노력해 기어이 결과를 만들어 냈으니 미안한 마음이 앞서서 그러지 않을까 미루어 짐작한다.

나는 아이들에게 물고기를 주지 않았다. 그 대신 직접 물고기 잡는 법을 알려 주었다. 방법을 알고 나니 아이들의 생각이 바뀌었다. 무엇을 하라고 이르는 대신 이렇게 하면 된다는 것을 몸으로 실천해 보여 주었다. 마찬가지로 세상에 대해서도 같은 생각을 갖는다. 내가 세상을 바꾸지는 못한다. 그러나 내가 바뀌고 내 방법이 맞는다고 생각하는 사람들이 나에게 물어 온다면 나는 그들에게 내가 이룬 방법들을 알려 주리라. 그러면 알게 모르게 서서히 세상의 아주 작은 부분을 물들일 수 있지 않을까.

세상에 빚을 지고 떠나고 싶지는 않다. 다만 '사랑' 하나를 이 세상에 심어 두고 싶은 마음은 간절하다. 그것이 내가 이 세상에 태어난 이유가 되어야 한다. '내 이름으로 된 책 쓰기', 그것은 사소하지만 위대한 일이 될 수 있다. 나를 바꾸고 가족이 하나 되게 했다. 아이들의 꿈을 크게 키우고 세상을 향해 사랑의 씨앗을 뿌렸다. 사는 동안 한 가장 위대한 결정이었다.

30

책 쓰기를 통해
성공으로 가는 지름길 걷기

최영경 (주)세안뱅크GA보험 본부장, '한국세일즈성공코칭협회' 대표, 성공 메신저, 보험교육 전문가, 자기계발 작가, 강연가, 동기부여가

10년간 보험영업에 종사하고 있으며 수많은 사례와 경험을 바탕으로 컨설턴트의 교육을 담당하고 있다. 우연한 기회에 새로운 미래의 인생 전환점을 발견하게 되면서 더 큰 꿈을 향해 나아가고 있다. 저서로는 《보물·지도11》이 있으며 현재 영업에 관한 책을 집필 중이다.

· Email ggamil70@nate.com　　　· C·P 010.6650.0516

　　말하기 창피하지만 48년간 살면서 내가 읽은 책 권수는 50여 권 정도다. 사실이다. 학생 때 "넌 취미가 뭐니?"라고 물으면 "응, 독서."라고 했다. 조금은 지적으로 보이기 위한 방패막이였다. 왠지 책을 읽고 있으면 고상하게 보이면서 똑똑해 보이기도 한다. 누구에게나 인기가 있고 여유로워 보인다. 한마디로 성공한 사람들의 모습과 흡사하다. 성공한 사람들의 사진을 볼 때면 옆에 책이 쌓여 있다. 또는 책을 쓰고 있다. 난 옆에 책을 두는 것으로 성공의 기운을 만끽하고 싶었는지도 모른다.

언제부터인가 나는 '성공'이라는 키워드를 사랑하게 되었다. 성공한 사람들의 책을 읽고 그들의 행동, 생활습관, 말투를 배우려고 노력했다. 성공한 사람들을 직접 만나기는 매우 어려운 일이다. 내가 성공하지 않고는 그들을 가까이할 수 있는 기회가 오지 않는다. 다만 그들이 쓴 책이나 자서전을 통해 가까이 다가갈 뿐이다.

나는 책 사는 것을 좋아한다. 끝까지 읽지 않더라도 성공의 길로 갈 수 있을 것 같은 키워드를 가진 제목의 책은 무조건 사고 본다. 책만 사 놓아도 성공한 것 같다. 하지만 책만 쌓아 둔 채 읽지 않으면 아무것도 될 수 없다는 것을 알았다. 또한 읽고 실행하지 않으면 더욱더 성공한 사람들과 멀어지기만 한다는 것도 안다. 성공한 사람이 책을 읽고 쓰는 이유는 자신의 성공한 삶을 공유하려는 것일까? 실행하지 못하는 사람들을 일으켜 세우고 싶어서일까? 성공한 사람들은 얼마나 안타까울까? 조금만 생각을 바꾸고 행동을 바꾸고 습관을 바꾸면 되는데 아집 때문에 그저 그렇게 사는 사람들이.

책을 읽고 있노라면, 평소에 독서를 하지 않던 습관 때문인지 지루할 때도 있다. 읽어도 재미없는 책도 있다. 몰입독서에 대해 알아보기도 했고 속독에 대해서도 상담을 받아 봤다. 하지만 그것은 아무 의미가 없다. 단지 나의 의지만 있으면 가능하다는 것을 알았다.

책은 누구나 쓸 수 있는 것 같지만 책을 쓰는 데는 인고의 고통도 동반된다. 책 한 권에 혼신의 힘을 다 쏟아부을 때 진정 독자의 마음을 울릴 수 있다. 자서전을 읽을 때면 이 사람들은 나와 다르다고만 생각했다. 나와 다른 삶을 살고 있고 나는 감히 가까이 갈 수 없는 테두리 안에서 생활하는 사람들로만 알았다. 책을 쓴다는 건 일부 선택받은 사람들에게만 주어지는 특혜인 줄 알았다. 내가 작가가 되고 싶다는 생각은 여태껏 해 본 적이 없다.

학교에 다닐 때 문학소녀들은 인기가 있다. 나는 문학소녀의 행동을 따라 하느라 책을 옆구리에 끼고 다녔다. 인기는 겉모습에서 생기는 것이 아닌데 참으로 어리석었다. 지금 생각해 보면 어린아이의 생각은 참으로 단순하고 가엾다. 그 생각으로 지금까지 살아왔어도 여기까지 성공할 수 있었던 것은 긍정적인 사고가 큰 몫을 한 것 같다. 긍정적인 사람이 되라고 누군가 알려 주진 않았지만 아마도 50여 권의 책 중에 어떤 울림이 있었던 듯하다.

인생은 생각한 대로 흐른다고 한다. 내가 어떤 생각을 하느냐에 따라 만나는 사람도 달라진다. 나와 비슷한 생각을 하는 사람들은 언젠가는 만나게 되어 있다. 몰랐다. 이렇게 빨리 내 인생에 의미 있는 시간을 던져 줄 사람들을 만나게 될 줄은. 혹여 많은 사람들이 더 있을 수도 있다.

새삼 놀라운 것도 있다. 젊은 사람들이 훨씬 더 사고가 빠르다는 것. 옛 어른들은 말씀하셨다. "내 나이 되면 다 알게 될 거야."
라고. 그렇지만 그때는 이미 늦는다는 것을 신세대들은 안다. 인
터넷의 발달로 모두가 지식인이고 모두가 정보를 알고 있다. 어떻
게 살아가야 할지도 확실히 안다. 세상은 너무 빨리 변하고 있다.

그 모태는 아마 IT의 발달로 인한 신속함일 수도 있다. 신세대
들은 많은 공부를 한다. 많은 정보를 찾아내고 읽고 학습한다. 신
세대들은 다들 똑똑하다. 벌써 책을 몇 권씩 낸 사람들도 많다.
경험을 기록한 책이든 교육서든 갈수록 책을 내는 사람의 연령은
젊어진다. 마음이 급해진다. 내 나이를 돌아보게 된다. '조금만 빨
리 시작했더라면' 하며 안타까운 한숨도 쉬어 본다. 하지만 지금
도 늦지 않았다. 누군가는 더 늦은 나이에도 시작할 테니까. 오히
려 기성세대들이 신세대를 따라가야 하는 시대가 온 것이다.

우연한 기회에 〈한책협〉을 알게 되었다. 어떻게 하면 성공할까
고민하다 인터넷을 뒤지며 발견하게 되었다. 그때 난 유레카를 외
쳤다. 새로운 곳이었다. 희한한 곳이었다. 무조건 믿고 따라오라고
했다. '이런 곳도 있구나' 하면서 조금씩 중독되며 빨려 들어가기
시작했다. 어느새 내 마음은 긍정 에너지로 가득 차기 시작했다.
그 누구도 부정적으로 얘기하지 않았다. 그곳에 있는 모두가 이미
성공자이며, 모두가 하나 되어 즐거워하고 있었다. 이런 곳이 있다
니, 신세계를 본 기분이었다.

이렇듯 무엇이든 될 거라고 하는 사회집단은 많다. 그렇지만 구성원 모두가 그 분위기에 동참하는 곳은 많지 않다. 그런데 〈한책협〉에서는 모두가 성공하고 모두가 긍정적이며 모두가 미래를 보며 미친 듯이 나아간다. 나 역시 그 열차를 탔다. 혼자 가기 힘든 길일지라도 같이 가면 갈 수 있다. 긍정적인 사람들과 가는 것은 또 다른 쉼을 준다.

이곳에서 진행하는 커리큘럼에는 '100권 플랜'이 있다. 겨우 50여 권의 책만 읽은 나에겐 어려울 수도 있다. 하지만 사람은 참으로 희한한 존재다. 무엇이든 하려고 하면 못 하는 게 없는 것이 바로 인간이다. 나도 마찬가지다. 인생의 절반을 살면서 50여 권의 책만 읽었다 하더라도 이곳에서는 무조건 된다는 믿음으로 나아갔다.

〈책 쓰기 과정〉을 들으면서 여태껏 느껴 보지 못한 감정들을 수시로 느꼈다. 매주 참석할 때마다 책 쓰기를 하고 책을 읽고 토론하면서 나를 성장시킨다. 생각과 행동까지도 커져 가고 있다. 나만을 알던 세계에서 이제는 생각과 행동이 수만 가지가 있다는 것을 알게 되었다. 나의 꿈은 점점 커지고 있으며 나의 이상은 더욱 높아지고 있다. 조그마한 테두리를 벗어나 커다란 우주에 있는 기분이 든다. 책을 읽고 책을 쓰고 책에 대해 토론하는 사람들의 삶은 이러했다.

동네 언니가 있었다. 이 언니는 언제나 책을 끼고 살았다. 동화책부터 성경책까지, 어떤 책이든 마구 읽는 스타일이었다. 한번은 두께가 어마어마한 책을 읽고 있기에 물었다.

"언니, 이렇게 두꺼운 책이 읽혀요? 그리고 내용은 제대로 파악하고 있는 거야?"

"응, 당연하지. 책을 읽다 보면 내가 책 속의 주인공이 되는 게 환상으로 보여. 얼마나 신기한지 몰라. 그러다 보면 시간이 어느새 저녁이 되어 있더라."

도대체 말이 되는 소린가? 무슨 신기가 있는 것도 아니고 책을 읽는데 환상이 보인다고 하지 않나, 환청이 들린다고 하지 않나. 나는 이해할 수가 없었다. 그 언니의 말을 듣고 책을 한 권 사서 읽은 적이 있다. 하지만 그런 환청이나 환상은 나에게는 일어나지 않았다. 그 언니가 한동안은 이상한 사람으로 느껴졌다.

그런데 책이란 건 참 희한하다. 책을 읽기 전에는 느낄 수 없었는데, 책에 몰입하게 되니 이상현상이 일어난다. 시간이 어느새 훌쩍 지나가 버린다. 누군가 말을 시켜도 들리지 않는다. 아무리 시끄러운 소리도 나에겐 방해가 되지 않는다. 언니처럼 나도 책 읽기에 몰입하게 되었다. 한 권 두 권 읽다 보니 나도 책을 쓸 수 있을 것 같다는 생각이 들었다. 이미 많은 사람들이 책을 쓰고 있다. 그러면서 점점 책 쓰는 연령도 낮아지고 있다. 누구나 하는 거라면 나도 해야겠다는 생각이 들었다.

〈한책협〉에서 수많던 책을 읽고 또 직접 글을 쓰기 시작했다. 책 쓰기는 참 희한하다. 그냥 쉽게 써 나가는 것 같아도 여러 참고도서를 읽고 연구하고 관찰하는 과정이 꼭 필요하다. 책을 읽을수록, 아니 책을 접할수록 알아야 할 것이 많았다. 익혀야 할 것이 많았다. 쉽지 않은 과정이었지만 〈한책협〉의 코치들은 쉼 없이 많은 것을 가르쳐 줬다.

책을 쓰는 것은 몇몇 사람들의 특권이라 생각했는데 이제는 나도 그 특권을 누리게 되었다. 책 쓰기를 누리면서 내 사고가 점점 진화되었다. 움츠렸던 나의 지식이 머리를 세웠다. 어디서든 당당해질 수 있게 가슴을 열어 주었다. 나 자신을 최고로 만들어 주었다. 그래서 나는 지금부터 최고인 '최영경'인 것이다. 이것이 책 쓰기의 힘이다.

31

꿈과 연결된 진로 선택하기

남기석 취업 진로 코치, 강연가, 동기부여가, 자기계발 작가

수년간의 직장생활을 통해 행복한 인생을 살기 위해서는 본인이 진정으로 원하는 꿈을 직업으로 삼아야 한다는 것을 깨달았다. '꿈과 연결된 진로와 취업에 대한 콘텐츠를 연구하며 강연과 컨설팅을 하고 있다. 현재 '진로와 취업'이라는 주제로 개인저서를 집필 중이다.

• Email outofschool777@naver.com　　• C·P 010.7376.7442
• Kakaotalk nks740

나는 공고를 나왔다. 공고를 나와 처음 시작한 20대 초반의 사회생활은 나에게 열등감과 좌절을 안겨 주었다. "너는 납땜밖에 할 줄 모르냐?"라는 소리를 듣는 게 일상이었다. 난 그런 소리를 들어야 하는 내 모습이 싫었다. 나는 '공고생'이라는 타이틀과 열등감을 떨쳐 내기 위해 죽어라 공부했다. 3시간씩 자며 공부하다가 119에 실려 간 적도 있었다.

그렇게 노력해 기적적으로 명문대에 진학했다. 하지만 막상 명문대에 들어가 보니 현실은 내가 생각한 것과는 달랐다. 나는 공

고생이란 멍에를 벗고 명문대생이 되면 내가 원하는 꿈과 행복을 모두 누릴 줄 알았다. 하지만 대부분의 학생들은 자신이 좋아하는 일이 아닌 사회가 원하는 기준에 맞춰 스펙 쌓기에 급급했다. 대부분 대기업, 공기업, 공무원 고시를 꿈꾸며 모두 한길로만 치닫고 있었다. 그리고 더욱 나를 좌절하게 했던 건 명문대생이 되어도 행복하지 않다는 것이었다.

그때 나와 세상에 대한 회의감이 밀려왔다. 나는 나를 향해 심각한 질문을 던지게 되었다. '내가 이렇게 살려고 명문대에 들어왔나? 내가 좋아하는 일을 하며 살 수는 없는 건가? 이러다 취업 난민, 행복 난민이 되는 건 아닐까? 대학 졸업 후에 나에게 미래가 있을까? 내 인생의 빅픽처는 펼쳐질까? 나는 행복한 인생을 살수 있을까?'라는.

나 자신에게 수많은 질문을 던지고 나니 지금의 명문대는 내가 원하는 미래를 그려 주지 못할 거라는 생각이 들었다. 나는 그때부터 남들이 가는 길을 가지 않기로 결심했다. 사회가 원하는 꿈이 아닌 진짜 내가 원하는 꿈을 위해 살자고. 그래서 용기를 내어 명문대를 중퇴했다.

처음에는 남들과 다른 길을 간다는 것이 용기가 나지 않고 두려웠다. 명문대를 중퇴한 후에는 '공고생이라 안 된다'라는 가족들과 주변의 시선을 참아 내기가 힘들었다. 하지만 대학 졸업과 원치 않는 취업이 내 인생의 미래에 더 큰 고통과 두려움을 줄 것만 같았다. 나는 학교를 중퇴하고 사회가 원하는 스펙을 모두 버리게 되었다. 그 과정에서 세 가지 선물을 얻었다.

첫째, 종교와 철학, 인문학에 입문해 삶의 의미와 나를 돌아보는 시간을 가지게 되었다. 그럼으로써 나는 진정한 자유를 맛보았다.

참 이상한 일이다. 대학을 다닐 때 들었던 철학과 인문학 수업은 좀처럼 몰입할 수가 없었다. 과제도 하고 시험도 준비해야 했기 때문에 나만의 것으로 만들기 위한 시간을 가질 수 없었다. 그런데 나 자신이 직접 찾아 읽는 책과 강의에는 몰입이 되었다. 특히《월든》의 저자인 헨리 데이비드 소로처럼 세상과 잠시 떨어져 산이나 바다에 가 생각하는 법을 얻었다. 그리고 내면의 중심을 잡으며 설 수 있게 되었다.

둘째, 책을 읽고 성공한 분들을 만나며 조언을 구하고 삶의 희망과 지혜를 얻었다.

저자가 고난과 역경들을 극복해 나가는 과정이 나에게는 살아갈 힘을 주었다. 특히《당신은 드림워커입니까》의 권동희 작가의 여러 책을 읽으며 힘든 시기를 헤쳐 나갈 수 있는 힘을 얻었다. 이자리를 빌려 감사를 표한다. 그리고 그분과의 만남을 통해 〈한책협〉과 김태광 대표님을 알게 되었다.

김태광 대표님의 조언대로 20대를 위한 취업 관련 책을 썼다.

그러곤 '진로와 취업' 창업을 준비하는 기회를 얻게 되었다. 또한 〈한책협〉을 통해 서로 같은 꿈을 바라보고 응원을 아끼지 않는 멋진 꿈맥들을 만난 것도 행복하다. 대표님과 코치들로부터 책 쓰는 법과 창업을 준비하는 법을 배우게 된 것도 감사한 일이고 진정한 꿈맥들을 만나 함께 나아갈 수 있다는 것도 엄청난 행운이다. 내가 〈한책협〉과의 만남을 통해 책 쓰기와 창업의 기회를 얻었듯이 당신도 그런 만남을 통해 기회를 얻고 인생을 바꾸길 바란다.

셋째, 내 꿈을 어떻게 진로와 연결시킬 수 있을지 연구하며 공부했다. 그 과정에서 나는 진정한 내 꿈을 발견하게 되었다.

명문대에 입학하기 전부터 난 초빙교사로서 공업고등학교와 마이스터고등학교에서 전자분야를 지도했다. 그곳에서 사회의 소외된 학생들을 만나게 되었다. 난 그 학생들에게 기술 지도만 한 것이 아니었다. 그 학생들의 진로를 설계해 주거나 취업을 지원해 주는 등 꾸준히 그들을 도왔다. 그 일을 하며 학생들을 공기업과 대기업에 취업시키고 대학에 진학시켰다. 그러면서 그들의 인생을 변화시키는 데 사명감과 동시에 행복함을 느꼈다. 그때의 일들을 기억하며 나는 진로 설계와 취업 지원을 통해 어려운 사람들을 돕고 그들의 인생을 변화시켜 주는 사람이 되겠다는 꿈을 갖게 되었다.

공고 출신이라는 열등감을 안고 사회의 기준에 맞추어 명문대에 들어갔던 나. 그런 내가 명문대를 중퇴하고 이런 일을 할 수 있다니 꿈이 아닌가 싶다. 이 글을 보는 당신도 한 번쯤 용기를 내어 사회가 원하는 기준과 스펙이 아닌, 진짜 내가 원하는 꿈과 연결된 진로를 선택했으면 좋겠다. 내가 용기를 내어 꿈과 연결된 진로를 선택하고 행복을 얻은 것처럼 당신 또한 그리되었으면 좋겠다. 많은 청춘들이 같은 길로만 가는 것이 아니라 자신들의 꿈에 맞는 다양한 길들을 가길 바란다. 그리고 진정한 꿈맥들이 되어 함께 인생의 빅픽처를 그려 나가자.

책 쓰기를 통해
상상을 현실로 바꾸기

권태호 영업 코치, 영업 컨설턴트, 강연가, 동기부여가

다국적 제약회사에서 영업부 과장으로 재직 중이다. 현장에서 직접 경험한 15년간의 영업 경험을 통해 영업에 관한 코칭을 하면서 선한 영향을 끼치는 메신저로 살고자 한다. 현재 영업에 관한 개인저서를 집필 중이다.

- Email can_messenger@naver.com
- C·P 010. 2582. 8505
- Blog cantaeho.blog.me/
- Facebook HappyTaeHo

서재 옆 벽면에는 나의 비전과 목표를 적은 종이로 도배되어 있다. 새벽에 일어나면 간단히 세수를 하고, 책상에 앉아 책을 읽기 시작한다. 책을 읽으면 인생에 도움이 되는 여러 가지 중 특히 세 가지 핵심을 얻을 수 있다.

첫째, 지혜와 깨달음을 얻을 수 있다.

둘째, 의식을 확장시킬 수 있다.

셋째, 긍정적인 에너지를 얻을 수 있다.

10년 전, 강연가의 꿈을 가졌다. 대학교 3학년 때의 일이다. 당시 학생들 사이에서 인기 있던 프로그램인 '해외탐방형공모전' 덕분에 나는 수차례 해외여행을 다녀온 경험이 있다. 이를 지켜본 학교 총장님의 추천으로 전교 신입생 대상 강연회를 하게 되었다. 그 후 직관적으로 '아, 이 길이 내가 가야 할 길이구나!'라는 것을 알게 되었다. 대중들과 나의 경험과 지식을 나누기 위해서는 지혜를 얻을 수 있는 책을 통해서 나의 의식 수준을 끌어올려야 한다. 나의 책 읽기는 이때부터 시작되었다.

기업 현장을 몸으로 겪으며 배우기 위해 난 영업을 선택했다. 늘 열정적이고 적극적인 나는 단 6개월 만에 200%의 영업성과를 이뤄 냈고, 외국계 회사로 이직도 할 수 있었다. 매 순간마다 진취적이고 주도적인 생각을 가지고 행동했더니, 성과가 자연스럽게 따라왔던 것이다.

하지만 시행착오도 겪어야만 했다. 외국계 회사로 이직 후 1년. 회사 시스템에 익숙해질 즈음 직장에서 배워야 할 기술은 표현이 아니라 절제라는 것을 깨닫게 되었다. 다양하게 하고 싶은 것들이 많으면 업무에 집중하지 못할 것이라는 회사의 편견 때문이었다. 선택한 후에야 집중할 수 있고, 집중한 후에야 행동으로 실천할 수 있으니 부분적으로 인정은 한다. 하지만 나의 의견을 어필하면 할수록 나에게 손해라는 것을 알게 되었다.

하지만 이런 과정도 난 받아들여야만 했다. 직장생활을 하는 것, 이직한 것, 영업을 선택한 것. 지금 내 주변의 이런 상황들은 내가 선택해 나타난 현상이기 때문이다. 로버트 슈워츠는 《웰컴투 지구별》에서 이렇게 말하고 있다.

"삶의 시련들은 일어날 가능성이 높은 것이든 낮은 것이든 이미 계획되었음을 알리려는 것이다. 나는 우리가 하는 모든 경험을 애초에 만든 것은 우리 자신이며, 계획하지 않은 시련이 일어나는 것은 그 시련을 통해 배울 지혜가 필요해서 우리가 그것을 진동상으로 끌어당기기 때문이라고 생각한다."

나는 나의 모든 상황들이 가까운 미래에 '강연가가 되는 데 좋은 소재로 활용될 수 있다'라고 믿는다. 이런 믿음을 가지고 생활하니 일상이 즐겁다. 나는 만나는 상대에게 매 순간마다 진심으로 다가가려고 노력한다. 가까운 미래에 일어날 기적 같은 나의 인생을 상상하며 행동한다. 강연가의 꿈을 이루기 위해 준비한다.

안타깝게도 대부분의 직장인들은 현재에 만족하며 산다. '아직 나는 괜찮아'라고 생각하는 것이다. 사실 그동안에 괜찮지 않을 상황을 대비해야 하는데 말이다. 난 항상 준비한다. 남들 다 자는 새벽에 일어나 책을 읽고, 글을 쓴다. 퇴근 후 아이들이 잠들면 한 시간이라도 시간을 내어 책을 읽는다. 주말에는 대학원 수업을 들는다. 그리고 틈틈이 시간을 내어 성공한 사람들을 인터뷰하며 그들과 시간을 보낸다. 나를 위한 투자를 게을리하지 않는다.

지금 당신의 목표는 무엇인가? 회사에서 정년까지 근무할 수 있는 것도 노력과 운이 따라야 가능한 일이다. 자신의 인생을 단단하게 지켜 줄 구체적인 목표 설정은 반드시 필요하다. 목표가 설정되면 누가 시켜서가 아니라 스스로 찾아서 공부하게 된다. 벳쇼 료는 《바보는 항상 1등의 룰만 따른다》에서 이렇게 말하고 있다.

"지금 자신의 눈에 보이는 세계를 바꾸기 위해 공부하자. 모르는 세계를 알면 자신이 바뀌고, 알고 있는 지식의 양에 따라 점점 자신을 둘러싼 세계가 변화할 것이다."

회사 업무를 배우는 것, 또 회사 업무를 원활히 하기 위해 노력하는 것은 직장인에게는 의무이므로 이것을 공부라고 부를 수는 없다. 가까운 미래에 눈부시게 빛날 자신의 인생을 위해 인생 공부를 해야 하는 것이다.

직장인 9년 차가 되어 간다. 매번 느끼지만 시간은 참으로 빨리 흘러간다. 회사에서 늘 같은 풍경만 바라보고, 같은 업무만 하다 보면 지루하다가도 편안함마저 느끼게 되는 경우가 있다. 이젠 힘들이지 않고도 일을 수행해 성과를 낼 수 있다. 위험한 순간이라고 판단된다. 조금 더 해 보자는 마음가짐으로 나를 채찍질하고, 꾸준히 자극해야만 한다.

지금까지 손과 발로 배운 나의 경험과 지식을 책으로 출간하기 위해 책 쓰기를 하고 있다. 잘나가는 강연가들에게는 하나같이 자신의 분신인 '저서'가 있다. 무려 200여 권의 책을 쓴 김태광 작가 역시 마찬가지다. 그는 작가뿐만 아니라 〈한책협〉의 대표, 강연가, 코치, 컨설턴트로도 활발하게 활동하고 있다. 나는 많은 깨달음을 준 그를 스승으로 여기고 있다. 그는 어린 시절 말더듬증과 지독한 가난, 아버지의 불행한 죽음 그리고 낮은 학력, 여자 친구의 죽음으로 누구보다 힘든 삶을 살았다. 하지만 힘든 상황 속에서도 그는 책 쓰는 것을 게을리하지 않았고, 그 결과 현재 부와 명예를 모두 누리고 있다.

그의 성공 스토리에는 진한 감동과 여운이 있다. 김태광 작가를 만난 후 나는 더 이상 꿈을 꿈으로만 남겨두지 않게 되었다. 이미 이루어진 것처럼 상상하고, 행동했다. 그를 만난 후 사람을 상대하는 법, 사물을 보는 관점 등 많은 것들이 변했다. 또한 온전히 나를 바라보며, 진정한 자아를 발견하게 되었다. 자아의식이 높아지면서 모든 것을 얻을 수 있는 진리를 깨닫게 되었다. 김태광 작가는 "인생이 달라지기를 바란다면 환경을 바꾸려 하지 말고 의식 수준을 높여야 한다."라고 했다. 이 말의 의미를 이젠 이해할 수 있다.

현재의 불만, 한계도 모두 내가 만드는 것이며, 미래도 내가 만드는 것이다. 현재보다 더 나은 미래를 선택하기 위해 나의 의식 수준을 높여야 하는 것이다. 여기서 말하는 의식은 그릇에 비유할 수 있다. 그릇이 작고 얕다면 응당 작은 내용물을 담을 수밖에 없다. 반대로 그릇이 크고 깊다면 많은 내용물을 담을 수 있다. 크게 성공하는 사람들은 하나같이 우주 같은 의식을 지닌 사람들이다.

이 원리를 깨닫고 나니 복잡한 문제들이 심플해 보인다. 나를 둘러싼 문제들의 크기가 점점 작아지며 내가 보이기 시작한다. 이루어져야 할 것은 없다. 모든 것은 이미 존재하고 있기 때문에 긍정적인 생각과 열정을 다해 노력한다면 반드시 얻을 수 있다. 서재 옆 벽면에 도배되어 있는 나의 비전과 목표가 더 빛나는 이유다.

- 100권 이상의 책을 출간한 베스트셀러 작가
- 전 세계를 다니는 성공학, 부, 동기부여 강연가
- 성공한 1인 기업가

나의 비전은 '꿈을 잃고, 목표가 없는 사람들의 영혼을 살리는 일'을 하는 것이다.

33

책 쓰기로 한 단계
성장하는 삶 살기

신주영 **책 쓰기 희망 멘토, 자기계발 작가, 동기부여가**

매일 성장하고 발전하는 삶을 살고자 한다. 어제보다 오늘 더 앞으로 나아가기 위해 끊임없이 자기계발을 하고 있다.
현재 자존감과 성장을 주제로 한 개인저서를 집필 중이다.

내 이상형은 성숙한 정신세계에서 살아가는 동시에 자신이 바
라는 것이 무엇인지 정확히 알고 그것을 현실로 만들기 위해 치열
하게 도전하는 사람이다.

나는 오랫동안 그런 사람이 되고 싶었다. 그리고 그렇게 되기
위해서는 어떻게 해야 하는지 늘 고민했다. 그러다 스물아홉 살이
되던 해에 김태광 작가의 《마흔, 당신의 책을 써라》를 읽게 되었
다. 이전에도 책 쓰기를 주제로 한 책은 나오는 족족 읽었다. 하지
만 이 책은 성공을 바란다면 책부터 써야 한다고 설파하는 책이

었다. 나는 이 책을 읽고 김태광 작가가 대표로 있는 〈한책협〉에 가입했다. 그러곤 나 자신이 한 단계 성장할 수 있는 발판을 마련했다.

나는 중학교 3년 내내 다른 사람들과 충돌했다. 다른 사람들과 사고방식이 달랐던 나는 동급생들과 제대로 어울릴 수 없었다. 또래들이 좋아하는 아이돌 가수는 내 관심의 대상이 아니었다. 나는 역사책을 사랑했으며 소설과 희곡에 미치도록 끌렸다.

고등학교 3년을 무미건조하게 보낸 후에 적당히 수능 시험을 보고 적당히 성적에 맞춰 대학에 들어갔다. 그 대학에서 나는 북한학을 전공하게 되었다. 그런데 보수적인 교수의 사고방식과 제멋대로인 내 사고방식 탓에 역시나 충돌을 피할 수 없었다. 나는 간신히 낙제를 면한 학점을 받게 되었다. 그때부터 대학조차 내게 맞지 않는다는 사실을 깨닫게 되었다.

절망한 나는 도서관에서 살다시피 했다. 내가 낸 등록금이 얼마인데 이건 약과라고 생각하며 희망도서를 잔뜩 신청해서 읽었다. 그것이 대학에 다닐 동안의 유일한 내 희망이었다.

혹시 누가 대학을 꼭 가야 하는지 묻는다면 자신을 철저하게 공부한 후에 가라고 권하고 싶다. 특히 성적에 맞춰서 대학과 학과를 택하는 것은 미친 짓이라고 말하고 싶다. 수백만 원에 달하는 등록금은 20대 초반에 빚만 있고 희망은 없는 청춘이 될 가장 빠른 방법이라는 사실을 꼭 이야기하고 싶다.

나는 내가 남들과 다르다는 사실을 알고 있었다. 나는 열정적인 사람들의 성공 이야기에 늘 끌렸다. 평범하게 사는 것이 나 자신에게 가하는 가장 혹독한 형벌이라는 사실을 알고 있었다. 하지만 나는 용기가 늘 부족했고 게으르기까지 했다. 오늘도 내일도 이대로라면 상관없다는 위험천만한 생각을 하며 시간을 낭비하곤 했다.

그런 와중에도 나는 책을 읽는 것만큼은 포기하지 않았다. 다양한 분야의 책을 읽었으며 늘 어떻게 살아야 할지 고민했다. 그리고 책 쓰기를 시작했다. 서른세 해를 살면서 가장 잘한 일이 있다면 바로 책 쓰기에 도전한 것이라고 할 수 있다.

현재 나는 자존감을 주제로 책을 쓰고 있다. 목차와 매일 눈을 마주치며 보내는 이 시간이 마냥 즐겁기만 한 것은 아니다. 한계에 부딪히고 있다는 기분이 매일 든다. 때로는 '책을 쓴다고 해서 내 인생이 얼마나 극적으로 달라질까' 하는 회의감도 든다. 하지만 나는 해야 한다는 것을 알고 있다. 내 인생의 진정한 변화를 원한다면 시도하고 또 시도해야 한다는 것을 알고 있기 때문에 책 쓰기를 결코 포기할 수 없다.

그동안 나는 나 자신을 믿은 적이 거의 없다. 나 자신은 늘 냉혹한 비판의 대상이었다. 항상 스스로를 비난해 왔다. 하지만 책 쓰기를 시작하면서 나 자신을 좀 더 긍정적으로 바라보려고 노력하고 있다. 책 쓰기는 진정한 자신을 만나는 과정이다. 나 자신이 좀 더 크게 성장할 수 있는 길이기도 하다. 그런 사실을 알기 때문에 나는 오늘도 책 쓰기를 포기할 수 없다.

많은 사람들이 자신이 세운 삶의 기준에 따라 살기보다 다른 사람이 세운 기준에 맞춰 살기 위해 노력하고 있다. 다른 사람이 하는 대로 대학에 가고 취업하기 위해 스펙을 쌓는다. 자신이 무엇을 바라는지 진지하게 생각하기보다 다른 사람이 보기에 그럴듯한 나로 스스로를 개조하기 위해 오늘도 치열하게 노력하고 있다.

나는 책 쓰기를 시작하면서 세상이 원하는 나로 사는 것을 포기했다. 그보다는 내가 바라는 것을 하나씩 이뤄 나가는 사람이 되기 위해 노력하기로 결심했다. 책 쓰기를 시작하면서 달라진 것이 있다면 나를 좀 더 긍정적으로 바라보기 시작했다는 점이다. 또한 내가 원하는 것을 이룰 수 있다는 확신이 생겼다.

독서가 중요하다는 사실을 아는 사람은 많다. 심지어 책을 잘 읽지 않는 사람도 그 사실을 알고 있다. 독서는 성공이라는 건물을 세우기 위한 설계도를 그리는 것이다. 그렇다고 한다면 책 쓰기는 그 설계도를 바탕으로 실제로 성공이란 건물을 쌓아 올리는 단계다. 흔히 성공한 사람들만이 책을 쓴다고 하지만 결코 그렇지 않다. 평범한 사람도 책을 쓸 수 있다. 또한 책을 쓰면 성공을 거둘 수 있다. 책을 쓰기 전에는 가난한 이혼녀에 불과했던 조앤 K. 롤링이 그러하다. 그녀는 가난 속에서도 자신이 할 수 있는 일인,《해리 포터》시리즈를 쓰는 일을 멈추지 않았다. 그리고 그 책 쓰기는 그녀에게 영국 여왕보다 더 많은 부를 쌓게 해 준 결정적인 원인이 되었다.

호랑이는 죽어서 가죽을 남기고 사람은 죽어서 이름을 남긴다고 한다. 당신이 이름을 남기는 가장 쉬운 방법은 책을 쓰는 것이다. 책을 쓰기 위해서는 자신의 경험과 그동안 읽어 온 책으로 쌓아 올린 지식이 총동원된다. 머릿속에 자신만의 고유한 경험과 지식을 재배열하는 것이 책 쓰기다.

많은 사람들이 성공하기 위해서는 독서가 중요하다는 사실을 인정하고 있다. 하지만 그보다 한 단계 더 성장할 수 있는 책 쓰기는 자신이 할 수 없는 일이라고 지레 겁먹는다.

책 쓰기는 자신이 진정으로 성장할 수 있도록 돕는 고도의 기술이다. 만약 당신이 진정 책을 쓰기 원한다면 네이버에서 〈한책협〉을 검색해서 가입하도록 하자. 당신이 몰랐던 숨겨진 능력을 찾기 위해서는 책 쓰기를 배워야 한다. 그리고 그 방법을 가장 빠르게 알려 주는 곳이 〈한책협〉이다. 책을 쓰지 않고 있다면 나는 부정당한 과거를 수없이 곱씹으면서 괴로워하고 있었을 것이다. 하지만 책을 쓰면서 나는 과거의 상처를 치유하고 앞으로 나아가고 있다.

사람들마다 고유한 경험과 지식이 있다. 그 지식이 아무리 많다고 하더라도 책 쓰기를 통해 체계적으로 정리하지 않는다면 결코 성장할 수 없다. 당신이 성공을 진심으로 바라고 있다면 한 단계 앞으로 나아가고 성장하기 위해 책 쓰기를 진지하게 생각해 보았으면 한다.

책 쓰기를 시작하면서 나는 그동안 읽었던 책이 하나하나 도움이 되는 놀라운 경험을 하게 되었다. 내가 읽은 책 속에 소개된 사례들을 가공해 내 책의 사례로 다시 정리하고 있다. 책 쓰기를 시작하면서 나는 좀 더 진지한 책 읽기를 하고 있는 것이다. 책한 권에 소개된 사례들을 내 책에 이렇게 반영할 수 있을지 고심하는 동안 두뇌가 한 단계 더 높은 생각을 하고 있다는 것을 느낄 수 있었다.

많은 사람들이 책 쓰기를 어렵게 생각한다. 하지만 성공한 사람들은 다른 사람들이 어렵다고 생각하는 일을 자신은 할 수 있다고 굳게 믿으며 앞으로 나아간 사람들이다. 당신이 진정으로 성공하기 원한다면 책 쓰기로 스스로를 세워야 한다.

34

책 쓰기를 통해
어제보다 나은 오늘 되기

이수경 육아 멘토, 희망 멘토, 자기계발 작가, 동기부여가, 강연가

현재 워킹맘으로 분주하게 살고 있지만 끊임없이 자기계발을 하며 육아 멘토, 자기계발 작가, 동기부여가, 희망 멘토, 강연가의 삶을 준비 중이다. 세 아이를 키운 경험을 바탕으로, 아이와 엄마 모두가 행복해지는 육아법을 전하고자 한다. 부모에게 상처 입은 아이와 육아에 지친 엄마를 위로하고 보듬기 위한 개인저서를 집필 중이다.

• Email soo5684@naver.com   • Blog blog.naver.com/soo5684
• C·P 010.5409.5684   • Facebook soo5684

"엄마, 그 책이 그렇게 재미있어요?"

요즘 들어 독서량이 많아진 나를 보며 딸아이가 묻는다.

"그럼, 얼마나 재미있는데."

내가 들고 있던 책을 이리저리 살펴보며 딸아이가 다시 묻는다.

"그림도 없고 글씨도 작고 내용도 어려운 것 같은데 뭐가 그렇게 재미있어요?"

정말 이해하기 힘들다는 듯 눈을 동그랗게 뜬다.

"요즘 네가 읽고 있는 《해리 포터》 책은 어때? 동화책에 비해 그림도 없고 글씨도 작지? 그래서 그 책이 재미없니?"

"아니요. 그림도 없고 글씨도 작지만 재미있고 다음 내용이 궁금해서 참을 수가 없어요."

"엄마도 마찬가지야. 네가 보기엔 어려운 단어들이 많아서 이해하기 어렵겠지만 엄마도 뒷이야기가 궁금해서 참을 수가 없거든."

내 말을 들은 딸아이는 그제야 고개를 끄덕인다.

책을 좋아하던 나도 직장을 다니고 육아에 시달리니 쉬고만 싶었다. 그런 마음에 집에 오면 소파에 비스듬히 누워서 리모컨만 눌러 댔다. 그러다 보니 아이들도 자연스레 옆에서 TV만 쳐다보게 되었다. 우리는 사고하기를 멈춰 버린 채 바보가 되어 가는 듯했다. 과거에는 하루에도 한두 권씩 책을 읽던 나는 지금 1년에 5권의 책도 채 읽지 않게 되었다. 책들은 책장에서 먼지만 뒤집어썼다. 머릿속에서는 항상 무언가를 갈구했지만 몸은 생각과는 달리 자꾸만 나태해져 갔다. '나태해지지 말아야지' 하는 생각마저도 사치일 정도로 나는 점점 아무런 생각도 없이 멍하니 TV만 응시했다.

무의미하게 시간은 흘러가 버리고 어느 날 정신을 차려 보니 나는 마흔이 훌쩍 넘어 있었다. 예전엔 마흔 정도 되면 어느 정도 삶이 안정되어 있을 테고 내가 하고 싶은 일을 하며 살고 있을 거라고 생각했다. 그런데 현실은 그렇지 않았다. 나의 삶은 큰 파도를 만나 출렁이는 작은 나뭇잎 배와 같은 신세였다. 나는 아직도 내가 좋아하는 일을 찾지 못했다. 시간은 자꾸만 흐르고 있는데 나는 아직도 갈피를 잡지 못하고 있었다.

그러던 어느 날 새벽. 참을 수 없는 열감으로 인해 잠에서 깨어났다. 몸이 덜덜 떨리고 무언가 심히 잘못되었다는 느낌이 들었다. 체온계를 꺼내 열을 쟀더니 39도가 넘었다. 해열제를 먹었는데도 몸을 가눌 수 없었다. 약기운이 퍼지길 기다리는 30분이 마치 영겁의 시간처럼 느껴졌다. 체온을 수시로 쟀는데 열은 내리기는커녕 오히려 40도를 넘어가고 있었다. 자고 있던 남편을 깨워 응급실로 향했다. 남편은 별일 아닐 거라고 날 안심시켰다. 하지만 나는 묘한 느낌을 받으며 이대로 집으로 돌아가지 못할지도 모른다는 불안감과 싸워야 했다.

응급실에 도착해서 나의 몸 상태를 설명하고 여러 가지 검사를 했다. 수액이 몸에 들어가자 열이 잡히기 시작했다. 피검사로도 원인을 못 찾아내어 CT를 찍어 보기로 했다. 별일 아닐 거라고 스스로를 다독였다. 의사 소견을 들으며 내 인생이 이렇게 끝날 거라는 생각은 하지 않았다. 하지만 마흔여섯에 인생을 마감하신 엄마가 무척 많이 떠오른 건 사실이었다.

검사 결과 왼쪽 난소에 염증성 혹이 발견되었다. 입원 치료를 해야 한다는 의사선생님의 말을 담담히 들으며 나는 또 엄마를 떠올렸다. 내가 열세 살일 때 엄마는 몸이 많이 안 좋아지셨다. 평소 갑상선 질환을 가지고 있던 엄마는 무리하게 일하시다가 신장과 심장에 이상이 왔다. 오랜 입원 기간에도 결국 엄마는 나와 동생을 남겨 두고 눈을 감으셨다. 그 당시 열세 살이었던 나는 엄마의 마음을 가늠조차 할 수 없이 어리기만 했다. 마흔한 살의 나이가 된 지금 나는 엄마가 나와 동생을 남겨 두고 어찌 눈을 감으셨을지 가슴이 터져 버릴 듯 절절함을 느낀다. 마음이 몹시 참담해졌다.

사실 평소에 조금만 아파도 덜컥 겁이 나곤 했다. 건강 염려증은 사실 아이를 낳고 난 후 심해졌다. 몹시도 힘들었던 나의 유년 시절을 생각하면 남겨질 아이들이 걱정되어 미칠 지경까지 이르렀었다. 그래서 아프기 전에 미리 검사를 받고 아무 일 없이 잘 지내 왔다. 그런데 그런 나의 행동이 입원으로 이어진 이번 일로 인해 물거품이 되어 버린 듯 허탈하게 느껴졌다. 하지만 열이 내리고 의사선생님의 소견대로 수술 후 치료를 받고 퇴원하면서 불안했던 마음은 차차 가라앉았다.

병원에 입원해 있으면서 같은 병실의 다른 환자분들의 이야기를 들었다. 정기적으로 항암치료를 받으러 입·퇴원을 반복하시는 분, 자궁을 들어내신 분, 한 달이 넘게 치료를 위해 입원해 계시는 분들 등 다들 나보다 상태가 심각했다. 정기적으로 통원치료를 해야 했지만 치료만 잘 끝내면 나는 다시 일상으로 돌아가 전과 같은 생활을 할 수 있었다.

그때, 퇴원하게 되면 지금처럼 나태하게 살지는 않겠다고 결심했다. 어영부영 시간만 보내며 살기에는 인생이 짧다는 생각이 들었다. 하고 싶었지만 우선순위에 밀려 미루기만 했던 일들을 하나씩 해 보자고 생각했다. 가장 먼저 〈한책협〉이 떠올랐다. 나는 주말에도 일을 해야 했기 때문에 〈한책협〉의 〈1일 특강〉에 참여하고 싶었지만 그러지 못했다. 퇴원 후에 나는 〈1일 특강〉을 꼭 들어야 한다고 생각하며 주말에 어렵게 시간을 내어 분당으로 향했다.

어렵게 결심해서 들은 특강은 내가 조금 더 성장할 수 있는 계기를 마련해 주었다. 나는 하고 싶은 걸 해야만 직성이 풀린다. 하지만 사실 어느 정도 타협하고 적당히 핑계를 대며 하지 않은 일들도 많았다. '이래서 안 돼, 저래서 안 돼. 나는 일을 하니까 이정도 핑계를 대도 괜찮아. 아이들이 우선이기에 나를 찾는 일은 조금 미뤄도 돼' 그렇게 생각하며 스스로를 합리화했다. 하지만 그것은 우물 안 개구리의 사고방식이었다.

나는 글 쓰는 일을 좋아한다. 하지만 그동안 글을 쓰지 않았다. 직장에 다니느라 피곤해서, 아이들을 챙기고 재우고 나면 시간이 너무 늦어서, 다음 날 일찍 일어나야 하니 늦게 자면 안 돼서 등등…. 갖은 핑계를 대며 글을 쓰지 않았다. 나는 그저 시간을 흘려보냈다. 하지만 그것들은 핑계에 지나지 않았다. 할 수 있는 방법은 찾지 않고 나는 할 수 없는 핑계만 찾아냈던 것이다.

가만히 생각해 보니 그동안의 내 생각과 행동이 부끄러워지기 시작했다. 다른 삶을 살겠다고 수차례 결심하곤 했다. 하지만 그 결심은 작심삼일에 지나지 않았다. 변화를 두려워하며 시도조차 하지 않았다. 아이들에게는 책을 읽으라고 해 놓고 정작 나는 책을 읽는 모습을 보여 주지 않았다. 말로만 모범을 보여야 한다고 하면서 행동으로 옮기지 못했다.

반성 후 가장 먼저 한 생각은 내가 할 수 있는 가장 쉬운 일부터 하자는 것이었다. 그래서 책을 읽었다. 그러자 아이들이 어느새 책을 들고 내 곁으로 왔다. 늘 말로만 책을 읽으라 했는데 내가 먼저 행동으로 옮기니 잔소리를 하지 않아도 되었다. 열 번의 잔소리보다 한 번의 행동이 낫다는 것이 느껴졌다. 이 쉬운 방법을 그동안은 왜 몰랐을까 싶다. 그다음은 더욱 쉬워졌다. 내가 먼저 하기만 하면 되니까.

〈한책협〉의 수많은 작가들은 긍정적인 말로 서로를 격려했다. 그 모습 속에서 희망과 긍정의 에너지를 얻은 후부터 나는 안 된다는 생각보다 된다는 마인드로 생활했다. 나는 매일 조금씩 더 성장하고 있다. 겉모습이 아닌 내면이 성숙해지고 있다.

주위를 보면 그 사람이 어떤 사람인지 알 수 있다고 한다. 자신감이 넘치고 열과 성의를 다하는, 〈한책협〉과 함께라면 어떤 어려움이 닥친다고 해도 극복하고 헤쳐 나갈 수 있으리라는 믿음이 생긴다. 나 또한 그들처럼 선한 영향력으로 남을 도울 수 있는 사람이 되리라 생각하니 흐뭇해진다.

날마다 조금씩 의식을 바꾸고, 날마다 조금씩 행복해지고, 날마다 조금씩 성공의 길로 간다. 작은 것에도 감사함을 느끼고 어제보다 조금 더 나은 내가 될 거라는 믿음은 나를 무한한 성장의 길로 안내한다. 나는 지금 참 행복하다.

35

책 쓰기로 당당한 인생 살아가기

박하람 연애 코치, 자기계발 작가, 동기부여가, 희망 메신저

적지 않은 연애 경험을 바탕으로 연애를 어려워하고 사랑에 힘들어하는 사람들을 위해 멘토로 활동 중이다. 많은 강연 활동을 통해 전문가로 더욱 인정받는 사람이 되고자 한다. 저서로는 《또라이들의 전성시대2》가 있으며, 현재 연애에 관한 개인저서를 집필 중이다.

• Email qkrgkfka1234@naver.com

어릴 적 나는 공부를 거의 하지 않았다. 초등학생 때는 '구몬 학습', '눈높이' 과외를 받아 봤지만 5학년까지 성적은 전교에서 꼴찌를 다툴 정도로 바닥이었다. 6학년 때는 시험시간에 친구의 답안지를 커닝해 성적이 중위권으로 한 번에 올랐다. 당연히 선생님의 의심을 많이 샀지만 스스로 풀었다고 뻔뻔하게 주장했다. 열심히 놀기만 하고 공부는 하나도 안 했지만 그래도 책은 자주 읽었다. 주로 《TV동화 행복한 세상》, 《삼국지》, 《서유기》 등 소설책을 많이 읽었다. 어느 날 학교 체육관에서 나눔 장터가 열렸다.

《셰익스피어 4대 비극》이라는 책이 한눈에 들어와 바로 구입하려 하자 아주머니께서 미심쩍은 표정으로 입을 여셨다.

"그 책은 네가 읽기에 많이 힘들 텐데."

그 말씀에 기분이 많이 상했지만 "아니요, 읽을 수 있어요."라고 말하며 책을 구입해서 여봐란 듯이 다 읽었다.

중·고등학생이 되어서도 공부를 안 하는 것은 마찬가지였다. 중학생 때는 《해리 포터》를 주로 읽었다. 고등학생이 되어서는 책방에 자주 가서 판타지 소설이나 무협 소설을 많이 읽었다. 어릴 적부터 책을 읽을 땐 책에 드러난 상황을 머릿속으로 상상하곤 했다. 독서하는 재미에 시간 가는 줄 모르고 새벽 늦게까지 책을 본 적이 많았다.

스무 살이 되어서는 주로 공포·스릴러, 추리, SF·판타지 장르의 소설을 읽었다. 이때 나는 '나도 이 사람들처럼 책을 써 보고 싶다'라는 생각을 참 많이 했다. 하지만 나는 학창시절 공부도 못하는 편이었고 독후감도 다른 사람들이 쓴 것을 베꼈을 뿐인 데다 하물며 일기도 제대로 안 써 봤다. 글을 제대로 써 본 적이 없었기 때문에 어떻게 책을 써야 할지 몰랐다.

군 전역 후 꿈을 찾아 이것저것 많이 해 보았지만 얼마 가지 않아 금세 포기했다. 그러다 창업 관련 책을 읽다가 〈한책협〉을 만나 책 쓰기를 알게 되었다. 책 쓰기를 알기 전 나는 남들과 다를 바

없는 평범한 생활을 했다. 주말만 되면 친구와 번화가에서 술 먹고 놀 생각뿐이었다. 하지만 〈한책협〉을 만나 〈책 쓰기 과정〉에 등록한 후 나에게 작가라는 꿈이 생겼다. 책을 쓰면서 평범한 일상은 사라졌다. 책 쓰기가 터닝 포인트가 되어 지금은 매일매일 특별한 하루를 보내고 있다.

〈책 쓰기 과정〉은 7주 동안 이어졌다. 매주 울산에서 경기도로 올라가 수업을 들었다. 거리가 멀어 시간이 많이 소요되었고, 오가는 데 비용이 많이 들었지만 전혀 아깝다는 생각이 들지 않았다. 오로지 설레는 마음뿐이었다. 매주 수업을 들을 때마다 작가라는 꿈을 확신하게 되었다. 그러자 술 생각도 없어지고 놀고 싶다는 생각도 사라져 책 쓰기에만 매진하게 되었다. 그렇게 하루하루 행복한 생활을 했다. 7주라는 시간은 마치 7시간처럼 빠르게 흘러갔다. 나는 이 행복이 계속 이어질 줄 알았다.

수업이 다 끝난 후 혼자 책을 써야 했다. 처음 며칠간은 긍정적인 생각이 많아 자신만만하게 글을 썼고 단락을 완성할 때마다 성취감에 많이 기뻤다. 그런데 곁에서 동기부여해 줄 사람도, 매시간 글을 써야 한다는 압박감도 사라지니 하루하루 지날 때마다 부정적인 생각들이 내 안을 채웠다. '내가 정말 해낼 수 있을까?' 나 자신을 의심하게 되었다. 그렇게 한 달 동안 슬럼프에 빠져 시간을 낭비했다.

그렇게 한 달여를 보내고 나자, 위기감이 들었다. 드디어 꿈을 찾았는데 이런 식으로 하루하루를 낭비해서는 안 되겠다는 생각에 억지로 몸을 일으켜 노트북을 켰다. 하지만 글을 쓰기란 마음처럼 쉽지가 않았다. 여전히 노트북을 펼쳐 놓은 채 멍하게 보내는 시간이 많았다. 마음을 다잡으려고 애를 써 봤지만, 이미 부정적인 감정에 젖어 있어서 '할 수 없다'라는 생각만 들 뿐이었다. 다른 사람들은 이미 멀리 앞서가고 있는데, 나 혼자 뒤처졌다는 생각에 우울해져 아무것도 손에 잡히지 않았다. 한마디로 멘탈이 나간 상태였다.

그러던 어느 날 〈한책협〉 코치로부터 한 통의 전화를 받았다.

"작가님, 원고 잘 쓰고 계세요?"

"뭐 그저 그래요."

"몇 꼭지 쓰셨어요?"

나는 그 질문에 잠깐 머뭇했다. 많이 쓰지 못했기 때문이었다.

"8꼭지요."

"많이 쓰셨네요."

그 말에 내 귀를 의심했다. 다른 사람들보다 많이 뒤처져 있다고 생각했는데 좀 의아했다. 코치와의 통화를 끝내고 문득 보충이 필요할 것 같다는 생각이 들었다. 그길로 〈실전 원고 쓰기〉 수업을 신청했다. 그때부터 주말에 강의를 들으러 간다는 생각에 마음이 들뜨기 시작했다. 기다리던 주말이 되자 내 마음은 초심으로 돌아간 듯 설레었다. 1주 차 수업이 끝난 후 나를 잠식하고 있던 슬럼프는 완전히 사라졌다. 내 마음은 다시 불타올랐고 자신감이 생겨났다. 스스로의 감정 변화가 이상해서 왜 그런지 곰곰이 생각해 봤다.

〈한책협〉에는 긍정적인 사람들로 넘쳐 나고 같은 꿈을 가진 작가들만 있었다. 그 에너지를 받아 내 마음이 다시 불타오른 것이다. 긍정 에너지를 채워 줄 수 있는 〈한책협〉에 자주 와야겠다고 생각했다. 자신의 꿈을 이루기 위해서는 꿈이 같은 사람을 만나 많은 이야기를 나누는 것이 중요하다는 것을 느꼈다. 누구든 성공하려면 에너지가 넘치는 곳에서 자주 활동해야 한다. '혼자 하는 게 편해', '스스로 할 거야'라고 생각하는 사람이 있는데 혼자 하는 데는 한계가 있다. 마치 나처럼 말이다.

이후 〈한책협〉에 빠져들게 되었다. 나는 결심했다. 〈1일 특강〉에 무조건 참여해 김태광 대표 코치와 다른 사람들의 스토리를 들으며 에너지를 받아야겠다고. 나는 긍정적인 에너지로 나를 가득 채우려 애쓰며 열심히 글을 썼다. 〈한책협〉을 만나지 않았더라면 나는 꿈도 못 찾은 채 주말마다 아침까지 술을 먹으러 다니며 방황했을 것이다.

책을 쓰는 동안 나 자신을 한 번 더 되돌아볼 수 있었다. 과거에는 그저 순간순간을 즐기며 시간을 흘려보냈다. 지금의 나는 '조금이라도 더 빨리 책 쓰기를 알았다면 좋았을걸' 하며 흘려보낸 과거를 후회한다. 하지만 이제는 다르다. 나를 세울 수 있는 방법을 찾았기 때문이다.

나처럼 평범한 직장인이거나 퇴직을 준비하는 사람이라면 책 쓰기를 추천한다. 책을 쓰면 관점도 달라지고 평생 현역으로 살아갈 수 있다. 책을 쓰면서 인생이 달라진 나처럼 많은 사람들이 책을 써서 다른 인생을 살아갔으면 싶다.

36

책 쓰기로 우월한 스펙 이기기

김서진 '한국경매투자협회' 대표, (주)W 인베스트 대표이사, 부동산 투자그룹 서진 회장, 한서대학교 외래교수

부동산 투자분석 실무전문가이자 공·경매 투자가다. 투자 경험을 바탕으로 20~30대 젊은 직장인들에게 실전 투자 노하우를 체계적으로 가르치고 있다. 뿐만 아니라 부동산 임대사업과 기업 강연에 이르기까지 다양한 주제로 활동 중이다. 특히 공공기관 특화교육과 국내외 대기업 퇴직자를 대상으로 노후를 위한 부동산 투자운용에 대한 컨설팅을 진행 중이다. 저서로는 《돈이 없을수록 부동산 경매를 하라》외 1권이 있다.

• Email hkuniv@naver.com
• Blog hkuniv.kr
• Cafe hkuniv.co.kr
• C·P 010.6637.2358

학창시절의 나는 공부하는 것을 무척이나 싫어했다. 하지만 대학에 진학하기 위해서는 성적이 필요했다. 고3이 되어서야 공부를 시작했지만 때는 이미 늦었다는 것을 깨달았다. 결과가 모든 것을 말해 주었다. 지방대를 졸업하고 스펙을 요구하지 않는, 서울의 한 작은 규모의 회사에 입사했다. 직원은 7명 남짓 되었고 월급은 매달 90만 원이 전부였다. 그렇게 1년 정도 휴일도 없이 일하며 '학창시절에 공부 좀 열심히 할걸'이라고 수도 없이 생각했던 기억이 난다.

사회생활을 하면서 얻은 것은 '열등감'뿐이었다. 스펙을 척척 쌓을 만큼 머리가 좋은 편도 아니었을뿐더러 인내심도 바닥이었다. '열등감'을 극복할 수 있는 방법을 찾아야 했다. 당시 내가 할 수 있는 유일한 해결책은 닥치는 대로 책을 읽는 것이었다.

요즘 취업을 앞둔 많은 청년들은 누구보다 바쁜 하루를 보낸다. 바늘구멍보다 좁은 취업문을 뚫기 위해 방학 때도 쉬지 않고 스펙을 쌓는 데 시간을 쏟아붓는다. 제자 중 한 명은 "주말을 제외하고 매일 자격증과 영어공부 등을 위해 친구들과 도서관에서 살다시피 했다."라며 "방학이어도 가까운 곳으로의 여행이 아니고서는 여행은 꿈도 못 꾼다."라고 했다. 또 다른 한 명은 남들보다 학점이나 토익점수는 좋지만 더 앞서기 위해 전공 관련 자격증을 3개나 더 땄다고 했다.

이런 제자들에게 나는 차라리 책을 읽고 해외로 여행을 다녀오라고 권한다. 보는 눈을 넓히고 책을 통해 다른 사람의 경험을 배우는 것이 스펙을 쌓는 것보다 훨씬 나은 선택이라고 말한다. 실제로 내 조언을 실천한 제자들은 다른 아이들과는 전혀 다른 사고방식을 갖고 있다. 또한 남들의 기준대로 따라가는 것이 아니라, 자신의 인생의 방향을 스스로 만들어 가고 있다. 스펙에 목숨을 거는 사람들은 자신이 무엇을 할 수 있고 무엇을 해야 하는지 알지 못한다. 그 길 외엔 달리 방법이 없기 때문일 것이다.

내가 가진 열등감은 남들이 다 갖고 있는 스펙이 없거나 좋은 회사에 들어가 많은 연봉을 받지 못하는 데서 비롯되었다. 단지 그뿐이었다. 하지만 시간이 지나면서 인생의 방향에 대해 고민하기 시작했다. 남들 다 가진 스펙을 겨우 쌓았다 치더라도 취업이 보장되는 것도 아니고 그들을 뒤따르는 것 외엔 아무것도 이룰 수 있는 것이 없었다. 상황을 바꿀 수 있는 시도가 필요했다.

난 방법을 찾기 시작했다. 책을 많이 읽고 수없이 많은 강연을 했던 경험을 어떻게 활용할 수 있을까? 바로 책을 쓰는 것이다. 자격증을 따고 토익점수를 얻는 것은 내겐 지루하기 짝이 없는 일이다. 그보다 더 시간을 낭비하는 일은 없다고 생각했다. 나의 경험과 노하우를 바탕으로 책을 쓰기로 마음먹었다. 나를 알리고 브랜딩하는 데 이보다 더 좋은 방법은 없을 거라는 생각이 들었다.

하지만 막상 쓰려고 하니 책을 읽는 것과 직접 쓰는 것은 전혀 다르다는 걸 깨달았다. 서론과 본론, 결론이 뒤엉키고 내가 말하고자 하는 의도가 분명하게 표현되지 않았다. 책 쓰기에도 기술이 필요하다는 것을 그때 알았다. 이후 나는 〈한책협〉의 김태광 대표 코치를 만나 책 쓰는 법을 배웠다. 그 후에야 내 경험과 스토리를 말끔하게 정리할 수 있었다. 단순히 책을 쓰는 것을 넘어 나를 작가로 브랜딩하고 성공에 대한 비전도 함께 세웠다.

책 쓰기를 배우는 과정에서 많은 것을 보고 느끼게 되었다. 지금까지 해 왔던 노력이 얼마나 두서가 없었는지 알게 된 것이다. 나의 메시지를 전달하려면 서론은 어떻게 시작해야 하고 결론은 어떻게 맺어야 하는지 나의 언어들을 체계적으로 정리하는 계기가 되었다. 책을 쓰면서 나를 알아 가고 인생의 방향을 가늠하는 연결고리를 만든 것이다.

나의 첫 저서인 《돈이 없을수록 부동산 경매를 하라》를 출간하면서 투자의 본질에 대해 생각하게 되었다. 투자를 단지 '돈'으로 보느냐 아니면 목표를 이루는 '수단'으로 보느냐에 따라 사고와 행동이 달라진다. 투자는 결국 기술이 아닌 사고와 행동의 조합에 따라 승패가 좌우되는 게임임을 체계적으로 정리할 수 있었다.

책을 쓰면서 얻게 된 것은 굉장히 많다. 사업의 방향이 또렷해지고 도전할 수 있는 영역 또한 넓어졌다. 거기다 한계를 부수고 멀리 갈 수 있는 지혜까지 선물 받았다.

책 쓰기는 퍼스널 브랜딩을 이끄는 가장 강력한 무기다. 나의 지식과 경험 등을 글을 통해 많은 사람들과 소통할 수 있는 방법이다. 나는 책을 쓰면서 살아가는 힘을 얻었다. 과거의 내 모습을 모두 꺼내 보였다. 책 쓰기는 우울증에 빠져 있던 나를 일으켜 세워 주었다. 이제 '평생 직장'이라는 개념이 사라지는 시대에 책은 홀로 설 수 있는 디딤돌이 되었다.

앞으로 지속적인 책 쓰기를 통해 매일매일 기대되는 사람으로 성장할 것이다. 나의 분신인 '저서'를 통해 영향력을 키워 나가고 직접 일하지 않고도 수익을 창출할 수 있는 시스템을 구축할 것이다. 단 하나의 스펙도 없던 내가 작가가 되고 성공할 수 있었던 것은 바로 책을 썼기에 가능했던 일이다. 스펙을 이길 수 있는 유일한 방법은 책을 쓰는 것이다.

37-48

정인성　최　헌　정성원

김민아　황순영　신상희

이서형　유서아　박경례

고은정　이주연　박지영

책 쓰기를 통해
새로운 세상으로 나아가기

정인성 '마인컴퍼니' 대표, 예술가, 여행가, 자기계발 작가, 동기부여가, 스타트업 멘탈 코치

국내외 기업들과 함께 상품 개발·디자인을 하는 회사에서 디자이너 겸 대표로 재직 중이다. 딸이 큰 꿈을 꾸기를 바라는 마음에서 계획한 '딸과 함께 세계의 미술·문학 여행하기' 프로젝트를 5년째 계속하고 있다. 또한 긍정적인 생각과 말로 내면 의식을 바꾸는 것을 목표로 하는 '리치마레 아카데미' 설립을 준비하고 있다. 현재 도전과 희망이라는 키워드로 개인저서를 집필 중이다.

• Email richmare@naver.com

나는 40년 동안 끝이 보이지 않는 어둡고 깜깜한 터널 속을 달렸다. 아무리 노력하고 발버둥을 쳐도 그 터널을 빠져나올 수 없었다. 나의 인생은 말할 수 없을 만큼 비참했다. 죽지 못해서 살고 있는 꼴이었다. 내가 그리는 꿈 하나에 매달리면서 하루하루를 버티며 살았다. 나답게 최선을 다했지만 남의 시선이나 가족의 떠밀음으로 내 인생을 온전히 살지 못했다.

나는 늘 희생해야 했으며 양보해야 했다. 주위에서는 '너는 착하니까 네가 이해해야지'라는 이상한 사고를 나에게 주입시켰다.

내가 쓰러져 아파도 아무도 나에게 위로와 도움을 주지 않았다. 나는 아파서도 안 되는 로봇 같은 사람이 되어야 했다. 마음이 편한 것을 선택한 대가였다.

이 긴 터널을 빠져나오고 싶은 욕망이 나의 가슴 한쪽에 자리 잡았지만 차마 용기가 나지 않았다. 이미 셀 수 없이 많은 실패로 내 마음은 지쳐 버린 상태였다. 최선을 다하고 노력하고 밤낮으로 일할수록 나는 더 피폐해졌다.

나는 그동안 내가 실패한 결정적인 이유는 착한 마음 때문이었다고 생각한다. 수많은 실패와 좌절을 맛보고서야 그것을 깨닫게 되었다. 그럼에도 불구하고 다시 시작할 수 있을 거라는 믿음을 가지게 된 계기는 어릴 적 품었던 작은 꿈이었다. 오히려 괴로움 속에서 살길을 찾아냈던 것이다. 어린 시절 나의 생각 주머니에는 작은 계획이 하나 들어 있었다. '나는 꼭 성공해서 정주영 아저씨처럼 자서전을 쓸 거야'라는.

고(故) 정주영 회장은 불도저 같은 추진력을 가지고 있었고, 안 되는 것은 없다고 믿으면서 평생을 살았다. 그리고 그는 자신의 꿈을 모두 이뤘다. 나는 그동안 "여자 정주영이 되겠다!"라고 외치면서 나 자신을 북돋웠다. 하지만 세상의 모든 것들은 개인의 실력보다는 각종 타협을 통해 이루어졌다. 오히려 내가 열정적으로 일하면 세상 사람들은 나를 비난하기 바빴고 부정적인 말로 나의 사기를 저하시키곤 했다.

나는 선한 영향력을 끼치는 사람이 되려면 어떻게 해야 하는지 많이 고민했다. 그런 고민을 해결하고 싶은 마음과 책을 쓰고 싶은 욕망 때문에 책을 읽고 또 읽었다. 길은 찾는 자에게 보인다고 누가 말했던가. 정말 나의 강력한 마음은 단 한 번에 길을 찾을 수 있게 해 주었다. 운명 같은, 아니 필연처럼 〈한책협〉을 만나서 나의 인생은 백팔십도로 바뀌게 되었다.

　〈한책협〉을 처음 만났을 때 놀란 마음을 감출 수 없었다. 나는 성공한 사람만이 책을 내는 줄 알았다. 그런 나에게 김태광 대표 코치의 성공은 더욱 놀랍게 다가왔다. 그분은 어린 시절 가난했었고 수많은 시련과 실패를 겪었다. 그 상황 속에서도 책을 읽고 수백 권에 이르는 책을 출간했다. 책을 통해 성공을 이루어 낸 것이다. 또한 작가뿐만이 아니라 강연가로서 강단에 서고 또 칼럼니스트의 삶도 살고 있다. 김태광 대표 코치를 통해 시련과 실패의 경험들이 오히려 책을 통해 많은 사람들에게 위로가 되고 힘이 될 수 있다는 것을 깨달았다.

　미대에 재학하던 시절, 늘 예술가의 삶을 꿈꾸었다. 나의 감정들을 시로, 그림으로 여러 가지로 표현하며 살았다. 세월이 지난 지금 글 쓰는 작가가 되겠다고 마음먹은 것은 탁월한 결정이었다. 나는 이제 성공담뿐만 아니라 실패와 시련을 겪은 이야기까지도 마음껏 쓸 수 있다. 출판 계약을 통해 인세도 받을 수 있고 강연가로서의 삶으로 가는 초고속 열차를 탄 것이다.

책 쓰기를 하고 나서 피폐했던 나의 삶은 점점 윤택해지고 여유로워졌다. 항상 감사가 넘치는 기적적인 삶으로 바뀌고 있었다. 내가 보는 모든 것들은 기적이고 매일 행복이 펼쳐졌다. 나는 무뚝뚝한 엄마였다. 하지만 책 쓰기를 하고 나서 마음에 여유가 찾아왔다. 이제는 아이에게 매일 사랑한다고 말하고 안아 준다. 그러자 딸도 점점 변해서 나에게 사랑한다고 말해 준다. 우리 집은 매일 웃음이 떠나질 않는다.

가치 있는 삶은 특별한 누군가에게만 허락된 삶이라고 생각했다. 하지만 사실은 누구나 누릴 수 있는 삶이란 것을 알았다. 늘 감사와 긍정적인 마인드를 가지고 세상을 바라보니 단단한 자신감도 생겼다. 내 인생은 책 쓰기를 하기 전의 삶과 후의 삶으로 나눌 수 있다. 책을 쓰기 전에는 나의 진정한 가치를 모르고 스스로를 학대하면서 비관적인 삶을 살았다. 책 쓰기 후에는 나의 가치를 점점 알게 되었다. 이제 나는 주눅 든 채 고개 숙이며 살지 않는다. 나는 책 쓰기를 통해 나의 가치를 알게 되었고 세상을 보는 눈이 바뀌었다. 나 자신을 아끼고 사랑하며 긍정적인 생각과 사랑과 행복을 나누는 삶을 살고 있다.

나는 이 수많은 깨달음을 얻기까지 정말 깜깜하고 어두운 터널 속에서 스스로를 학대했다. 그런 고통의 삶 속에서 지금 찾은 빛이 얼마나 소중하고 가치 있는 것인지 가슴 깊이 느낀다. 책 쓰기라는 가치 있는 일을 통해 자신감이 회복되었고, 가슴속에 열정과 에너지를 가득 채웠다. 이런 멋진 삶을 알게 해 주신 〈한책협〉의 김태광 대표 코치님과 최고의 멘토들에게 감사드린다. 그들 때문에 더욱 당당해진 나를 발견할 수 있었다.

모든 사람들이 책 쓰기를 통해 새롭고 가치 있는 삶을 살았으면 좋겠다. 더 이상 자신을 세상의 노예로 만들지 않았으면 좋겠다. 진정 당신은 가치 있고 특별한 존재다. 때문에 책 쓰기를 통해 신세계를 맛보며 성장하는 삶을 살았으면 하는 바람이다. 나는 마흔이 넘어 최고의 인생을 살고 있다. 여러분 모두 함께 최고의 멋진 인생을 살기 바란다.

38

책을 쓰고 진짜 나답게 살기

최 헌 '감정코칭연구소' 대표, 심리 분석 상담사, 애니어그램 강사, 직장인 감정 코칭 전문가, 강연가

경쟁에서 이기는 것을 목표로 삼고 앞만 보며 달려왔다. 그러던 중 몸과 마음의 아픔을 겪게 되었고 그것을 계기로 내 안의 진짜 나를 돌아보게 되었다. '감정코칭연구소'를 설립해 도움이 필요한 이들에게 그간의 깨달음을 나누고자 한다. 저서로는 《내 감정에 서툰 나에게》가 있으며 현재 자존감과 관련한 두 번째 개인저서를 준비 중이다.

- Email womentor@naver.com
- Blog blog.naver.com/project_choi
- Cafe www.iamness.co.kr

책 쓰기와 관련한 기억을 더듬고 있자니 한동안 잊고 있던 나의 첫 '소설'이 떠오른다. 소설이라곤 하지만 실상은 중학교 때 쓴, 노트 한 권이 채 안 되는 짤막한 이야기다. 쑥스러운 이야기를 이참에 공개하자면 주제는 '남녀공학 고등학교에서 일어나는 연애담' 정도라고 하겠다.

당연히 주인공은 나다. 등장인물의 이름을 빌려 내가 상상한 것들을 끼적거린 것이다. 당시 내가 살던 동네에 남녀공학이 없었던 탓이 아니었을까. 주인공은 요즘 말로 하자면 '철벽녀'다. 예쁘

고 공부도 잘하고 성격도 똑 부러지지만 막상 남자에게는 관심이 없는, 그래도 그녀를 좋아하는 남학생들은 넘쳐 나는 뭐 그런 스타일이다.

지금처럼 휴대전화나 인터넷이 없던 시절이니 틈나는 대로 빈 노트를 채워 가며 내가 만들어 낸 이야기 속에서 스트레스를 풀곤 했다. 물론 진짜 고등학생이 되고 나서 우연히 발견한 노트는 쓰레기통으로 직행하고 말았지만 말이다.

소설은 직장에 다니면서 다시 등장했다. 처음의 기대와 달리 단조롭고 반복된 삶에 지치고 힘들 때 또다시 무언가 쓰기 시작한 것이다. 지금 보면 약간은 괴이하고 알 수 없는 이야기들을 지어 내면서 불안하고 답답한 현실을 잊으려 했다. 역시나 나만의 세상을 만들고 그곳으로 도망치려 한 것이다. 또한 얼마 지나지 않아 '내가 왜 이런 걸 적었나' 싶어 황급히 컴퓨터에서 지워 버리기 일쑤였다.

또다시 시간이 흐르고 1년 전 어느 날, 대청소를 하다가 10년 전의 작은 노란색 노트를 발견했다. 대수롭지 않게 들춰 보는데 꾹꾹 눌러쓴 '책 3권 쓰기'라는 한 줄이 눈에 크게 들어왔다. 한동안 잊고 있던 꿈의 흔적이었다. 이번에도 또 소설을 쓸 것인가, 스스로에게 물었다. 더 이상은 아니었다. 소설 속으로의 도피는 그만두기로 했다. 등장인물의 옷을 빌려 입고 내가 만든 환상 속에서 헛된 꿈만 꾸는 것은 하고 싶지 않았다. 이제는 현실의 나, 생생하게 살아 숨 쉬는 내 이야기를 쓰고 싶었다.

혼자서 몇 차례 시도하다 말았던 경험에 비추어 이번에야말로 제대로 해내리라 마음먹었다. 일시적인 자기 위안에 그치지 않는 '진짜' 책 쓰기 방법을 찾았다. 강렬히 소망한 덕분에 얼마 후 최고의 코치들을 만나 책 쓰는 법을 배우게 되었다. 내가 원하는 것은 내 삶의 경험과 깨달음을 수많은 독자들이 생생하게 공감할 수 있는 책이었다. 사람들이 내가 느낀 것들을 함께 느끼고 내가 얻은 깨달음을 깊이 새기며 더 나은 삶을 사는 데 도움이 되고 싶었다.

처음엔 반신반의했다. '평생 꿈으로만, 남의 이야기로만 여겨 왔던, 내 이름으로 된 책이 진짜 나올까?' 이런 의문도 잠시, 끊임없이 동기부여해 주는 전문가와 같은 꿈을 꾸는 이들을 만나자 모든 것은 단번에 달라졌다. 처음엔 단지 내 이름으로 된 책 한 권을 세상에 내놓겠다는 바람만으로도 벅찼다. 하지만 한 장 한 장 내 이야기를 써 나가면서 이것이 단순히 책을 쓰는 일만이 아님을 알게 되었다.

나에게는 다른 누구도 갖지 못한 나만의 이야기가 있었다. 어디서 쉽게 꺼내지 못한 이야기였지만 내 책에서는 할 수 있었다. 처음엔 부끄럽고 창피한 대목들을 넣는 것이 부담스러웠다. 하지만 진짜 내 목소리를 내려면 감수해야 할 일이었다. 주저하던 나는 마음 깊은 곳으로부터 그 이야기를 하라는 강한 음성을 듣게 되었다. 과거의 상처나 시련도 책에다 공개하면 더 이상 아픔과 고통이 아니라고. 누군가에겐 희망과 용기를 줄 수 있는 진정한 삶의 깨달음이 된다고 말이다.

나는 이전에 듣지 못했던 강한 내면의 목소리를 따르기로 했다. 그렇게 진짜 깊은 속내를 책에 담을수록 내 안에 이전에 없던 새로운 힘이 생겼다. 내가 쓰는 이 이야기가 사람들에게 꼭 필요한 이야기가 될 것이라는 확신 말이다. 내가 나를 믿고 쓰기 시작하자 처음의 주저하던 마음은 온데간데없었다. 내 안의 진짜 내가 아낌없이 모든 이야기를 들려주었다. 그리고 바쁘게 그것을 옮겨 적기만 했을 뿐인데 책 한 권이 완성되었다.

두 달도 채 걸리지 않아 책 한 권을 써내고 서점에서만 보던 유명 출판사와 계약해 출간까지 하게 되었다. 이뿐만이 아니다. 곧이어 두 번째 책도 쓰기 시작했고, 지금 이 책과 다른 공동저서 한 권까지 포함하면 불과 6개월 사이에 4권의 저자가 되었다. 평생 책 3권을 쓰겠다던 꿈은 이미 이루어진 과거다.

그 기간 동안 책만 쓴 것도 아니었다. 나는 대한민국 누구보다 바쁜 사람 중 하나다. 전 세계 대표 기업들과 일하는 외국계 회사의 컨설턴트로, 〈감정코칭연구소〉의 대표로, 작가로, 강연가로 아침부터 밤까지 하루를 48시간처럼 쓰고 있다. 거기에 돌 지난 지 얼마 안 된 아기가 있는 워킹맘이기도 하다. 그럼에도 불구하고 할 수 있었다. 오히려 이런 상황이 시간을 쪼개어 쓰고 더욱 몰입하게 해 주었다.

책 쓰기를 배우던 초반엔 기술적으로 빠르게 잘 쓰는 것에만 관심이 있었다. 하지만 정작 나를 이끈 것은 내 안에서 터져 나오는 감정이었다. 〈감정코칭연구소〉의 대표로서, 내가 쓴 책의 주제가 '감정'인 만큼 이러한 감정이 무엇인지 누구보다 잘 안다. 이것은 진짜 내가 원하는 일을 하고 있다는 확신의 외침이고 영혼의 응원이다.

내가 이 땅에 태어난 목적에 딱 맞는 일을 할 때 내 마음은 거리낌이 없다. 누가 뭐래도 거침없이 내가 원하는 대로 나아가게 된다. 눈치를 보거나 두려워할 시간은 없다. 내가 하고 싶은 것만 하기에도 시간은 부족하다. 책을 쓰면서 이것이 내가 이 세상에 온 소명이라는 확신이 들었다. 이제까지 어떠한 자격증을 따고 학위를 받았을 때보다 또렷했다. 회사에서 최고라는 칭송을 받으며 누린 성과와는 애초에 차원이 다른 확신이다.

책을 쓰는 동안 나는 온전한 내가 되었다. 어떤 두려움과 의심도 사라진 완전한 평화와 행복이 나를 감싸고 있었다. 온몸이 전율로 떨리는 순간도 많았다. 처음엔 내가 나에게 깜짝 놀랄 정도였다. 하지만 바로 그것이 소망이 이루어진 상태, 확신의 신호라는 것을 알게 되었다. 어떤 것에도 억눌리지 않는다. 책을 쓰며 당당히 마주한 나는 세상 누구보다 강하고 아름답고 자유로웠다.

나는 '감정과 자존감'의 다양한 사례를 경험했다. 하지만 책 쓰기만큼 감정을 흔들고 자존감을 높이는 방법을 찾기 어려울 정도다. 내가 생생하게 겪었기 때문에 더욱 자신 있게 이야기한다. '감정 흔들기'는 단순한 흥분 상태가 아니다. 내 안의 잠재력이 폭발하는 경험이다. 대부분의 사람들이 자신의 잠재력 중 단 10%도 제대로 사용하지 못한다고 한다. 의미 없는 시간 때우기로 다른 이들의 삶만 기웃거리다가 정작 자신의 인생을 흘려보내는 것이다. 그러한 인생의 끝은 절망과 후회뿐이다.

우리는 이미 알고 있다. '10년만 젊었어도', '왕년에 내가 말이야' 같은 구절로 시작하는 말들이 얼마나 덧없고 처량한지 말이다. 지금 자신의 잠재력을 폭발시켜 원하는 대로 부유하고 여유롭게 사는 이들이 쓰는 언어가 아니다.

지금 이 순간이 내 인생 최고의 순간이며, 모든 것을 시작할 정확한 타이밍이다. 문제는 세월이나 타이밍이 아니라 행동하지 못한 내 감정과 생각이었다. 나는 책 쓰기로 진짜 나를 만났다. 책 쓰기는 주저 없이 나의 잠재력을 100% 발휘하는 삶으로 이끌어 주었다. 모든 순간은 내 것이며 내가 원하는 것을 이루기 위해 존재한다. 나는 책을 쓰고 진짜 나로 살아간다.

39

메신저로서
취업준비생들을 응원하기

정성원 '한국취업코칭협회' 대표, 취업 컨설턴트, 대한민국 청춘 멘토, 동기부여 강연가

'한국취업코칭협회'의 대표로, 수백 통이 넘는 불합격 통지서를 받으며 깨달은 취업의 노하우를 취준생들에게 공유해 주고 있다. 인생을 즐기는 동시에 존중받으며 사는 법을 알려 주는 '대한민국 청춘 멘토'의 꿈을 향해 달려가고 있다. 취업 컨설턴트를 넘어 책 쓰기, 올림픽 성화봉송, 영화 제작, TED 강연 등 인생에서 꼭 이루고 싶은 꿈들을 하나씩 실천하는 중이다. 저서로는 《취업하려고 이력서 1,000번 써 봤니?》, 《인생을 바꾸는 감사일기의 힘》, 《나는 책쓰기로 당당하게 사는 법을 배웠다》, 《꼭 이루고 싶은 나의 꿈 나의 인생》 등이 있다.

• Email qktp3@naver.com
• Cafe vjob.co.kr
• Blog blog.naver.com/qktp3
• C·P 010.5025.5022

"귀하의 우수한 자질에도 불구하고, 금번 서류전형 결과 불합격되었음을 알려 드리게 되어 매우 유감스럽습니다."

취업준비생 시절 수백 통 넘게 받은 불합격 통보 메일 내용이다. 함께 메일을 열어 본 친구들 앞에서는 대수롭지 않게 웃어넘겼지만 속은 많이 상했다.

'이번에는 정말 될 줄 알았는데….'

취업 준비 기간은 죽을 만큼 힘들었지만 버티고 또 버텼다. 이를 악물고 깜깜한 동굴 같은 취업 준비 기간을 견디니 '삼성그룹

입사'라는 상이 주어졌다. 믿기지 않았고 얼떨떨했다. 합격메일을 받은 당일에는 싱글벙글하며 집으로 돌아온 기억밖에 없다. 그렇게 며칠이 지나고 책장을 정리하는데 취업 관련 서적들이 많이 보였다. 자기소개서를 쓰면서, 면접 준비를 하면서, 인·적성 공부를 하면서 참고하고 읽은 책들이었다. 나를 취업준비생에서 삼성맨으로 바꾸어 준 아주 고마운 친구들이었다. 몇 권이나 되는 책들을 훑으면서 '나도 이렇게 책을 한번 써 볼까?'라고 혼잣말하며 분리수거 통에 던져 넣었다.

일상 속의 혼잣말처럼 세월은 아무도 모르게 지나갔다. 시간이 이렇게 빠르게 지나갈 줄은 꿈에도 몰랐다. 눈 깜짝할 사이에 2년이라는 회사생활이 지나가 있었다. 어느덧 회사 속에서 허우적대는 나 자신을 발견하게 되었다. 회사생활은 나름대로 잘했다. 업무가 주어지면 받는 즉시 포스트잇에 적어 모니터에 붙였다. 그러곤 분초 단위로 업무를 처리할 수 있도록 계획을 세워 하나씩 줄여 나갔다. 회사에도 잘 적응했고 월급도 또박또박 잘 모았다. 하지만 왠지 모를 허무함이 느껴졌다. 내가 이 일을 왜 하고 있는지, 무엇 때문에 이렇게 열심히 인생을 살아가는지 모르겠다는 느낌을 받았다. 그렇게 직장인 3년 차가 되는 해의 신년계획으로 오래 묵혀 두었던 꿈을 꺼내 들었다.

'책 한 권의 저자 되기'

책 쓰기와 관련된 책들을 구입해 읽기 시작했고, 책에서 알게 된 네이버 카페 〈한책협〉에 바로 가입했다. 오래 묵혀 두었던 꿈을 안고 분당에서 열리는 〈한책협〉의 〈1일 특강〉에 참석했다. 〈1일 특강〉은 그야말로 신세계였다. 일하기 위해 회사만을 오가는 직장인이 아닌 꿈을 이루기 위해 모인 작가들의 모임이었다. 나는 6시간이라는 짧은 시간에 책 쓰기에 완전히 매료되었다. 그로부터 약 8개월 후 나의 첫 번째 개인저서인 《취업하려고 이력서 1,000번 써 봤니?》가 세상 밖으로 나오게 되었다. 신년에 세운 계획을 하나 이루었고 인생에서 한 가지 버킷리스트를 지운 것이다.

출간 후 나의 인생은 백팔십도로 달라졌다. 책을 읽는 독자에서 책을 쓰는 작가가 되었음은 물론 동기부여 강연가와 취업 컨설턴트라는 직업은 덤으로 따라왔다. 출간 전 취업에 대한 칼럼을 연재하는 블로그를 운영 중이었기 때문인지, 운이 좋게도 출간 12일 만에 베스트셀러에 진입하게 되었다. 작가라는 타이틀도 감사한데 베스트셀러 작가라는 수식어까지 붙게 된 것이다. 겸손하게 살라는 하늘의 뜻으로 알고 더 열심히 작가로 활동 중이다.

또한 지인의 추천으로 한 대학교에서 취업특강을 맡아 강연하는 기회를 얻게 되었다. 직장인으로 살아가는 일상 중에는 상상도 하지 못한 일들이다. 대학교 취업특강 때 있었던 에피소드 하나를 공유하고 싶다.

취업특강 당일 2시간 동안 쉬지 않고 프레젠테이션을 진행해야 했다. 대중들 앞에서 말하는 것은 떨리는 일이었다. 특히 불특정 다수들이 모인 큰 강당에서는 더더욱 그랬다. 하나라도 더 알려 주고 싶은 마음은 굴뚝같지만 마음 따로 말 따로, 발표자 따로 청중들 따로…. 전해 주고 싶은 내용은 많은데 어떻게 전달해야 할지 도저히 감을 못 잡고 있었다.

그러던 중 준비한 3분짜리 동영상이 삽입된 페이지에 도달했고 모든 학생들이 모니터에 시선을 집중했다. 내가 보여 주고 싶었던 영상은 한 초등학생이 줄다리기 시합을 하는 영상이었다. 나는 이 영상을 보고 정말 동기부여를 받았던 터라, 취업준비생들에게 꼭 보여 주고 싶어 적절한 페이지에 이 영상을 넣은 것이다. 3분은 학생들을 몰입시키기에 충분한 시간이었다. 영상이 끝나고 난 후 학생들의 눈동자는 반짝반짝 빛났다. 드디어 취업준비생들을 위해 내가 하고 싶었던 이야기 한마디를 뱉을 수 있었다.

"여러분! 할 수 있습니다. 넘어지고 무릎 꿇고 엉덩방아도 찧겠지만, 우리는 할 수 있습니다."

학생들은 눈빛으로 끄덕였다. 취업과 원하던 꿈에 도전해 보겠다는 속마음을 들을 수 있었다. 초롱초롱한 눈빛들 속에 수업은 이어졌고 특강을 무사히 마쳤다. 취업특강의 가장 마지막에 "나도 무엇인가를 할 수 있다는 것을 보여 주고 싶은데 어떻게 하면 취업에 성공해서 그것을 증명할 수 있을까요?"라고 질문했던 한 학생과는 인연이 닿아 특강이 끝난 후에도 몇 통의 메일을 주고받았다. 나는 자기소개서 작성법과 전반적인 취업시장에 대해 코칭해 줬다. 결론부터 말하자면 그 학생은 2017년 11월, 누구나 한 번쯤 들어 본 유명 건설회사에 신입사원으로 입사하게 되었다.

전하고 싶은 이야기가 특강에서 전해지는 순간의 그 짜릿함은 느껴 본 사람만이 알 것이다. 더구나 특강 후에도 메일을 주고받으며 내가 제시한 해결책을 믿고 실천에 옮겨 성과로 보여 주니 절대 잊지 못할 기억들이 나날이 쌓이는 기분이다. 나는 한 사람의 인생을 바꿨고 그 학생은 취업과 인생에 대한 노하우를 배웠다. 이렇게 서로 기분 좋게 성장하는 것이 진정한 사회적 성장 아니겠는가.

또 하루는 모르는 번호로 전화가 왔다. 〈한국경제매거진〉이라는 경제신문사였다. 책 내용이 너무 좋아서 저자인 나와 인터뷰를 하고 싶다는 것이었다. 그렇게 인터뷰 날짜를 전화로 정한 후 기자와 만나 인터뷰를 진행했다. 어떻게 취업 관련 서적을 집필할 생각을 했는지, 취업을 얼마나 어렵게 했는지, 요즘 취준생들이 지속적으로 놓치는 부분은 없는지, 꼬집어 주고 싶은 실수가 있다면 어떤 것들이 있는지 등 현시대의 취업 상황과 나의 스토리를 이야기하다 보니 시간 가는 줄 몰랐다. 정말 취업준비생들에게 하고 싶었던 말들을 대형신문사를 통해 전할 수 있어서 진심으로 기뻤다.

인터뷰를 마칠 때는 외부원고를 집필해 줄 수 있느냐는 제안도 받았다. 사람은 누구나 자신이 존중받는다는 느낌을 받으면 기분이 좋아진다. 구름 위를 걷고 있는 기분이 들었다. 이런 기분은 모두 책을 썼기 때문에 느낄 수 있는 감정이라고 믿는다.

그 외에도 운영 중인 블로그의 글을 읽고 인연이 닿은 취업준비생, 책을 직접 사 들고 와서 작가 사인을 해 달라는 가족들과 친구들, 취업의 첫 단추라고 할 수 있는 진로상담 및 대학교 입시상담 등 책을 쓰기 전에는 상상도 할 수 없었던 신기한 일들이 점점 늘어나고 있다.

나는 대한민국 취업준비생들을 응원하며 동기부여할 수 있어서 진심으로 행복하다. '나만 배부르게 먹고 사는 삶'이 아닌, 수많은 학생들과 '우리도 할 수 있다는 것을 보여 주는 삶'을 살고 있다. 이렇게 살다 보니 TED에 출연해 전 세계 사람들과 용기와 희망을 나누고 싶다는 더 큰 꿈이 생겼다. 열정은 얼마나 뜨거운지보다 얼마나 지속되는지가 더 중요하다고들 말한다. 좀 더 많은 사람들과 함께 뜨끈한 열정을 나누고 싶다. 오늘도 묵묵히 책을 쓰고 동기부여 강연을 준비하며 한 발 한 발 앞으로 나아가 본다.

40

제로 투 원,
새로운 삶으로 도약하기

김민아 초등학교 교사, 자녀교육 전문가, 자기계발 작가, 동기부여가

10년간 아이들의 눈높이에서 생각하며 아이들과 함께 꿈꿔 온 초등학교 교사다. 아이 한 명 한 명의 잠재력과 가능성을 믿고 희망을 줄 수 있는 교사가 되기 위해 노력하고 있다. 단순히 지식과 경험의 전달자가 아닌, 아이들과 함께 배우고 고민하며 서로에게 좋은 에너지를 줄 수 있는 교사가 되기를 꿈꾼다.

• Email happydream1103@naver.com   • Blog blog.naver.com/happydream1103

처음 교직생활을 시작하던 해의 봄은 아직도 잊을 수가 없다. 유난히 햇살이 따스했고 거리에는 개나리, 진달래꽃이 가득했다. 나는 새로운 삶을 시작하는 설렘과 긴장, 그리고 내 첫 제자들에 대한 기대로 가득했다. 교사로서 시작하는 내 삶에 자부심도 컸다. 첫 제자들은 무척 힘들었지만 내 에너지의 거의 대부분을 쏟을 정도로 사랑스러웠다. 내가 물과 양분을 준 만큼 쑥쑥 커 가는 아이들의 모습에 뿌듯하고 행복했다. 그 이후로도 10여 년의 교직생활 동안 나는 아이들 가까이에서 생활하면서 참 열정적으로 가르치고 아이들의 교육을 위해 노력해 왔다.

매년 비슷하게 반복되는 일상들에 익숙해지면서 나는 교직 시스템에 최적화되어 갔다. 비슷한 일상 속에 아이들만 달라질 뿐이다. 같은 일을 반복하는 것은 일의 속도를 높여 준다. 점점 교사로서의 스킬이 늘어 가고 아이들을 대하는 데 있어 열정과 평온함 또한 균형을 이루어 간다. 또한 안정적으로 학급을 운영하게 되며 학교생활과 개인생활의 균형 또한 적당히 맞출 수 있게 된다.

이렇게 내 생활에 익숙해져 간다는 것은 좋은 점도 있다. 하지만 역시 모든 것은 양날의 검이다. 점점 교사로서 최적화되어 갔을지는 몰라도 어쩌면 한 인간으로서의 발전은 멈추었을지도 모른다. 교사로서의 역량을 키우기 위해 수많은 연수를 받고 학습 자료를 만들었다. 하지만 나 자신을 위한 배움은 거의 없었다. 아이들을 위한 교사로서는 열심히 살았지만 개인의 삶은 가려졌던 것이다.

'내 꿈이 뭐였지?'

미로 속에 갇힌 느낌이었다. 사실 미로 속에 갇혀서 같은 자리를 맴돌고 있다는 것조차 모르고 있었다. 나는 그냥 알고 있던 길을 항상 가고 있었다. 예상할 수 있는 길을 걷고 있었다. 불안할 일도, 크게 도전받을 일도 없이 소소한 변화 속에 한 해 한 해를 보내고 있었다. 나처럼 교사라는 직업을 가지고 있는 사람들은 나와 비슷한 삶을 살고 있을 것이다. 새로운 아이들을 만나고 같은 시스템으로 돌아가는 1년. 그 기간을 보내고 나면 다시 새로운 아이들을 만나는 비슷한 일상의 반복, 또 반복….

편안함과 익숙함이 좋았다. 그 안정에 안주하고 있었다. 대학생 때의 통통 튀고 발랄했던 모습은 어디론가 사라져 버렸다. 대신 교사로서 '이래야 한다', '이러면 옳지 않다'라는 답을 정해 놓고 살아가게 되었다. 아이들에게 일상에서 하는 말이 그런 것들이니 나 또한 그렇게 변해 갔다. 말의 힘은 참 무섭다. 말은 생각을 변화시키고 행동을 바꾼다. 그것이 반복되면 습관으로 굳어지고 나 자체가 되는 것이다.

내 주변에는 거의 교사들뿐이다. 같은 직업에 같은 모습을 가지고 있는 사람들 사이에서 내가 어떻다는 것을 알기는 쉽지가 않았다. 그냥 나와 같은 모습의 사람들을 보며 안정을 얻었다.

그러던 중 우연한 기회에 같은 직장 내에서 나와 '다른 사람'을 알게 되었다. 교사 이외의 생활을 즐기면서 교사로서의 생활 또한 누구보다 충실히 하는 선배 교사였다. 그분은 늘 생기가 있었다. 복도에서 만나면 밝게 인사를 해 주었다. 어떤 일에도 안정된 모습을 보여 주었다. 50대임에도 영어회화 공부를 하고 있다고 했다. 그분은 퇴직 후 1년 동안 미국에서의 어학연수를 계획하고 있었다. 그때 활용하기 위해 꾸준히 영어공부를 하고 있었던 것이다.

주말에는 자전거 연습을 하신다고 했다. 지난 주말에는 자전거를 싣고 섬진강에 가서 그 주변을 자전거로 돌고 오셨다고 했다. 꾸준히 자전거로 오르막길을 오르내리는 연습도 하고 계셨다. 건강관리만을 위한 것이 아니었다. 스위스를 자전거로 일주하는 것이 버킷리스트라 그것을 위해 단련하고 계시다고 했다. 알프스 산 등지를 오르내리는 것을 꿈꾸며 연습하고 계셨던 것이다.

10년 후의 삶을 위해 편안함을 포기하고 뭔가에 도전하고 배우려는 자세가 크게 와 닿았다. 나에 대한 반성도 그분을 보며 시작되었다. 나는 과연 도전하는 삶을 살고 있었는지 후회가 되었다. 내가 미로 속의 같은 자리를 맴돌고 있다는 것을 깨닫게 되었다. 그때부터 나를 더 멋진 삶으로 이끌어 줄 무언가를 찾아 나섰다. 새로운 세상을 알고 싶었고 새로운 무언가를 하고 싶었다. 그러다가 알게 된 것이 '책 쓰기'였다.

책 쓰기 수업을 듣는 것 자체가 새로움이었다. 나와 다른 직업을 가진 사람을 만나 같은 목적을 가지고 대화하고 함께 배운다는 것이 내게는 새로운 경험이었다. 책 쓰기는 내 삶에 활력을 가져다주었다. 비슷하게 반복되는 일상에 변화가 조금씩 생기는 느낌이었다. 나와 다른 나이, 다른 직업의 사람들을 만나니 내가 얼마나 작은 우리 안에 갇혀 있었는지 더 실감되었다.

교직 사회에서 변화를 좋아하고 개방적이라 평가받았었는데 큰 세상에 나와 보니 나는 정말 그 축에도 낄 수 없었다. 꿈을 가진 사람들의 열정과 에너지는 정말 대단했다. 그런 열린 사고를 하는 사람들과 함께하는 시간과 대화만으로도 값지고 의미가 있었다.

수업뿐만 아니라 책 쓰기 자체도 내게 큰 변화를 가져왔다. 내가 그동안 경험했던 것들은 사소한 것들이라고 생각해 왔다. 그런데 책으로 내기 위해 정리하다 보니 꽤 멋지고 누군가에게 도움이 될 수 있는 유용한 정보들이라는 것을 알게 되었다. 교육현장에서 나만의 철학을 가지고 열심히 지도하면서도 나누지 못했던 것들을 누군가와 책이라는 매개체를 통해 공유할 수 있게 된다는 것은 생각만 해도 짜릿하다.

학부모에게 책을 쓴 교사는 어떻게 보일까? 내가 교사로서 어떤 교육철학을 가지고 있고 어떤 것을 중요하게 지도하고 있는지 학부모와 아이들에게 일일이 설명하지 않아도 된다. 내가 정성을 다해 쓴 책 한 권이 나를 말해 주기 때문이다. 책을 씀으로써 나는 더 믿음직하고 존경받는 교사가 되리라 생각한다. 아이들도 작가인 선생님을 더 믿고 따를 것이며 자랑스럽게 여길 것이다.

나 스스로 직업에 더 충실하고 즐겁게 임할 수 있다는 것도 장점이다. 교육을 주제로 책을 쓰면서 내 학급 아이들을 더 체계적으로, 더 전문적으로 지도할 수 있게 되었다. 관련된 많은 책을 읽고 스스로 고민하고 연구하면서 내가 성장함을 느낀다. 책 쓰기는 교사의 삶을 한 단계 도약시키고 범위를 확장시켜 주는 것 같았다. 늘 새로움에 대한 갈증이 있었는데 편안함과 익숙함에서 벗어나 매일매일 스스로를 일깨우는 삶을 살게 되었다.

아이들을 지도함에 있어서도 중점 사항이 달라졌다. 나는 아이들에게 변화를 가르치고 실패를 두려워하지 말라고 항상 이야기한다. 내 아이들이 정해진 답을 찾는 삶이 아닌, 정해지지 않은 미래를 꿈꾸고 만들어 가는 주체적인 사람으로 자라나길 간절히 바란다. 내 모습으로, 그리고 다양한 노력으로 아이들을 자극해야겠다고 다짐하며 교직생활을 한다. 진짜 중요한 교육이 뭔지 깨달은 것, 이것이 책 쓰기의 힘이다.

또한 교사로서의 자신감을 갖게 된 것은 물론이고 한 인간으로서의 자신감 또한 커지고 있다. 전문가의 영역이라고만 알고 있던 책 쓰기에 도전하면서 40꼭지 분량을 채워 간다. 고군분투하며 목표를 달성해 가는 그런 내 모습을 보면 자랑스럽고 자신감이 생긴다. 초고를 완성했을 때의 기쁨과 성취감은 이루 말할 수 없다. 탈고하고 투고해서 출판사와 계약한다면 이보다 더 큰 감격을 느낄 것이다. 책 쓰기 과정에서 얻는 자신감과 성취감은 내 삶을 주체적으로 이끌어 가는 데 커다란 동력이 되고 있다.

또 다른 좋은 점은 바로 가족들의 존경이다. 작가인 아내, 작가인 엄마는 자랑스러움 그 자체일 것이다. 지금은 많이 어리지만 내 아이가 커서 엄마가 작가로서 저서를 가지고 있다는 것을 인지할 때가 올 것이다. 그러면 그것은 그냥 엄마가 아니라 '존경하는 엄마', '자랑스러운 엄마'가 되는 데 큰 몫을 해 줄 것이다. 또한 아이가 어린데도 일과 육아, 책 쓰기까지 해낸 아내를 본다면 남편이 나를 '대단한 여자', '자랑스러운 아내'로 여기지 않을까? 기뻐하는 가족들의 모습을 상상하는 것은 내가 책 쓰기를 해 나가는 가장 큰 동력 중 하나다. 내 삶의 이유이기도 한 내 가족의 기쁨은 없던 에너지도 솟아나게 한다.

내 첫 번째 책은 어떤 모습일까? 멋진 책을 상상해 본다. 이전에는 작가로서의 내 모습을 상상해 본 적이 없었는데 이제는 매일 상상하고 시각화한다. 나의 교사로서의 사명은 내 반 아이들, 내 반 학부모들에게만 있는 것이 아니다. 나의 지식과 경험이 도움이 될 만한 모두에게 영향력을 발휘해야 한다. 책을 쓴 저자로서 나의 경험과 지식을 나누며 소명을 다할 내 모습을 그리다 보면 저절로 입가에 미소가 번진다. 나에게 책 쓰기는 무에서 유를 창조하는, 새로운 시야와 변화를 가져온 '제로 투 원' 자체다. 책 쓰기를 통해 새로운 삶으로 도약할 나를 꿈꾸며 오늘도 내 첫 책을 만들어 간다.

41

책 쓰기를 통해
인생 후반전 꿈 찾기

황순영 대학교수, 프레젠테이션 코치, 자기계발 작가, 동기부여가

미국에서 공학박사 학위를 취득한 후, 공학 분야 연구원, 연구본부장, 포스코 패밀리사 연구소장, 자문교수를 역임했다. 프레젠테이션 활동에 어려움을 겪는 많은 이들을 코칭하며 프레젠테이션 코치로 활동 중이다. 또한 30년간 매일같이 일기를 쓰면서 끊임없이 자기계발을 했다. 앞으로 직장인의 인생 성공을 위한 일기 쓰기 코치로 활동하고자 한다. 현재 일기 쓰기를 주제로 한 개인저서를 집필 중이다.

• Email blueskyhwang@naver.com

초등학교 고학년일 때 방학숙제로 안네 프랑크의 《안네의 일기》를 읽어 오라고 했다. 난생처음 혼자 버스를 타고 책을 사러 광화문에 간 기억이 난다. 나의 본격적인 독서의 시작이었다. 그 당시 《안네의 일기》를 읽으면서 열세 살의 나이임에도 글을 참 잘 썼다고 생각했다. 그러면서 언젠가는 나도 안네처럼 글을 쓰겠다고 다짐했다. 중학생 때는 문학 서적을 읽고 독후감을 써야 하는 숙제가 있었다. 열심히 책을 읽은 후에 정성 들여 독후감을 썼다. 당시 국어 선생님께서는 내가 쓴 독후감을 보시고 칭찬을 많이

하셨다. 고등학교에 진학한 후에도 시간이 날 때마다 서점에 가곤 했다.

하지만 이공계 대학교를 다니면서 점점 책과는 거리가 먼 삶을 살게 되었다. 과학 문제 풀기, 실험 보고서 쓰기에만 노력을 기울였다. 전공분야는 영어 원서로 수업이 진행되었는데, 영어 원서를 읽고 배우느라고 정신이 없었다. 그렇지만 책 쓰기는 항상 나의 꿈 중의 하나로 마음속에 간직하고 있었다.

미국 유학시절, 석·박사 논문을 쓰면서 글 쓰는 방법을 몰라 고생을 많이 했다. 그래서 영어 글쓰기 과정 3코스를 들으면서 체계적으로 글 쓰는 법을 배웠다. 그럼에도 불구하고 영작을 하는 데는 여러모로 어려운 점이 많았다. 먼저 어휘력이 떨어졌기 때문이고 현재완료, 과거완료 등의 표현, 정관사, 부정관사의 적용에서 틀리는 경우가 너무 많았다. 접속사 등도 머릿속에서 끄집어내지지 않았다. 그래서 접속사 리스트를 만들어 '이번에는 이것, 다음에는 저것' 하는 식으로 활용했다.

그렇게 노력해 영작을 해도 최종적으로 읽어 보면, 이것이 잘 쓰인 것인지 판단하기 어려웠다. 글을 쓰는 것도 힘들지만, 외국어로 글을 쓰는 것은 정말 힘들다는 것을 많이 느꼈다. 나는 그때 처음으로 후회했다. 한국에서 교육받을 때 '왜 이런 글쓰기 교육을 받지 못했을까?' 하는 안타까움과 아쉬움이 많았다. 대학교를 졸업할 때까지 한 번도 글쓰기 교육을 받은 적이 없으니 말이다.

귀국해서 포항에 있는 연구소에서 일하게 되었다. 당시에도 대부분 핵심 단어를 나열하는 방식으로 문장을 썼다. 모든 것을 객관적, 정량적으로 표현하고, 논리에 맞는 글을 쓰기 위해 많은 노력을 했다. 그러다 보니, 내가 쓴 글은 감칠맛이 없고, 딱딱했다. 어느 순간 일기도 메모 형식의 사실 위주, 정보 위주로만 쓰고 있었다. 직장생활을 하면서 나는 개인적인 느낌, 생각 등을 되도록 표현하지 않는 쪽으로 훈련받았다. 블로그나 페이스북도 직장생활에 방해가 된다고 생각해 거의 쓰지 않았다.

나는 지난해 포항 연구소의 임원을 끝냈다. 그러곤 자문교수로서 연구소의 자문 역할을 맡게 되었다. 그러면서 은퇴 후의 활동에 대해서도 고민하게 되었다. 대기업 임원으로 있던 분들은 은퇴 후에 일부 다른 직장을 다니기도 한다. 하지만 대부분 취미생활이나 봉사활동을 하며 시간을 보낸다. 나도 취미로 색소폰을 약 7개월간 배웠다. 간단한 곡은 연주할 수 있다.

신문을 보다가 우연히 미국 부시 전 대통령이 그림책을 발간했다는 기사를 보았다. '왜 부시 전 대통령이 그림을 그렸을까' 하면서 관심을 가지게 되었다. 그림을 그리면 힐링이 많이 된다고 해서 나는 그림 그리는 취미에 대해서도 알아보고 있었다.

어느 날, 〈우리들의 인생학교〉라는 TV 프로그램을 보면서, 책 쓰기에 관심을 갖게 되었다. 인생학교에서는 여러 가지 내용을 다뤘다. 그중에는 글쓰기 내용도 있었다. 인생학교에 참여한 6명은 연예인이었다. 연령대도 다양하고, 배경도 다양했다. 사람들은 글쓰기를 시작하기 전, 글쓰기에 대해 상당한 거부감을 가지고 있었다. 그러나 많은 실습과 꾸준한 코칭을 받으면서 글쓰기에 익숙해져 갔다. 특히 강원국 작가는 《대통령의 글쓰기》에서 글쓰기의 요령을 말하면서 '글쓰기는 재능이 아니라 훈련'이라고 했다. 그 문장을 보면서, 나도 노력하면 책을 쓸 수 있겠다고 생각했다.

책 쓰기에 관심을 가지면서 임원화 작가의 책을 접하게 되었다. 임원화 작가의 《스물아홉, 직장 밖으로 행군하다》라는 책을 읽으면서, 젊은 나이에 정말 결심이 대단하다고 생각했다. 그 이후 〈한책협〉의 책 쓰기 〈1일 특강〉을 듣게 되었다. 마침내 책 쓰기 강좌를 신청하고, 지금은 목차를 완성한 후, 초고 쓰기에 들어가고 있다.

〈책 쓰기 과정〉을 들으면서 나에게 많은 변화가 생긴 것 같다. 첫 번째는 나의 책 읽는 방법이 올바르지 않는 것을 알게 되었다. 일반 서적은 교양서적으로 생각해 수박 겉핥기식으로 읽었다. 그래서 그 내용을 충분하게 파악하지 못하는 경우가 많았다. 또한 책을 읽어도 그 내용을 다시 떠올려 보라고 하면 제대로 기억나지 않는 경우가 많았다. 그랬던 내가 〈책 쓰기 과정〉에서 책 읽는 방법을 다시 배우게 되었다. 책을 읽을 때는 책에 서명과 날짜를 쓰고, 내가 느낀 것이나 배운 것을 안쪽 페이지에 짧게나마 적고 있다. 그래서 읽은 책을 나만의 책으로 변신시켰다.

두 번째는 이제 적극적으로 나의 인생 3막을 준비하고 자신감을 가지게 되었다는 것이다. 목표도 책 50권을 쓰는 것으로 세웠다. 매년 3~4권의 책을 쓰고, 발간하면 가능한 일이라 생각한다. 나의 경험과 지식을 정리해, 메신저로서의 역할을 할 수 있을 것이다.

세 번째는 내 마음의 뚜껑이 점점 열리는 경험을 하게 되었다. 김태광 작가의 《나는 직장에 다니면서 1인 창업을 시작했다》라는 책을 읽으면서, 작가 본인의 솔직한 생활, 고민, 역경, 극복 이야기를 알 수 있었다. 나는 이 책을 하루 만에 다 읽었다. 이 책을 읽으면서, 본인의 생활과 생각을 독자들에게 잘 열어 보여야 한다는 것을 느꼈다.

책 쓰기가 어렵게만 보였는데 지금 나는 작가가 되었다. 나의 하루하루의 경험은 책 쓰기의 소중한 소재가 될 것이다. 해외여행을 다녀오면 책이 한 권 만들어질 것 같다는 생각도 든다. 과거의 경험도 잘 꺼내어서 책의 소재로 삼고, 미래의 경험은 미리 준비해 두고 책 쓰기 소재로 만들고자 한다. 나의 일상이 모두 책의 소재가 되어 한 권씩 책이 만들어질 것이다. 이제 나의 인생 후반기의 구체적인 꿈이 생겼다. 멋있는 시간을 보낼 작가로서 다음 책 쓰기를 준비하고 있는 중이다.

42

책 쓰기로 제2의 인생 살아가기

신상희 SNS 마케팅 코치, 자기계발 작가, 세일즈 디자이너, 경력단절여성 드림 코치, 동기부여가

다양한 세일즈와 마케팅 경력을 바탕으로, 많은 사람들이 자신이 가진 스토리와 콘텐츠를 특별하게 여길 수 있도록 마케팅 코칭과 교육에 열정을 쏟고 있다. SNS를 처음 시작하면 무엇부터 해야 할지 막막한 이들을 대상으로 마케팅 기초 스킬은 물론이고 이미지 메이킹 과정, 영상 마케팅, 콘텐츠 제작 등 다양한 교육을 진행하고 있다. 현재 '한국 SNS 마케팅 협회'를 운영하고 있으며, 저서로는 《고객이 스스로 사게 하라》, 《SNS 마케팅이면 충분하다》 등이 있다.

- Email shinsanghee2@naver.com
- Cafe cafe.naver.com/gamemecah
- Facebook sanghee.shin.58
- Blog blog.naver.com/shinsanghee2
- C·P 010.9651.0963

　　보통의 여자는 보통의 남자와 결혼하고 비슷한 시기에 아이를 낳으면서 '아줌마'라는 새로운 타이틀을 얻는다. 나는 보통의 여자가 아니라고 생각했다. 하지만 스물다섯, 스스로 이른 결혼을 선택했고 연년생 남자아이 둘을 낳으면서 '보통의 여자'가 되었다.

　　나는 비교적 어릴 때부터 나의 꿈과 비전에 확신을 가졌고, 커리어우먼으로 인정받는 20대를 보냈다. 그럼에도 불구하고 산후우울증을 겪으면서 '경력단절'이라는 말도 안 되는 상황을 스스로 선택했다. 너무 열심히 살았기 때문에 하던 일을 그만두고 잠시 마음이 편했던 것은 사실이다. 하지만 시간이 지날수록 나는 굉장히 우울해졌고, 두려워졌다. 새롭게 도전하지 못할까 봐 두려웠고, 내가 미치도록 열심히 살아온 20대의 도전이 잊힐까 봐 두려웠다.

'나는 남들과 달라. 절대 멈추면 안 돼'

마음속으로 수도 없이 외쳤다. 하지만 하는 일마다 실패했다. 급기야 하늘을 찌르던 나의 자존감은 온데간데없이 사라졌다. 나는 더 이상 아무것도 할 수 없을 것만 같았다. 그때 우연히 〈한책협〉에서 특강을 진행한다는 소식을 접하게 되었다. 여행 가는 기분으로 왕복 8시간 걸려 다녀온 특강을 통해 나는 '작가'라는 새로운 꿈을 꾸게 되었다.

책 쓰기를 배운 지 불과 3개월 만에 나에게 엄청난 일이 일어났다. 나는 독자에서 저자가 되었고, 506호 지후엄마에서 '작가님'이 되었다. 무엇보다 책을 쓰면서 나는 다시 살아날 수 있었다. 글을 쓰기 시작하곤 오랫동안 하던 일을 그만두면서 찾아왔던 우울증은 사라졌다. 그리고 책을 쓰는 동안 후회 없이 살아온 나의 20대가 너무 자랑스럽게 느껴졌다. 불과 1년 전 나는 경력단절로 쉴 새 없이 방황하던 엄마였다. 하지만 지금의 나는 작가, 강연가, 코치로서 엄청난 삶의 변화를 경험하는 중이다.

2016년 11월 《고객이 스스로 사게 하라》라는 개인저서 한 권을 출간했고, 2017년 12월에는 《SNS 마케팅이면 충분하다》라는 두 번째 개인저서를 출간했다. 꿈이 있는 다른 작가님들과 함께 출간한 공동저서까지 더하면 1년이라는 시간 동안 10권이 넘는 책을 출간했다. 이것은 내 인생에 엄청난 터닝 포인트가 되었다.

책을 출간하면서 내게 찾아온 가장 큰 변화는 나 자신을 아끼고 사랑하게 되었다는 것이다. 그동안 나는 나를 가장 아끼며 살아왔다고 생각했는데, 첫 번째 책을 쓰면서 알게 되었다. 나의 모든 도전이 내가 아닌 남을 위한 것이었음을…. 글을 쓰면 스스로 솔직해지고, 그 솔직함 속에서 아픈 것을 찾아내기도 한다.

나는 오랜 시간 동안 SNS에 많은 글들을 적으며 살아왔지만 책을 만들기 위해 글을 쓴 것은 처음이다. 나의 글을 읽을 독자들에게 감동을 주는 글을 쓰고 싶었는데 오히려 글을 쓰는 동안 내가 더 감동받는 당황스러운 일도 여러 번 경험했다. 눈물로 글을 쓰며, 앞으로 내가 어떤 삶을 살고 싶은지 구체적으로 계획하게 된 것이 너무 행복하다.

어느 날, 큰아들이 말했다.

"엄마, 우리 어린이집에 엄마 책이 있어요. 원장 선생님 책상에 있었어요. 나는 우리 엄마가 전문가라고 말했어요."

고작 네 살밖에 안 된 아이의 입에서 '전문가'라는 말이 나오는 순간, 불과 몇 달 전 아이가 질문했던 것이 떠올랐다.

"엄마, 엄마는 왜 은우엄마 옷을 입고 신발을 신었어요?"

그 한 마디에 얼마나 충격을 받았는지 모른다. 아이의 눈에 내가 입은 옷과 신발이 직장생활 하며 예쁘게 차려입고 다니는 친구 엄마의 것으로 보였던 것이다. 책을 쓰고, 외부강연을 다니면서 잠시 옷장에 넣어 둔 정장을 다시 꺼내 입고, 높은 구두를 신게 되었다. 그런데 아이가 기억하는 내 모습은 다 늘어난 티셔츠에 아빠 슬리퍼를 신고 세수도 하지 않은 채, 눈곱만 대충 떼고 사신을 어린이집에 등원시켜 주는 엄마였던 것이다. 단 한 번도 흐트러짐 없이 살아오던 내가 경력단절을 경험하고, 책을 쓰기 전까지 그렇게나 많이 망가졌다고 생각하니 오히려 감사했다. 책을 쓰기 시작하면서 아이의 눈에 엄마의 모습이 전혀 다른 사람으로 인식되기 시작했으니 이제 변할 일만 남은 것이라 생각했다.

나는 남들보다 20대에 경제적으로 자유로웠지만 시간적으로는 여유가 없었다. 많은 돈을 버는 것이 성공이라 생각했기 때문에 밤새워 결과물을 만드는 것에만 집중했다. 낮밤 없이 아등바등 영업을 했다. 돈을 벌기 위해서라면 늦은 밤 유흥업소에 들어가 영업하는 것도 마다하지 않았다. 그리고 결혼하기 전날에도 고객들에게 발송할 제품을 포장하고 택배를 준비하느라 새벽 3시가 넘어 잠을 잤다. 열심히 하는 만큼 돈을 벌어 경제적으로 자유로움은 있었다. 하지만 그 돈을 쓸 시간적 여유, 마음의 여유는 전혀 없었다.

그런데 책을 쓰고 작가가 된 이후에 나는 아주 많이 달라졌다. 나는 육아와 일 사이에 갈등이 전혀 없는 1인 기업가가 되었다. 내가 원하는 시간에 일하고, 원하는 시간에 아이와 함께한다. 강의하는 일주일 중 이틀을 제외하면 내가 직접 아이들을 케어하고, 아내로서, 엄마로서의 시간을 보낸다.

나의 수입은 그때와 비교할 수 없을 만큼 달라졌다. 같은 돈을 벌어도 몇 배 이상 더 크게 느껴지는 것은 '시간 활용' 때문이다. 책을 쓰고, 강연가가 되면서 경제적인 여유가 생긴 것은 물론이고 내가 원하는 시간에 일할 수 있고, 쉬고 싶을 때 쉴 수 있는 '시간적 여유'까지 생겼다.

나의 책에 쓰인 콘텐츠를 바탕으로 나는 지식 창업에 성공해 1인 기업가가 되었다. 그러면서 매번 새로운 사람들을 만나며, 그들의 SNS 마케팅, 퍼스널 브랜딩을 돕는 코치가 되었다. 어쩌면 나의 엄청난 노하우와 경험에서 나오는 지혜는 지인과의 수다에서 끝났을지도 모른다. 하지만 이것이 책을 통해 상품으로 재탄생된 순간 그것으로 새로운 수익을 창출할 수 있게 되었다. 나는 이 모든 것이 책 쓰기의 힘이라고 생각한다.

책을 쓰기 시작하며 변한 것은 나와 우리 자녀뿐만이 아니다. 부모님, 시부모님, 남편까지 나의 든든한 응원자가 되었다. 드림킬러가 아니라 같이 꿈과 비전을 찾아 함께 손잡고 달리는 '꿈맥'이 된 것이다. 부모님은 모임에 나가실 때 늘 나의 개인저서를 가지고 다니신다. 귀가 따가울 정도로 사람들에게 딸의 책을 홍보하는 것은 누구보다 내가 자랑스럽기 때문일 것이다.

남편은 주변 사람들로부터 "역시, 넌 결혼 정말 잘했어."라는 소리를 자주 듣는다. 그러면서 현실을 걱정하기보다 나와 함께 꿈과 비전에 대해 이야기하며 행복하게 살고 있다. 그리고 젊은 날, 작가가 꿈이었던 시어머니께서는 "며느리가 내 꿈을 대신 이루었다." 하시다가 본인도 글을 쓰는 작가의 꿈을 이루셨다. 우리는 온 가족이 하나 되어 꿈을 이루어 냈다.

이제 나는 나의 가치를 어떻게 사용해야 하는지 알게 되었다. 경험에서 나오는 노하우와 지혜를 글로 써서 책을 만들고, 그것을 콘텐츠로 만들어 많은 사람들과 나눔으로써 수익을 창출해야 한다. 매일 남들보다 열심히 살며 성공을 꿈꾸는 것이 아니라, 내 가치에 또 다른 가치를 더해 필요한 사람과 나누는 것이다. 결국 나는 이 과정을 통해 책을 쓰는 작가만 된 것이 아니라 1인 창업을 해 특별한 삶을 살게 되었다. 이제 나는 경제적인 부분은 물론이고 시간도 자유롭게 쓸 수 있는 메신저가 되었다. 앞으로는 더 명확한 목표를 이루기 위해 나만의 시스템을 갖출 것이다.

일반적으로 사람들은 책 쓰기는 대단한 사람, 특별한 사람이 하는 것이라고 생각한다. 하지만 평범할수록, 자신이 특별하지 않다고 생각하는 사람일수록 나처럼 책을 써야 한다. 글을 쓰는 것은 단순히 백지 위에 검정색 글자를 쓰는 것이 아니다. 그 글에 자신의 영혼을 담을 수도 있고, 자신의 꿈과 도전, 비전을 담을 수도 있다. 그런 과정에서 나처럼 사회와 단절됨으로써 겪는 아픔을 극복할 수도 있고, 새로운 기회를 만들어 낼 수도 있다. 당신은 온 가족과 함께 꿈꾸면서 작가, 강연가, 메신저의 꿈을 이루며 살고 싶지 않은가? 지금 당장 책을 써서 작가가 되어 멋진 엄마, 멋진 딸, 멋진 아내, 며느리로 성장하자.

43

책 쓰기로 성장과 미래,
두 마리 토끼를 잡기

이서형 영어강사, 쉬운 영어공부법 코치, 자기계발 작가, 강연가, 동기부여가

영어교육학 학사, 상담심리학 석사를 졸업했다. 현재 대기업의 영어강사로 활동 중이다. 이외에도 시사영어사, 천재교육 본사 영어교육 팀장, 한솔교육 본사 원어민 강사, 미국 MATC 칼리지 영어강사, 외국계 은행 번역사, 건강가정지원센터 심리상담사로 활동한 경력이 있다. 20년간의 영어교육 경험과 노하우를 바탕으로 현재 영어 강의 및 코칭을 하며 쉬운 영어공부법 관련 개인저서를 집필 중이다. 저서로는 《또라이들의 전성시대2》, 《꼭 이루고 싶은 나의 꿈 나의 인생2》가 있다.

• Email clayoga7@naver.com
• Homepage izienglish.modoo.at
• Blog blog.naver.com/izienglish
• C·P 010.3949.2235

"'현재 7세 이하의 어린이 중 65%가 지금껏 존재하지 않았던 직업을 갖게 될 것이다'. 세계경제포럼은 일자리의 미래보고서를 통해 이렇게 예견했다. 미래학자들은 단순노동직은 물론 고소득 전문직종까지 인공지능으로 대체될 것이라고 입을 모은다."

2017년 11월 11일자 〈한국경제신문〉 칼럼이다. '4차 산업혁명 유망직종', '미래에 없어지는 직업'과 같은 키워드로 검색을 해 보지 않은 사람은 거의 없을 것이다. 불안의 시대가 도래하고 있다.

나 역시 이러한 세상의 흐름에서 자유롭지 않다.

'나는 무엇을 하며 살아야 할까?'

그 해답으로 나는 책 쓰기를 선택했다. 고민과 탐색 끝에 새로운 성장의 길에 들어선 것이다. 이제까지 3권의 공동저서 작업에 참여했고, 현재 영어를 가르치며 '영어학습법'에 대한 개인저서를 쓰고 있다. 책을 집필하는 일은 쉽지만은 않다. 물론 시간이 흘러 노하우가 생기면 쉬워질 테지만 말이다. 나는 이 생소하고 어려운 길에 왜 발을 디뎠을까?

대학 강사, 광고 모델, 치공예사, 도예가, 영어 교재 기획자, 영어 학원 강사, 강사를 가르치는 강사, 여행사 직원, 옷가게 점원, 통·번역사, 작가…. 이 직업들은 내가 지금까지 가졌던 직업들이다. 한 사람이 했다고 하기에는 언뜻 보면 공통점이 없어 보인다. 하지만 모두 '영어'를 기반으로 했다는 공통점이 있다. 스무 살부터 영어를 가르치기 시작해서 지금도 영어강사를 하고 있다. 모델이나 치공예사, 대형의류점 직원 등은 미국에서 살았기 때문에 경험할 수 있었던 직업이다. 현재 한국 사람들은 동일 분야의 직업에 평생 종사하는 경우가 많다. 하지만 미래에는 미국처럼 여러 가지 직업을 갖게 될 것이라고 한다.

영어강사로서 고수익을 올리다 미국에 가서 새로운 직업을 시도했을 때 혼란스러웠다. 나에게는 '선생님'이라는 타이틀이 너무 익숙한데, 새로운 직업을 시도할 때마다 새로운 스킬과 태도가 필요했기 때문이다. 90년대 초반의 나는 영어회화를 유창하게 했다. 때문에 커리어 면에서 매우 유리한 입장이어서 고수익을 올리는 것에 익숙했다. 그러다가 미국에 가서 시간당 5달러를 받으며 옷 가게에서 아르바이트를 할 때는 비참하다는 생각까지 들었다. 미국에서 학교를 다닐 때 학교 카운슬러를 찾아가서 상담을 받았다. 카운슬러는 나에게 "직업이 바로 '너 자신'은 아니다. 너의 정체성을 직업과 동일시하고 살아온 것 같다."라며 새로운 관점을 갖는 것이 필요하다고 했다.

그랬다. 나는 '직업이 곧 나'라고 여기고 살았다. 스무 살 때부터 '선생님'이라는 말을 들으며, 나와 남이 발전하고 나아지는 데 도움이 되는, 가르치는 일이 만족스러웠다. 그러다가 플로리다의 대형의류점에서 잠깐 일할 때 놀랄 만한 일이 벌어졌다. 집 근처의 대형쇼핑몰에 갔다 '채용 중'이라는 팻말을 보고 발길을 멈췄다. 'NEW YORK & COMPANY'라는 의류점의 세련된 디자인에 형형색색인 옷들이 내 눈을 사로잡았다. 쇼핑몰의 규모가 굉장히 커서 직원들은 무선 마이크를 통해 대화를 나눌 정도였다. 의상 디자인을 전공하고 싶어 했을 만큼 옷을 좋아하던 나에게는 멋진 직장일 것 같아서 세일즈 스태프에 지원했고, 일을 시작했다.

근무 첫날, 고객을 위해 옷을 코디하고 매칭해 주는 일이 너무나 재미있었다. 보람 있는 하루라고 생각하며 사무실에서 가방을 가지고 퇴근하려는데 매니저가 나를 잡았다. 가방 검사를 하게 소지품을 모두 꺼내라는 것이다. 너무 놀라고 불쾌해서 "세상에나! 당신, 지금 내가 뭔가를 훔쳤다고 생각하는 거야?"라고 쏘아붙였다. 그러자 매니저는 담담한 표정으로 "아니, 네 가방만 체크하는 게 아니고, 그냥 매일 하는 일일 뿐이야."라고 했다. 직원을 믿지 못하고 가방을 검사하는 게 일상이라니. 직원을 '잠재 도둑'으로 생각하다니….

다른 직업에 종사할 때도 파트타임으로 영어 강의를 한 경우가 많아서 '선생님'이라는 정체성을 가지고 있던 나는 그런 일을 겪는 게 힘들었다. 가게에서는 도난사고가 종종 일어났다. 하지만 함께하는 직원까지 도둑일 수 있다고 생각하는 것은 인간에 대한 기본적인 신뢰가 없는 것이다. 나는 그런 일을 오래 경험하고 싶지 않았다. 그 '업'에 오래 종사하다 보면 '인간은 믿을 수 없어'라는 가치관에 오염될 것이라는 것을 깨달았다. 직업이 곧 그 사람은 아니다. 하지만 하루 8시간 이상 그 '업'을 하다 보면 그 '결과'에 따라 사고나 태도가 형성된다는 것은 알고 있었다.

몇 달 후에 컴퓨터 유통판매회사로 이직했다. 나는 경리부에서 미수금 관리를 맡았다. 고객은 완납했다는데, 컴퓨터 장부에는 미수금으로 남아 있는 것이 많았다. 고객과 통화해서 확인해 보니 모두 현금으로 구매한 워크인 고객(지나가다 들어와서 물건을 구매하는 고객)들이었다. 가짜 미수금은 카운터 수납 직원인 '매건'이라는 백인 여직원이 횡령한 것이었다.

　이 두 사건은 플로리다에서 경험한 것이다. 처음에는 플로리다
가 살기 험한 곳이어서 그런 줄 알았다. 그런데 내가 정말 좋아하
는 진보적인 도시인 위스콘신 주의 매디슨의 편의점에서도 대학
생들이 감기약을 훔치는 것을 본 적이 있다. 당시 나는 '이게 자
본주의의 극치인 미국의 모습이구나…'라고 생각하며 크게 실망
했다. 한마디로 나라는 부자인데, 국민 대다수와 젊은이들은 돈이
없었다.

　미국에서는 20세 이후가 되면 자립한다. 대부분의 부모들은
30년 이상 모기지론을 갚고 은퇴 후의 생활을 대비한다. 젊은이
들은 아르바이트를 해서 월세와 생활비를 마련하고, 학비는 학자
금 대출로 해결한다. 의료보험료도 매우 비싸서 의료보험이 없는
사람들도 많다. 아파도 병원에 가지 못한다. 그래서 감기약 살 돈
이 없을 때는 훔치는 학생도 있었던 것이다. 대학을 졸업해도 의
료보험 혜택을 주는 풀타임 직장을 구하지 못한다. 그러다 보니
파트타임으로 일하며 월급의 반 이상을 주택 월세와 자동차 유지
비로 지출하는 사람이 많다.

　나의 다른 미국인 친구 중에는 여러 개의 별장과 요트를 소유
하고 수시로 디너파티를 여는 사람도 있었다. 덕분에 화려한 저택
의 파티, 요트 파티에도 갔었다. 한 나라 안에서 극과 극의 삶을

사는 것이다. 우리나라도 북유럽식 사회주의적 자본주의가 아니므로 이런 구도로 가고 있다. 미국만큼 빈부차가 심해지지 않기를 온 마음으로 바란다. 하지만 지금의 계약직, 조기 은퇴, 청년 실업 등의 사회현상을 볼 때 심히 걱정된다.

대기업 임원들을 대상으로 영어 강의를 할 때였다. 내로라하는 대기업의 임원들이 자신들은 내일이라도 잘릴 수 있다고 해서 놀랐다. 내 주변에는 직장에 다니면서 대학원에 다니거나 인생 2막을 준비하는 40·50대들이 많다. 나도 미래를 준비하기 위해 주경야독하며 대학원 과정을 마쳤다. 하지만 대학원이 미래를 보장해 주지 않는다는 것을 졸업할 무렵에야 깨닫게 되었다. 심리상담 공부와 임상경험은 나를 통찰과 성장의 길로 이끌어 주었다. 고통스러운 행운의 여정이라고나 할까? 하지만 여전히 질문은 남는다. 예측하기 어려운 미래를 대비해 현재 무엇을 해야 할까?

세계적인 미래학자 토머스 프레이는 "미래가 현재를 만든다."라고 말했다. 미래를 어떻게 바라보느냐에 따라 현재의 결정이 바뀐다는 의미다. 서두에서 언급했듯이 미래에는 직업 중 65%가 들어 보지도, 상상하지도 못한 것일 거라고 예측한다. 없어지는 직업이 많고, 새로운 일자리를 창조해야 하는 것이다. 창조는 축적된 경험, 창의력, 상상을 현실로 바꾸는 힘을 바탕으로 한다. 나는 지혜를 얻고 창의적인 미래를 열 수 있는 '그 무엇'을 찾고 있었다.

나는 도예가로서, 미술치료사로서 창조하며 치유와 성장을 이루어 왔다. 그 길에서 영어는 유용한 도구가 되어 주었다. 이 모든 것을 포용하는 '무언가'를 찾던 중 나는 책 쓰기를 만났다. 성인, 학생, 어린이, 외국인 등 다양한 대상에게 영어를 가르치며 대상마다 어떻게 영어를 쉽고 재미있게 접하게 할까 연구했던 것을 책에 담기로 한 것이다.

처음에는 단순히 효과적인 학습법을 정리하고자 했다. 하지만 책을 집필하면서 20년이 넘는 강의 커리어를 되짚다 보니 그 속에 담긴 나 자신을 만나게 된다. 그때의 학생들과 다시 만나게 되고 감정도 떠오르며 나 자신이 새롭게 보인다. 또한 관련 도서를 읽으며 다른 사람들의 경험과 지혜를 만난다.

책을 쓰다 보니 모든 것이 새롭게 보인다. 힘든 과정을 거쳐 책이 나오는 것을 알게 되니 그 안의 지식과 경험이 너무도 소중하게 다가온다. 천천히 가고 있지만 꾸준히 간다. 그러면서 나 자신도 쑥쑥 자라고 있으니 또 새롭다. 이 책은 내가 만든 도자기들과 함께 내 보물 1호가 될 것이다. 이 보물은 나와 남이 함께 성장하는 도구가 될 것이다. 그리고 나의 분신이 되어 더욱 성장한 영어 강사, 영어 코치로서의 미래를 활짝 열어 줄 것이다.

44

책 쓰기로
많은 사람들의 변화를 이끌어 내기

유서아   거절 코치, 자존감 코치, 자기계발 작가, 동기부여 강연가, 청춘 멘토

누구보다 평범했던 인생이 책 쓰기를 통해 특별하게 변했다. 책을 쓴 후 독자에서 작가로, 누군가를 동경하던 사람에서 누군가에게서 동경받는 사람으로 바뀌었다. 앞으로 책을 통해 사람들에게 희망의 메시지를 전하는 작가, 강연가, 멘토로 살고자 한다. 현재 당당히 거절할 수 있는 기술에 관한 저서를 집필 중이다.

• Instagram yu_seoa   • Facebook yuseoa

나는 고정관념에 사로잡힌 채 인생을 살아왔다. 작가는 아무나 할 수 없는 직업이고, 성공한 사람만이 책을 쓸 수 있다고 생각했다. 하지만 지금의 나는 책을 써서 성공했다. 나를 사로잡았던 고정관념은 완전히 부서졌다. 책 쓰기는 내 인생의 터닝 포인트가 되었다.

나의 인생은 책을 쓰기 전과 책을 쓴 후로 나뉜다. 책 쓰기 전의 나는 남들 눈치만 보는 자존감 낮은 사람이었다. 상대방의 시선에 내가 어떻게 보이는지가 중요했다. 내 의견보다 상대방의 의

견에 모든 것을 맞췄다. 거절을 하지 못해 혼자 속앓이를 하며 스스로 자책도 많이 했다. 참 힘든 시간의 연속이었다. 누군가를 만난다는 것은 시간낭비였고, 남들에게 완벽하게 나를 숨기는 방법을 배우게 되었다.

책을 쓴 후의 나는 누구보다 나를 사랑한다. 내가 자랑스럽다. 상대방의 시선보다는 내 시선으로 세상을 바라보고, 사람들과의 만남을 즐기며 나를 숨김없이 보여 준다. 책 쓰기는 내 인생을 남에게 전하는 수단이 된다. 나의 변화를 통해 다른 사람의 변화를 이끌 수도 있고, 누군가에게는 동기부여를 해 주며 그 사람의 인생을 송두리째 바꿀 수도 있다. 책을 쓰면 이런 변화를 경험할 수 있다고 하면 남들을 믿지 않을 수도 있다. 하지만 이게 바로 책 쓰기의 힘이다.

사실 예전에 나 자신을 숨겼던 가장 큰 계기는 엄마의 암을 발견하면서부터였다. 나에게 엄마라는 존재는 정신적 지주이자 항상 내 편인 친구였다. 힘든 일이 생기면 가장 먼저 엄마에게 달려가 어린아이처럼 투정을 부리기도 하고, 기쁜 일은 제일 먼저 나누곤 했다. 중학교 2학년 때의 엄마의 암 소식은 아직도 큰 충격이다.

담담하게 소식을 전하는 엄마의 모습은 우리 가족을 더 슬프게 만들었다. 숨소리조차 나지 않았다. 항상 커 보이던 엄마가 처음으로 작고 여린 아이처럼 느껴졌다. 엄마는 울음을 삼키며 자신의 상황을 설명했다. 아무 말도 할 수 없었다. 누구보다 슬픈 사람은 그 상황을 전하는 엄마라는 것을 너무나도 잘 알기 때문이었다.

엄마는 바로 항암치료를 시작했다. 그동안 하셨던 일을 모두 정리하고 온전히 암을 치료하기 위해 노력했다. 여자는 약하지만 엄마는 강하다는 말이 참 와 닿았다. 그 힘든 항암치료 중에도 엄마는 우리에게 항상 웃는 모습을 보여 주었다. 우리 가족 모두 엄마의 지원군으로서 각자의 위치에서 최선을 다했다.

6년이란 긴 시간 동안 암을 치료하려고 노력했지만 내가 대학 1학년이 되자마자 엄마는 하늘의 천사가 되었다. 사실 엄마가 아픈 사실을 알자마자 주변 사람들에게 나를 숨기게 되었다. 정말 친한 친구들조차 우리 엄마가 아팠다는 사실을 돌아가신 이후에 알게 되었을 정도로 나는 나를 철저하게 숨기며 살았다.

나는 나이에 맞지 않게 성숙하다는 말을 정말 많이 듣고 살았다. 그만큼 어른스러운 척, 모든 것을 이해하는 척하며 살았다. 남들에게 맞추며 살다 보니 나를 표현하는 방법을 잊어버렸다. 그러다 보니 점점 명확하지 않은 사람이 되었다. 더 이상 나의 의견은 사라지고 없었다. 나의 인생에서 나는 없어졌다.

이런 시간이 반복될수록 밖에 나가기가 두려워졌다. 그 힘든 시간에 문득 그동안 내가 하고 싶었던 일이 무엇인지 생각하게 되었다. 항상 침대에 누워 무기력하게만 지내던 나는 내가 하고 싶었던 일을 해야겠다고 생각한 이후부터 움직이기 시작했다.

물론 처음부터 책을 써야겠다고 생각한 것은 아니었다. 힘든 시간 책을 읽으면서 스스로 동기부여를 받아 왔다. 어렸을 적에 부모님이 그렇게 읽으라 했지만 읽지 않았던 책을 어른이 되어 읽기 시작했다. 그러면서 하고 싶은 일이 무엇인지 끊임없이 생각했다. 생각의 변화가 일기 시작했다. 책을 읽다 보니 책을 쓴 작가님들을 직접 만나 보고 싶다는 생각이 들었다.

무작정 작가님들에게 연락했다. 작가님들의 강연을 들으러 멀리까지 찾아가기도 했다. 이렇게 열정적으로 행동하는 것은 실로 오랜만이었다. 초등학생 때만 해도 하고 싶은 게 많았다. 하고자 하는 것은 부모님을 졸라서라도 하곤 했다. 지금 이 기분을 느끼고 있자니, 딱 초등학생 때로 돌아간 것만 같았다. 무언가에 가슴이 설레는 느낌을 받은 것은 참 오랜만이었다.

작가님들의 강의를 들으며 나 또한 책을 쓰고 싶어졌다. 나도 누군가에게 동기부여를 해 주고 한 사람의 인생을 바꾸어 주고 싶었다. 특히 나처럼 힘든 상황을 겪고 있는 사람들에게 아직 세상은 살 만하다는 것을 알려 주고 싶었다.

사실 책을 쓴다는 것 자체가 나에게는 큰 도전이었다. 항상 내

편이 되어 주셨던 아빠조차 책을 쓴다고 말하자마자 "책을 읽지도 않는 네가 책을 쓴다고? 책 쓰기가 쉬운 줄 알아?"라며 쓴소리를 하셨다. 이 말을 듣고 서운한 마음을 감출 수 없었다. 하지만 한번 해야겠다고 굳게 마음먹은 일이었기 때문에 시작도 하지 않고 포기할 수는 없었다.

책을 많이 읽지도 않았었고, 자기소개서를 쓰는 것조차 스트레스였을 정도로 나에게 작문은 참 힘든 일 중의 하나였다. 하지만 신기하게도 책을 쓰는 것은 이전의 글쓰기와는 다른 느낌이었다. 다른 사람에게 전하기 힘들었던 진솔한 얘기를 써 내려갈 수 있었다. 이렇게 나를 표현해 내면서 스스로 마음의 여유를 느낄 수 있었다.

책을 쓰면서부터 더 이상 나를 숨기지 않게 되었다. 학생시절부터 자신을 숨겨 왔던 나는 감정표현을 한다는 것이 정말 어려웠다. 소리를 내어 울어 본 기억이 거의 없을 정도로 슬플 때면 입을 틀어막고 우는 것이 익숙했다. 그런 내가 글을 쓰는 동안에는 소리 내어 울어 보기도 하고 누군가와 슬픔을 나누기도 했다.

책을 쓰면서 나는 완전히 달라졌다. 거절을 못하던 내가 명확한 사람이 되어 나의 의견을 어필하기 시작했다. 주변 사람들은 나의 변화에 크게 놀란 눈치였다. 예전의 나를 떠올리면 상대방이 그렇게 놀라움을 느끼는 것은 어쩌면 당연한 일이다.

두려움에 빠져 살던 내가 지금은 누구보다 당당하게 행동한다. 내가 이렇게 변하게 될 줄은 상상도 못했다. 지금은 책을 읽는 독자에서 책을 쓰는 작가로 위치가 바뀌었다. 남들의 시선 또한 달라졌다. 내게 작가라는 수식어가 붙을 줄이야… 사실 아직도 믿기지 않을 때가 많다.

나는 누군가 수억 원을 준다 해도 절대 예전의 나로 돌아가지 않을 것이다. 지금의 나는 나를 사랑하는 방법을 알게 되었고, 인생을 즐기는 법을 배웠다. 이제는 더 이상 남들의 시선을 의식하지 않는다.

나는 앞으로도 계속 책을 써 나갈 것이다. 글을 통해 힘든 사람들을 위로해 줄 것이다. 강연을 하며 공감을 이끌어 내고 변화된 생각을 실천하도록 있는 힘껏 도와줄 것이다. 오늘은 내 인생에서 가장 젊은 나로 살아가는 날이기 때문에 후회 없이 살아야 한다. 그렇기 때문에 나는 오늘도 인생을 즐기기 위해 눈을 뜬다.

45

자신에게
모든 기회를 주는 인생 살기

박경례 부동산 컨설턴트, 강연가, 동기부여가, 공인중개사 코치, 자기계발 작가

20여 년 동안 쌓은 경력을 바탕으로 네이버 카페 '30대를 위한 부동산 투자 연구소'를 운영하며 강연가로 활동하고 있다. '부동산 5주 과정'을 통해 부동산 투자에 관한 노하우를 알리며 부동산을 바라보는 안목을 키워 주고 있다. 저서로는 《앞으로 5년 부동산이 답이다》, 《버킷리스트11》, 《인생을 바꾸는 감사일기의 힘》, 《꼭 이루고 싶은 나의 꿈 나의 인생》, 《또라이들의 전성시대2》 등이 있다.

- Email little22@naver.com
- Cafe cafe.naver.com/anyomnia
- Blog blog.naver.com/sophia88888
- C·P 010.9600.4984

인생을 살면서 기회는 수시로 찾아온다고 생각한다. 다만 그 기회를 잡지 못하고 놓쳐 버리는 것을 본인이 모를 뿐이다. 나도 그랬던 것 같다. 추진력이 있고 일단 결정을 내리면 계획대로 밀고 나간다고 자부하는 나도 돌이켜 보면 몇 번의 기회를 놓쳐 버렸다. 나에게 기회가 왔지만 정작 어떻게 해야 할지 우왕좌왕하면서 놓쳐 버린 것이다. 하지만 지금의 나는 책을 쓰면서 완전히 바뀐 인생을 살고 있다. 책을 출간하고 멘토로서 누군가에게 조언해 주고 강연하면서 메신저의 삶을 살고 있다.

〈한책협〉의 〈책 쓰기 과정〉을 수강하기 전, 나는 계속 다람쥐 쳇바퀴 돌 듯 살아야 하는 일상에 염증이 나 있었다. 항상 갑보다는 을이 될 수밖에 없는 부동산 중개 일에 염증이 나 있었던 것이다.

나는 항상 남들이 부러워하는 공인중개사였다. 사람들은 "사장님은 다른 사람과 다르잖아요."라는 말로 본인들의 모자란 실력을 합리화했다. 내가 그렇게 되기까지 얼마나 노력하는지는 생각하지 않고서 말이다. 보통의 공인중개사들이 앉아서 고객을 받는다면 나는 그러지 않았다. 항상 어떻게 해야 계약할지 연구하고 물건을 찾아다녔다. 남들이 놀고 있을 때도 나는 항상 바쁘게 움직였다. 찾아보면 부동산은 무궁무진하다.

저소득자에게 임대를 주기 위해 대한주택공사에서 임대주택을 매입하는 일을 할 때였다. 이런 경우에는 물건을 찾아서 그곳의 매수 의사만 매도자에게 전달해 주면 할 일은 끝난다. 하지만 나는 남들과 같은 수준에 머무르고 싶지 않았다. 단순히 팔고자 하는 의사만 확인하는 것이 아니라, 물건을 확보한 후 대한주택공사와 연결해서 확실한 계약까지 성사시켰다. 그렇게 잠시도 쉬지 않고 노력한 결과, 남들이 부러워할 정도의 연봉을 이루어 냈다.

사람은 어려운 때를 지나오면서 더욱 견고해지고 단단해지는 것 같다. 사람다운 사람이 되어 가는 것 같다고 할까. 나 역시 그랬다. 내가 이룬 성공은 거저 얻어진 것이 아니다. 그런 과정을 겪지 않았더라면 지금의 나는 없었을 것이다. 좋은 결과를 얻는 것이 내가 잘나서 그런 줄로만 알고 항상 그 자리에 머물러 있었을 것이다. 대부분의 사람들은 노력도 해 보지 않고 좋은 결과만을 보고 부러워한다. 하지만 세상은 결코 호락호락하지 않다. 내가 뿌린 만큼 씨앗이 자라서 열매를 맺고 그것을 수확할 수 있는 게 진리다.

내가 또 한 번의 성공의 열매를 맺게 된 계기는 〈한책협〉을 만나면서였다. 우연한 기회에 〈한책협〉에서 진행하는 책 쓰기 특강을 듣고 그날 바로 〈책 쓰기 과정〉을 신청했다. 그러면서 내 인생은 완전히 달라졌다. 강의를 신청할 때만 해도 막연하게 무언가를 해 보고 싶다는 마음은 있었지만 뚜렷한 계획은 잡지 못한 상태였다.

그런데 〈책 쓰기 과정〉을 듣는 동안, 책 한 권을 내서 나를 알리고 부동산 투자자로서 살고 싶다는 생각이 들었다. 나는 항상 을보다는 갑이 되고 싶었다. 그러기 위해서는 경제력이 필요했고, 돈을 벌기 위해서는 내 이름으로 낸 책이 있어야 한다고 생각했다. 그렇게 시작된 책 쓰기를 통해 내 인생은 눈부시게 바뀌었다.

내 인생을 바꿔 준 은인은 바로 〈한책협〉의 김태광 대표 코치다. 그를 알게 되면서 내가 가야 할 방향을 잡을 수 있었다. 나의 미래에 대해 어떤 그림을 그려야 할지 정확하게 짚을 수 있었다.

그렇게 메신저로서의 방향을 잡고 그동안 실전에서 쌓아 온 노하우를 바탕으로 많은 이들에게 부동산 강의를 하고 있다. 또한 네이버 카페 〈30대를 위한 부동산 투자 연구소(이하 삼부연)〉를 운영하며 부동산에 대한 지식과 정보를 나누고 있다. 책 쓰기를 시작한 이후 약 10개월 동안 많은 일들이 일어났고 나의 자존감은 그 어느 때보다 높아졌다.

나에게 컨설팅을 받기 위해 전국 각지에서 사람들이 몰려오고 있다. 컨설팅이 너무 많이 예약되어 시간 조율이 필요할 정도다. 이 모든 것들은 내가 부동산에 안주해 있었더라면 얻을 수 없는 것들이다. 후회하지 않는 삶을 살기 위해서는 인생에 기회가 왔을 때 망설이지 말고 그 기회를 잡아야 한다. 나 또한 책 쓰기라는 기회를 잡지 않았더라면 메신저로서의 삶은 꿈도 꿀 수 없었을 것이다.

사람이 살아가는 데 돈이 없다면 그 무엇도 할 수 없다. 하지만 나는 예전에도 그랬고 지금도 돈을 좇을지언정 돈을 벌기 위해 당장 눈앞의 것에 현혹되지는 않는다. 만약에 당장에 얻는 부동산 중개 수수료에 연연했더라면 아마 나는 메신저로서의 삶을 얻지 못했을 것이다.

사실 나는 톱을 달리고 있는 부동산 일을 그만두어야 할지 몇 날 며칠을 고민했다. 내가 일궈 온 것을 누군가에게 준다는 것에 아까운 마음이 들었다. 하지만 권리금을 받고 나오려면 잘될 때 넘겨야 된다는 판단이 들었다. 그렇게 권리금을 받고 부동산을 넘겼다. 그리고 평택으로 다시 부동산 사무소를 옮기면서 이지연 대표를 만났다. 그렇게 우리는 〈삼부연〉을 함께 운영하게 되었다,

현재 나는 메신저로서도 성공했고 경제적 자유도 얻었으며 운도 따라 주는 복 많은 여자다. 책을 출간한 후, 나날이 나의 영향력이 커져 가고 있다. 그리고 그렇게 남들에게 도움을 주는 하루하루가 너무 행복하고 좋다. 나는 나를 찾는 많은 사람들에게 부동산 멘토로서, 메신저로서 오래오래 기억되는 사람으로 남고 싶다.

46

책 쓰기로 나를 돌아보고
세상에 감사 전하기

고은정 'SITE환경디자인' 대표, 한국공공디자인학회 상임이사, 한국조경학회 상임이사,
한국도시설계학회 이사, 도시디자인 강연가

경관, 환경, 조경, 공공디자인 등 도시 공간을 디자인하는 업무를 수행하는 'SITE환경디자인'의 대표다. 국토교통부,
행정안전부, 농림축산식품부에서 디자인 관련 심사와 자문을 맡고 있다. 또한 서울시, 경기도, 제주도를 비롯한
10여 곳의 지방자치단체에서 도시계획, 건축, 경관, 디자인 분야의 심의위원으로 활동하고 있다. 이 밖에도
서울과학기술대학교를 비롯한 다수의 대학에서 객원교수와 조교수를 지낸 경력이 있다. 저서로는 《버킷리스트13》,
《도시드로잉》이 있다.

• Email sitedesign@daum.net

며칠 후면 생일이다. 가을이 깊어졌다는 뜻이다. 곧 겨울이 될
것이고 또 해가 바뀔 것이다. 생일 때문에 만으로 나이를 먹고 해
가 바뀌니 또 나이를 먹는 시간 차이가 한 달 남짓. 그래서인지
이즈음만 되면 살아온 나와 앞으로 살아갈 나에 대한 생각이 많
아진다. 늘 이때쯤 미루어 놓았던 건강검진을 하게 되는 것도 이
와 무관하지 않다.

생일이 있어서였는지 몇 해 전까지만 해도 가을은 가장 좋아
하는 계절이었다. 더할 나위 없이 우아해서다. 생각도 많아지는

데다 여름처럼 너무 덥지도 겨울처럼 너무 춥지도 않다. 땀이 나지 않아 우아하고 콧물이 나지 않아 우아하다. 그렇게만 따지면 봄도 좋겠지만 봄은 우아하다고 하기에는 지나치게 발랄하고 수선스럽다. 마치 새내기처럼. 나에게 봄의 이미지는 딱 대학 캠퍼스 분위기다. 봄의 캠퍼스는 공기부터 다르다. 우리나라는 새 학년이 봄에 시작되어서인 것 같다. 아직도 봄이 되면 문구 쇼핑에 열을 올리는 나를 발견하게 된다. 학교를 너무 오래 다녀서 생긴 버릇 같다.

그런데 몇 년 전부터 가을이 별로다. 심지어 무더운 여름이 지나고 아침저녁 선선해지기 시작하면 마음이 조급해진다.

'이렇게 또 한 해가 간다고? 올해는 무엇을 했는데? 남은 시간 동안 더 달려야겠군.'

유난하게 부침이 많았던 지난해는 안 되겠다 싶어 주도적으로 나이를 먹기로 했다. 그래서 가장 먼저 책을 골랐다.

그렇게 읽게 된 책이 《어떻게 늙을까》다. 젊음에 관한 책은 많고 그들에게 어떻게 살라는 자기계발서는 넘친다. 하지만 수명이 점점 더 늘어나는 지금 노년에 어떤 일이 일어나는지 어떻게 준비해야 하는지 미리 생각하게 하는 책은 많지 않다. 이 책은 다이애너 애실이라는 할머니가 무려 91세에 내놓은 회고록이다.

책은 노년에 행복하게 사는 법에 대해 알려 줄 거라는 예상과 전혀 달랐다. 두려워했던 것과는 달리 몸이 노쇠하는 것과 정신이 흐려지는 것과는 전혀 상관없다는 것을 알게 되었다. 결국 주도적으로 나이 들려면 건강한 몸과 몰두할 수 있는 일을 통해 예리한 정신을 놓치지 않아야 한다.

그러고 보면 인생이라는 것은 늘 처음 겪는 일들의 연속이다. 나에게는 아이를 낳는 것이 가장 놀라운 경험이었다. 아이를 낳고 '내가 세상에 태어나 이렇게 완벽한 일을 해내다니!' 했다. 내가 아무리 훌륭한 디자인을 해낸들 이보다 더 훌륭할 수는 없겠다고 생각했다. 세상의 모든 엄마들을 존경하게 되었다. 그러니 일을 접는 것에 불만이 있을 리가 없었다. 뒤도 돌아보지 않고 사표를 던졌다.

하지만 그렇게 1년쯤 지나니 조급해졌다. 지금이야 '욜로(YOLO, 현재의 행복을 가장 중요하게 생각하는 태도)'다, '워라밸(Work and Life Balance의 준말, 일과 삶의 균형이라는 뜻)'이다 하는 말이 있고 그 말이 보여 주는 사회적인 분위기가 있다. 말의 의미에 동의하든 안 하든 적어도 다양한 삶의 방식에 대해 인식할 수 있다. 하지만 치열하게 살아야 했던 베이비부머 세대인 나는 밤새워서 일하는 것이야말로 미덕 중의 미덕인 세상을 살아왔다. 1년간 일을 하지 않고 있다 보니, 남들은 다 열심히 달려가는데 나만 제자리인 것 같은 기분이 들었다. 제자리는커녕 점점 세상에서 밀려나는 기분이 들었다.

게다가 주변을 둘러보아도 애를 낳으면 일을 완전히 그만두거나 얼른 복직하거나 딱 둘 중 하나였다. 당시의 내게, 다시 일한다는 것은 꿈만 같은 일이었다. 뒤처지는 느낌을 불식시키기 위해, 복잡한 생각을 안 하기 위해 당시 내가 할 수 있는 유일한 방법은 책을 열심히 읽는 것이었다.

주로 어떻게 하면 아이를 잘 키울 수 있는지 알려 주는 육아 지침서를 읽었다. 이왕 일 대신 육아를 택했으니 할 거면 끝내주게 하자는 생각이었다. 1년간 모유수유를 했고, 인스턴트 이유식 따위는 사 보지도 않았다. 직수입 분유를 먹이고 종합병원에서 예방접종을 하고 최고급 유모차를 샀다. 그러다 만난 책이 《엄마 없어서 슬펐니》였다.

완벽하지 않아도 괜찮다고 처음으로 위로받았다. 엄마가 처음이니 서툴 수 있다고 인정해 주었다. 심지어 전쟁 중에도 애를 키웠는데 아무렴 지금이 그렇게까지 나쁜 상황이겠냐고 농담을 건네 왔다. 아이보다 일이 중요해서가 아니니 죄책감을 가지지 말라고 해 주었다. 깊이 생각해 보았다. 관성대로 흘러가는 삶이 아니라, 무조건 열심히가 아니라 내가 하고 싶은 것, 할 수 있는 것, 해야 하는 것에 대해 생각했다. 무엇보다 나는 앞으로 나아가지 않으면 안 되는 사람이라는 자신에 대한 깨달음을 얻었다.

'리비히의 법칙'이라는 것이 있다. 식물이 생장하기 위해서는 필수 원소 중 하나라도 부족하면 다른 원소가 아무리 많아도 정상적으로 생장할 수 없다. 즉, 생장은 가장 최소로 존재하는 원소가 결정한다. 대개 이걸 여러 개의 나무판을 연결한 나무물통에 비유한다. 물통에 채워지는 물의 양은 가장 낮은 나무판에 의해 결정된다. 나에게는 하고 싶은, 할 수 있는, 해야 하는 각각의 일이 나무판이었다.

완벽하려는 마음을 버리자 방법이 나타났다. 이후 조급해하지 않고 아이를 키우면서 일도 하게 되었다. 심지어 학위도 따게 되었다. 하나를 완벽하게 해내지 못하겠지만 대신 여러 개를 오랫동안 해 나가기로 했다. 꾸준히 뚜벅뚜벅 하다 보면 결과적으로 두루 조금씩 나아지겠지. 그리고 실제 그렇게 되었다.

전에는 유모차를 밀면서 출근하는 사람을 부러워하기도 했다. 그런데 막상 다시 일을 시작하자 일이라는 것이 마냥 좋을 리 없었다. 게다가 집에 있는 아이가 어쩔 수 없이 걱정되었다. 차창 밖으로 유모차를 밀면서 수다 떠는 사람들을 보면 여유롭게 보여서 부럽기도 했다. 나만 종종거리며 사는 것 같았다. 하지만 이제는 저들 중 어떤 사람은 예전의 나처럼 복잡할 수도 있다는 것을 알고 있었다.

지금은 양쪽의 입장이 모두 이해된다. 그러고 보면 괜한 고민은 없고 거저 나이를 먹는 것도 아니다. 포기한 일 때문에 아이에게 더 올인하는 엄마의 심정도 이해된다. 그러니 자신의 아이가 워킹맘의 아이와 엮이지 않게 하려는 마음도 이해되고 워킹맘에게 우월감과 열등감을 동시에 느끼는 것도 이해된다. 직장에서 애 때문에 걱정하는 티 내지 않으려는 엄마도 이해된다. 바로 앞에 보이는 성과 때문에 잠시 애를 접어 두고 일에 올인하는 엄마의 심정도 이해가 된다. 전업주부에게 우월감과 열등감을 동시에 느끼는 것도 이해된다.

좀 다른 이야기지만 이 모든 것이 사교육 시장의 구조적인 문제처럼 받아들여진다. 전업주부는 일하는 것처럼 열심히, 워킹맘은 번 돈을 쏟아부어서라도 열심히 사교육 시장에서 활약한다. "내가 너를 어떻게 키웠는데."라는 건 양쪽에서 나오는 말이다. 이상한 우월감과 열등감까지 더해져 절대 끝나지 않을 게임이 된다.

가을비가 오고 나니 갑자기 쌀쌀해졌다. 남은 한 해를 잘 정리해야겠다. 올해는 무슨 책을 읽었는지도 정리해야 할 목록 중 하나다. 어느 해보다 많은 책을 읽은 한 해였다. 뿌듯하다. 그리고 감사한 일이다. 내가 만나 본 적도 없는 사람들이 나에게 자신의 이야기를 솔직하고 담담하게 들려주는 것이. 앞으로 일어날 일들을 친절하게 알려 주고, 괜찮다고 위로를 건네고, 나 자신을 돌아볼 수 있는 힘을 주는 것이. 책이라 그렇다. 이제 내 차례다. 감사를 돌려주어야 할 때다.

47

책 쓰기로
화려한 인생 2막 열기

이주연 '한국진로코칭연구소' 운영, 글쓰기 코치, 상담가, 강연가, 자기계발 작가

20년 경력의 교육학 박사다. 아이와 부모뿐만 아니라 삶에 대해 고찰한다. 어린 시절의 공부 습관이 성인까지 이어진다는 생각으로, 진로와 공부법에 대한 강의 및 컨설팅을 진행하고 있다. 또한 '글쓰기는 자신을 찾아가는 힘'이라는 모토로 글쓰기 코치, 자기계발 작가로 활동하고 있다. 저서로는 《10분 몰입 공부법》, 《보물지도8》, 《인생을 바꾸는 감사일기의 힘》, 《나는 책쓰기로 당당하게 사는 법을 배웠다》 등이 있다.

- Email jydreamcatcher@naver.com
- Blog blog.naver.com/anggela
- Homepage k-careeraptitude.com
- C·P 010.5637.1918

"안녕하세요? 이주연 작가님. 출판사 ○○○입니다. 보내 주신 원고 보고 전화 드렸습니다. 강의나 상담 중이신가 보네요. 메시지 보시면 전화 좀 주세요."

"이주연 작가님, 안녕하세요? ○○중학교입니다. 블로그에 전화 번호가 있어서 연락드립니다. 혹시 저희 학교 전교생을 대상으로 공부법에 대한 강연을 해 주실 수 있나요?"

2017년 7월 10일, 내 첫 번째 개인저서인 《10분 몰입공부법》이 출간되었다. 그로부터 3개월 후에 일어난 일들이다. 나를 필요

로 하는 사람들이 있고 내가 그 필요에 맞게 할 수 있는 일이 있다는 것이 참으로 재미있고 감사하기만 하다. 그렇게 책을 출간하면서 이제까지의 경험을 바탕으로 성큼, 성큼 걸어 나가고 있다.

약 6년 전 박경철 작가의 《자기혁명》을 읽고 가슴이 뛰었다. 그때의 느낌이 아직도 생생하다. 박경철 작가는 청춘콘서트를 진행하며 청년들과 소통해 왔다. 그 연장선상에서 《자기혁명》을 출간했다. 그 책을 보면서 40대 아줌마 선생님인 나는 학교 밖의 청소년들에게도 도움이 되는 말을 해 주고 싶다는 꿈을 구체적으로 가지게 되었다.

중·고등학생 시기에 어떻게 공부를 해야 효과적인지 확실한 개념을 가지고 있는 학생은 많지 않다. 학생들은 막연히 공부를 열심히 하면 잘할 수 있을 거라고 생각한다. 하지만 실제로는 구체적인 공부 방법을 몰라서 힘들어한다. 주변 어른들도 막연하게 열심히 하라는 말만 할 뿐이다. 구체적인 방법을 알려 주기보다 아이들의 마음만 심란하게 만드는 경우가 종종 있다.

부모님의 강압적인 말씀 때문에 더 공부하고 싶지 않아진다는 학생들도 많다. 부모님 입장에서는 아이들을 혼내고 싶었던 것이 아니다. 그런데 서로 이야기하다 보면 어느새 언성이 높아진다. 그러면 아이들은 공부하려고 마음먹었다가 책장을 덮어 버린다. 이런 악순환이 보통의 가정에서 흔히 일어나고 있다.

어떻게 하면 공부하는 방법을 구체적으로 안내할 수 있을까. 공부를 잘하는 학생들과 못하는 학생들은 어떤 차이가 있을까. 이런 의문을 가지고 교육현장의 수많은 사례를 살펴보면서 연구해 왔다. 또한 어떤 방법이 학생들의 마음에 동기의 불씨를 지필 수 있을지에 대해서도 마찬가지였다.

구체적인 공부법은 우리의 일상에 있다. 마음의 동기는 자신의 진로, 자신의 미래의 모습을 진지하게 생각해 보고 설계하는 과정을 거치면서 생기게 된다. 그런 의미에서 진로와 공부법이 함께 가야 한다. 나의 저서인 《10분 몰입공부법》에서 현재 공부하는 데 동기부여를 받으려면 미래의 진로를 생각해 봐야 한다는 내용을 이야기했다. 무게의 축을 공부법에 둔 것이다. 그리고 출간을 앞두고 있는 나의 두 번째 개인저서는 '진로'에 대한 내용을 담고 있다. 이 책에는 구체적인 진로 사례, 성격 유형을 참고한 진로 지도 이야기, 2015 개정교육과정을 준비하는 방법, 미래의 인재들이 가지고 있어야 할 역량, 그것을 준비하는 과정에서 지금 당장 해야 할 것들에 대한 이야기가 담겨 있다.

결국 중요한 것은 '그래서 지금 무엇을 할 수 있을까?', '구체적으로 어떻게?'라는 화두와 연결되어야 한다고 생각한다. 이런 이야기들을 학부모님들이나 학생들과 공유하고 싶은 열망이 있었다. 그것을 자꾸 표현하고 싶었다. 난 과학교사였기 때문에 인문학적으로 글을 쓴다는 것은 미처 생각지 못한 일이었다. 하지만 내 일상으로 들어와 버린 아이들에게 도움이 되는 말을 해 주고 싶었다. 무슨 말을 해 주어야 할지 문제의식을 가지면서 조금씩 일기 형식으로 글을 모으고 있었다. 그렇게 나도 모르게 평범한 선생님에서 작가, 강연가, 상담가의 길을 준비하고 있었다.

그런 과정에 20년 동안 아이들과 함께한 교사직을 퇴직했다. 그리고 퇴직 후 5년 동안은 학교 밖에서 중·고등학생들의 공부와 진로를 상담했다. 그리고 내 두 아이들의 공부하는 과정과 함께하며 지냈다. 그렇게 시간이 지나가는 동안 나의 모든 일상과 경험이 하나로 융해해 정리되는 느낌이 들었다. 내 마음속 깊은 곳의 문제의식이 좁혀지면서 해답을 찾게 된 느낌이었다.

돌아보면 교사로, 두 아이의 엄마로 그리고 공부하는 학생으로 살아온 20년 가까운 시간은 아이들에게 무슨 말을 해 주어야 할까 문제의식이 쌓인 시간이었다. 그 후 박경철 작가의 《자기혁명》을 읽고 내 문제의식을 구체적으로 표현하고 싶다고 생각했다. 그렇게 또 5년의 시간이 흘렀다. 그리고 약 두 달 정도 그 꿈을 구체화하는 기간이 있었다.

꿈을 구체화하는 동안 내 하루는 특히 달랐다. 하루 동안 어느 정도의 글을 쓸지 계획을 세밀하게 세웠다. 그리고 글을 쓰는 일 이외의 것에는 관심을 두지 않았다. 사적인 모임을 일절 갖지 않았다. 수면시간도 하루 5~6시간으로 제한했다. 오로지 내가 하고 싶은 일 그리고 해야 하는 일에 집중했다. 몇 월 며칠에 100페이지의 원고를 달성하겠다고 목표를 세우고 그 목표에 집중했다. 그렇게 하루하루를 보내다 보니 정말 기적처럼 A4용지 100페이지 분량에 달하는 초고가 완성되었다. 초고가 완성되던 날, 울컥하며 눈물이 났다.

이렇게 목표를 추진해 나갈 때는 언제까지 하겠다는 시점을 정해 놓는 것도 필요하다. 언제까지 하겠다고 마음먹으면 지금 당장, 오늘 하루, 다시 나누어서 오전, 오후, 저녁 시간에 무엇을 할지 다시 세부적인 계획을 세워야 한다. 그렇게 계획을 세우고 추진하다 보면 해야 할 일이 완전히 끝나지 않았는데 어느새 시간이 훌쩍 지나가 있기도 한다. 그럼 '내가 과연 끝까지 할 수 있을까'라는 마음이 들기도 한다. 이때 이런 감정에 빠지는 것은 금물이다. '부정적인 생각을 하지 말고 지금 일단 할 수 있는 것을 하자'라는 각오를 의식적으로 되뇌어 보자. 그리고 지금 할 분량에 집중해 보자.

그렇게 바로 앞의 시간에 집중하면서 계획을 잘게 나누어 계획대로 실천하려고 노력했다. 그러다 보니 집중적으로 책을 쓰기 시작한 지 1년이 채 안 되는 시간에 신기하게 개인저서 2권의 저자가 되어 있었다. 그 책의 내용을 바탕으로 학교나 기업체에서 강의하는 강연가가 되어 있었다. 또한 자신의 공부법이나 진로에 대해 고민하는 학생들과 학부모님들이 나에게 컨설팅을 의뢰해 왔다.

나는 이렇게 자신의 경험을 전문적으로 승화시켜 필요한 사람들과 나누며 살아가는 메신저의 삶에 성큼 들어서 있다. 책 쓰기는 그렇게 나를 전문화시켰다. 또한 나의 교육경험을 바탕으로 더욱 전문적이고 세분화된 길로 들어서는 것을 가능하게 만들어 주었다.

48

책을 쓰며 과거와 재회하고
뜨거운 미래를 세우기

박지영   통·번역사, 통·번역 코치, 영어 코치, 동기부여 영어 멘토, 자기계발 작가

현재 통·번역사로 활동하고 있다. 통·번역사가 되고 싶은 이들에게 동기부여를 해 주고자 자신이 영어 통·번역사가 되기까지의 경험을 담은《순수 국내파 통역사로 먹고살기》를 출간했다. 이후 통·번역사를 꿈꾸는 이들과 영어를 잘하고 싶은 이들에게 컨설팅을 해 주며, '용기를 가지고 도전하면 꿈을 이룰 수 있다'라는 희망을 전하고 있다. 본인의 경험을 나누며 동기부여 영어 멘토와 메신저로서 세계와 소통하며 살아가고 있다. 저서로는《미래일기》,《부모님께 꼭 해 드리고 싶은 39가지》,《보타니들의 진 ~가~테2》가 있다.

• Email   phat337@hanmail.net   • Blog   blog.naver.com/cutecate

나는 통·번역사다. 그리고 책을 쓰는 '작가'다. 작가란 단어가 아직도 낯간지럽고 어색하다. 어찌 되었건 간에 공동저서 3권과 개인저서 1권을 출간한 작가임은 사실이다. 지난해 초까지도 난 내가 책을 쓰리라고는 생각도 하지 못했다. 책은 항상 읽는 대상이었다. 책 냄새가 좋고 책 속의 이야기가 좋았다. 한 번에 여러 권의 책을 동시에 읽었다. 지하철에서 보고 싶은 책, 자기 전에 보고 싶은 책 등이 달랐다. 그때의 기분이 원하는 책을 읽었다. 스트레스가 쌓이면 대형서점으로 갔다. 책들 사이를 걷는 것만으로도 어지러웠던 마음이 정돈되었다. 그날도 마찬가지였다. 일상에 지친 일주일을 보내고 주말이 되자마자 서점을 찾았다.

익숙한 길을 따라 걷는데 가판에 세워진 책 한 권이 눈에 들어왔다. 《이젠 책 쓰기가 답이다》. 쳐다보지 않을 수 없는 제목 아닌가. 그러고 보니 살면서 언젠가는 책을 써 봤으면 좋겠다고 생각했었다. 한창 책에서 간접체험의 재미를 느끼던 대학생 때였다. 인생을 어느 정도 경험한 후 남길 만한 특별한 이야기가 있을 때쯤인 50, 60세면 가능하지 않을까, 하고 막연히 생각하던 때였다. 자석에 끌리듯 다가가 무작정 책을 집어 들었다.

책을 사서 집으로 돌아오는 지하철에서부터 바로 읽기 시작했다. 술술 책장을 넘기면서 책은 특별하고 특출한 사람들이 쓰는 것이라는 생각이 완전히 바뀌었다. 그런데 그 책의 저자는 자신이 평범하다고 생각된다면 무조건 책을 써야 한다고 말했다. 그리고 그 글귀가 지극히 평범했던 나를 이렇게 작가로 만들었다. 그리고 그 책의 저자인 〈한책협〉의 김태광 대표 코치는 내 인생에 스승이자 멘토가 되어 주셨다.

"아무것도 하지 않으면 아무 일도 일어나지 않는다."라는 말이 있다. 먼저 〈한책협〉의 〈1일 특강〉에 참석했다. 책 쓰기에 관심이 있는 사람들이 그렇게나 많은 줄 몰랐다. 실제로 책을 출간한 작가들도 직접 볼 수 있었다. 원고를 완성하고 투고해 출판사와 계약을 마친 작가들이 대단해 보였고 신기하기만 했다. 그런데 김태광 대표 코치는 〈1일 특강〉을 듣고 있는 누구나 책을 쓸 수 있다고 이야기하셨다.

고등학교 때부터 글을 끼적이긴 했었다. 답답한 일이 있을 때 일기를 쓰고 나면 후련해지듯 한바탕 글로 풀어내면 해소가 되곤 했다. 그렇다고 빼어난 글솜씨를 지닌 것은 아니었다. 그런데 책 쓰기와 글쓰기는 다른 것이라는 임원화 코치의 말이 가슴을 두들겼다. 명필 작가가 빼어난 글솜씨로 글쓰기를 해야만 책인 것은 아니라고 했다. 본인만의 이야기를 풀어내면 그것이 책이 된다는 것이었다. 평범한 사람들의 이야기가 공감을 이끌어 내고 독자들의 고개를 끄덕이게 만들 수 있기 때문이다.

용기를 내어 보기로 했다. 먼저 여러 명의 다양한 이야기가 모여 한 권의 책으로 태어나는 공동저서에 한 꼭지의 글을 써 보기로 했다. 그렇게 《미래일기》로 책 쓰기에 처음 발을 디디게 되었다. A4용지 두 장 반 분량에 나의 미래를 담아내는 과정이었다. 그런데 글로 언제가 이룰 꿈의 모습을 그려 나가다 보니 막연했던 꿈 안에 들어가 있는 나의 모습을 보게 되었다. 공동저서가 출간된 날의 기분은 말로 형언할 수 없이 짜릿했다. 저자들 사이에 끼어 있는 내 이름만으로도 이미 특별해진 듯했다.

이제는 나만의 책을 쓰고 싶은 마음이 간절해졌다. 내가 들려 줄 수 있는 이야기가 무엇인지 고민이 시작되었다. 생각해 보니 나는 내가 원했던 일을 꿈꾸었고 그것을 열심히 이루었다. 번개처럼 찾아온 통역사의 꿈을 만났고 그 꿈을 이루기 위해 국내파였던 나는 무던히도 애썼다. 들어가기 힘든 공기업에 취업해 안정적인 생활을 하다가 통역사가 되고 싶어서 무작정 회사를 그만두고 준비했다. 그리고 지금은 그 꿈을 이루었다. 통역사로서 전 세계와 소통하며 살고 있는 것이다.

통역사가 되기 외해 통·번역대학원 시험을 준비하던 때를 돌아보았다. 그때 나에게는 현직 통역사도 아닌 통역대학원에 합격하는 것이 꿈이었다. 지금 나의 모습도 누군가에게 꿈이 될 수 있다는 생각이 스쳤다. 대학원을 준비하면서 통·번역대학원 학생들은 어떻게 공부하는지, 대학원 졸업 후 통역사로서의 활동은 어떻게 시작하는지 궁금한 것들이 산더미였다. 그런 나의 경험들이 통·번역사를 준비하는 사람들에게 도움이 될 것이란 생각이 들자 이제는 무조건 책을 쓸 수밖에 없었다.

회사를 다니다가 서른이 넘어 대학원 시험을 준비해 졸업한 나는 새내기 통역사였다. 책에 최대한 많은 이야기를 담고 싶어서 통역 일을 부지런히 더 하기 시작했다. 프리랜서 통역사로 활동했던 나는 인하우스(in-house) 통역사, 즉 사내 통역사로는 일해 본적이 없었다. 그래서 사내 통역사 시험을 준비해서 한국전력공사 계열사에 사내 통·번역사로 입사했다.

통역사는 크게 프리랜서와 기관에서 일하는 인하우스 통역사로 나뉜다. 인하우스 통역사 경험 없이는 제대로 된 이야기를 할 수 없다. 결국 나는 책을 쓰기 위해서 취업한 셈이다. 입사지원서를 쓰는 것부터 통역시험, 번역시험 그리고 면접시험까지 모두 책에 담아내기 위한 것이었기에 소중했다. 떨어진 경험조차 사례가 되었다. 책을 쓰기로 하니 모든 것들에 의미를 담을 수밖에 없었다. 나의 사소한 경험이 누군가에게는 꿈을 향한 소중한 밑거름이 될 수 있기 때문이다.

그뿐만이 아니었다. 책을 쓰면서 내가 얼마나 영어를 사랑했고 잘하기 위해 애써 왔는지 돌아볼 수 있었다. 회사를 다니면서도 저녁에는 영어 학원을 다녔다. 대학원에 들어가서는 밤새워 작성한 과제가 저장이 안 되어 날아가는 바람에 엉엉 울기도 했다. 그런 기억들이 새록새록 떠올랐다. 대학원 마지막 학기를 호주에서 보내면서 난생처음 유학생활을 시작했다. 적응할 시간도 없이 석사 학위를 따기 위해 고군분투했던 날들을 떠올리니 빙그레 미소가 지어졌다.

책을 쓰는 과정도 녹록지만은 않았다. 서울에 있으면 직장생활을 하며 책을 쓰기가 힘들 듯해서 일부러 지방의 공기업을 선택했다. "서울에서 왜 여기까지 내려왔어요?"라고 묻는 직원들에게 "셀프 유배하는 중이에요."라고 말하며 퇴근하자마자 집으로 와서 책을 써 내려갔다. 회사에서 받은 스트레스를 가득 안고 오는 것은 견딜 만했다. 하지만 일이 많아져 글 쓸 틈이 없을 때는 마음이 조급해지기도 했다. 주말마다 서울과 나주를 왔다 갔다 하는 것도 체력적으로 힘들었다. 외롭고 쓸쓸하기도 했다. 중간에 몸이 안 좋아져 아예 원고에 손을 못 댄 적도 있었다.

하지만 끝까지 포기하지 않았다. 그러면서 나를 더욱 사랑하게 되었다. 그리고 나의 일을 더욱 사랑하게 되었다. 통역사로 활동하면서 내가 관심 있는 분야인 영화의 종사자들과 친구가 될 수 있었다. 내 드림카인 머스탱 포드사의 임원들도 수행 통역할 수 있었다. 나의 꿈과 추억 그리고 그로 인해 만난 친구들 모두를 떠올릴 수 있었다. 통역사를 꿈꾸는 이들에게 도움을 주려고 시작한 책 쓰기가 나의 존재감과 자존감을 높여 주고 있었다.

그리고 《순수 국내파 통역사로 먹고살기》를 출간할 수 있었다. 저명한 교수님들과 베테랑 통역사들의 책은 있지만 나 같은 새내기 통역사가 쓴 책은 아마 《순수 국내파 통역사로 먹고살기》가 유일할 것이다. 처음에는 이 때문에 망설여졌다. 하지만 다르게 생각하니 나만이 들려줄 수 있는 생생한 이야기들을 담을 수 있을 것 같았다.

책 쓰기를 하면서 자존감만 높아진 것은 아니다. 책을 쓰려면 수십 권의 관련 서적을 읽어야 한다. 통·번역대학원에서는 통번역 실습이 위주이다 보니 이런 서적을 읽을 시간이 많지 않았다. 책을 쓰면서 나는 다시 한 번 통·번역에 대해 깊이 공부하게 되었다. 직업적인 전문성도 자연스레 쌓여질 수밖에 없었다. 그리고 사느라 바빠 연락 못했던 대학원 동기들을 만나 다른 통·번역사들의 삶도 듣고 공감할 수 있었다.

책을 쓰기 위해 통역 일을 다시 찾아 하고 회사까지 입사했으니 책 쓰기가 내 삶을 아주 크게 뒤흔들었다고도 할 수 있다. 긍정적인 흔들림과 요동이었다. 이제 막 출간된 나의 책. 나는 사라져도 나의 흔적은 남아 있을 거라고 생각하면 가슴이 벅차오른다.

모든 인생은 과거, 현재 그리고 미래를 담고 있다. 소중하지 않은 인생은 하나도 없다. 이야기가 없는 인생 또한 없다. 대단한 사람이 책을 쓰는 것이 아니다. 모든 인생의 이야기가 책이 될 수 있다. 평범해 보이는 인생도 글로 쓰는 순간 특별해진다. 책을 쓰지 않았다면 내가 어떻게 저자특강이라는 것을 해 볼 수 있겠는가. 책을 사려고만 갔던 서점에 저자로서 서점 관계자들을 만나러 갈 수 있겠는가. 무엇보다 어떻게 저자가 되어 독자들의 관심을 받을 수 있었을까.

나는 책을 쓰면서 성장할 수 있었고 나를 사랑할 수 있게 되었다. 대단하지 않아 보였던 내가 대단하게 되었다. 그리고 더 큰 꿈을 꾸고 있다. 칼럼가로서 강연가로서 영어로 TED 강연을 하는 그날을 기대하는 통역사이자 여성 기업가로서의 꿈을. 망설이고 있다면 우선 써라. 당신도 충분히 할 수 있다.

49−60

이순희　류한윤　김홍석

이은호　정광주　경수경

이승희　유애희　박혜경

김미정　이준희　조우관

49

마음먹은 대로 인생 살아가기

이순희   '월드 스카프' 대표, 스카프 디자이너, 자기계발 작가, 강연가, 동기부여가

평생 가난과 학력 콤플렉스를 안고 살았다. 무에서 유를 창조하겠다는 자신감으로 자신의 인생을 디자인했다.
사람들에게 꿈과 희망을 전하는 동기부여가, 메신저, 자기계발 작가, 1인 기업가, 스카프 사업가로 행복한 삶을 살아가고
있다. 희망과 꿈을 주제로 한 개인저서 출간을 앞두고 있다.

* E-mail sunilsa@hanmail.net

대학에 입학한 후 첫 수업을 받았을 때의 일이다. 교수님은 앞
으로 10년 동안의 비전에 대해 글을 써 오라고 하셨다. 나는 어려
서부터 대학교수가 가장 존경스러웠다. 자연스럽게 대학교수가 되
겠다는 꿈을 품고 살았다. 그래서 10년 안에 대학교수가 되는 것
이 나의 비전이라고 발표했다. 내 나이 그때 64세였다. 참 배짱도
좋았던 것 같다. 어떻게 그런 생각을 발표할 수 있었는지. 다른 학
생들은 말도 안 되는 꿈이라고 생각했을지도 모른다. 교수님 또한
그렇게 생각하셨던 것 같다.

"10년 안에 교수가 된다는 것은 불가능한 일입니다. 지금부터 시작한다고 해도 대학 4년, 대학원 2년, 박사까지 대략 5년은 잡아야 하니 힘들 것 같습니다."

하지만 나는 반드시 이루고 말겠다고 다짐했다. 비전을 발표했으니 그 말에 책임을 져야 했다. 나는 중·고등 검정고시를 1년 만에 합격해 대학에 들어온 것이었다. 남들은 6년 하는 공부를 1년 만에 마쳤기 때문에 아무리 공부를 잘했다고 한들 부족한 부분이 너무 많았다. 교수가 되기 위해서는 남보다 많은 것을 알아야 한다고 생각했다. 그래서 모자라는 과목이라든지 여러 가지 미비한 점은 과외 하듯 저녁 늦게까지 학원으로, 문화센터로 배우러 다녔다.

가장 급한 것은 발표였다. 수십 년간의 사회 경험이 있어 발표를 잘할 줄 알았다. 교수님 앞에서의 첫 발표에 모든 학생들이 떨고 있었다. 약간의 자신감을 가지고 있었지만 나 역시 떨리는 것은 마찬가지였다. 발표를 한다는 것은 내 생각처럼 만만치가 않았다. 그래서 인터넷으로 발표를 잘할 수 있는 방법을 검색해 보았다. 그때 스피치 학원이 있다는 것을 처음 알았다. 배우기 위해서는 마땅히 투자를 해야 한다고 생각했다. 학원에 등록하고 발표하는 연습을 하며 발표할 때의 자세와 마음가짐을 재정비할 수 있었다.

이에 그치지 않고 또 다른 문화센터를 찾았다. 그곳에서는 내가 발표하는 모습을 촬영해 잘못된 습관을 지적해 주었다. 나는 그곳에서 발표의 기본을 또다시 배웠다. 이렇게 해서 어느 정도 발표에 자신감을 가질 수 있게 되었다. 그때, 지금은 없어진 프로그램이지만 조선TV 〈시사토크 판〉에서 출연 요청을 해 왔다. '준비된 자에게 기회가 오는 법이다'라는 말이 새삼 와 닿는 순간이었다.

첫 TV 출연에 걱정이 앞섰다. 긴장한 나를 본 작가가 말했다. "녹화 방송이니까 잘못되더라도 다시 촬영하면 됩니다. 너무 걱정 마세요."라고. 그런데 시작 사인이 떨어지자 나는 오히려 차분해졌을뿐더러 대담해지기까지 했다. 사회자가 묻기도 전에 미리 이야기하는 여유까지 보이고 있었다. 15분이라는 시간은 순식간에 지나가 버렸다. 방송이 끝나자 작가는 내게 혹시 다른 데 출연한 경험이 있느냐고 물었다. 아니라고 대답하자 작가는 "너무 자연스럽게 잘하셔서 경험이 있는 줄 알았어요."라고 칭찬하면서 다음에 책 나올 때 꼭 연락 달라고 부탁했다.

한번 TV에 출연하니 다른 방송국에서도 다큐멘터리 촬영 요청이 들어왔다. 촬영이 진행되던 중, 양성평등원으로부터 스카프 주문이 들어왔다. 그러면서 양성평등원 원장님과 잠시 대화를 나눌 시간이 있었는데, 원장님께서는 대학교수가 되고자 하는 나의 꿈을 들으시고는 "우리 아카데미에서 외래교수 자격을 드릴 테니 전국적으로 강의를 해 주세요."라고 하셨다.

원장님의 말씀에 놀란 마음을 감출 수가 없었다. 마른하늘에 날벼락 치듯, 갑자기 외래교수라니? 순간 정신이 멍해졌다. 정신을 차리자 그다음 순간 나도 모르게 눈물이 펑펑 쏟아져 내리고 있었다.

"다음 달 5일에 외래교수 수여식을 할 것입니다. 우리 직원이 100여 명 되는데 그날 강의도 준비해 오세요."

'세상에 이런 일이'라더니 정말 이런 일이 일어나기도 하는구나, 하고 감탄하지 않을 수 없었다. 대학교수는 아니지만 외래교수도 교수이거늘. 어찌 되었건 나는 교수가 되었다.

외래교수 수여식 날, 꽃다발과 외래교수 자격증을 받고 강의를 시작했다. 발표를 시작하기 전의 떨림은 이미 사라지고 없었다. 나의 이야기가 절로 풀어져 나왔다. 강의를 끝내면서 직원들의 환호에 감사했다. 강연이 끝나고 직원들은 나에게 다가와 한마디씩 했다.

"대단하시네요."

"감동이었습니다."

"훌륭하세요."

나는 전국을 돌아다니며 양성평등원 외래교수로서 강의했다. 내 강의를 듣는 대상은 주로 대도시에 있는 대형백화점의 중간 간부들이었다. 주로 주부들이 많았다. 어린 시절부터 가난과 고난을 이겨 내며 아이들을 제대로 돌보아 주지 못한 엄마. 그래서 자식들이 말을 안 들을 때 마음 놓고 꾸중하지 못했던 마음. 자식들이 성적을 제대로 받아 오지 못했을 때 엄마로서의 미안함과 죄책감을 이야기했다. 그러면서 함께 공감하며 함께 눈물지었다. 그런 감동의 분위기 속에서 즐겁고 행복하게 강의를 다녔다. 꿈에서나 이룰 수 있는 교수의 꿈을 현실에서 이루었다. 감히 이룰 수 없는 꿈도 간절히 원하면 이루어질 수 있다는 현실을 보았다.

이제 나의 마지막 꿈은 베스트셀러 작가가 되는 것이다. 힘들었던 시기를 이겨 내며 성공하기까지 생생한 나의 스토리를 여러 사람들에게 알려 주고 싶다. 살아가는 동안에 다른 이들의 삶에 도움이 되고 동기부여해 줄 수 있다면 이보다 더 보람되고 가치 있는 일은 없을 것이라는 생각이다. 누구든지 굳은 의지만 있으면 성공할 수 있는 것이다.

나에게 확실한 목표가 정해졌을 때, 의식이 확장되었다. 독서하는 방법도 달라져 있는 것을 느낄 수 있었다. 그림 하나, 단어 하나하나가 허투루 보이지 않았다. '이 단어는 참 아름다워. 이 단어를 나의 글쓰기에 넣어 볼까? 이 대목의 의미가 나의 마음이야. 이 대목을 나의 글로 바꾸어 볼까?' 줄을 그어 가며 독서의 재미를 느낄 수 있었다. 살아오면서 요즘처럼 많은 책을 읽은 적이 없었다. 책 쓰기 목적을 달성하기 이전에 독서의 의미를 느끼고 있다. 나의 지식이 성장되어 가는 과정에 감사하며 더욱 행복해지는 것을 느끼고 있다.

나는 이미 성공했다. 3권의 공동저서를 출간했다. 또한 개인저서 역시 올해 출간될 예정이다. 처음에는 공동저서에 들어갈 한 꼭지짜리 글을 쓰는 것도 힘들었다. 그러나 반복된 연습으로 책 쓰기가 훨씬 수월해진 것을 확연히 느꼈다. 이제 책 쓰기는 '누워서 떡 먹기'다. 처음 책 쓰기를 시작할 때의 목표는 50권이었다. 그러나 책 쓰기에 재미를 붙이면서 100권, 200권도 쓸 수 있겠다는 환상에 젖어 본다.

인생은 마음먹은 대로 된다는 것을 보여 주고 싶다. 어느 누구든 확실한 목표를 세우고 꿈을 키워 간다면 언젠가는 꼭 성공할 것이라고 확신한다. 실오라기 같은 작은 일부터 실천하며 조금씩 성공을 이루어 가는 기쁨을 맛본다면 '티끌 모아 태산'이라는 말의 깊은 의미를 가슴에 새길 수 있을 것이다.

50

외롭게 있던 꿈을
삶으로 끌어오기

류한윤 '독서변화연구소' 대표, 칼럼니스트, 동기부여 강연가, 웰니스(wellness) 플래너,
동기부여 강연가

낙상사고로 입은 큰 부상을 독서와 운동으로 극복했던 경험을 전하기 위해 《삶을 바꾸는 기술》이라는 저서를 출간했다.
'시련은 성장을 위한 씨앗이다'라는 모토로 꿈과 희망을 전하는 메신저로 활동하고 있다. 또한 독서로 변화된 삶의
가치를 전하는 독서변화 코치로도 활동 중이다. 저서로는 《삶을 바꾸는 기술》, 《보물지도8》, 《나는 책쓰기로 당당하게
살기로 했다》 등이 있다.

- Email rhyforg@naver.com
- Cafe www.rcl-lab.com
- Facebook ryu.hanyoun
- Blog blog.naver.com/rhyforg
- C·P 010.9027.9297

책을 써서 얻는 것은 무엇일까? 누구나 한 번쯤은 자기 이름
으로 된 책을 써 보고 싶다는 막연한 생각을 한다. 그것을 실천
으로 옮기는 사람이 있는 반면 생각에 그치는 사람들도 있다. 나
역시 책을 써 보고 싶다는 막연한 생각을 평생의 꿈처럼 여기며
지냈다. 책 쓰기 시도를 하지 않았다면 많은 이들처럼 생각에만
머물러 있었을지도 모른다.

책을 쓰는 과정에서 다양한 경력을 가진 작가들을 만났다. 자
신의 전문분야를 더 알리고 브랜딩하기 위해서 글을 쓰려고 하는

분들도 있었다. 반면 전문적이진 않지만 자신의 스토리를 세상 사람들과 나누고자 하는 분들도 있다. 각자 지향점은 다르다. 하지만 막상 글을 쓰기 시작하면 대부분 자신이 예상하지 못했던 것들을 알게 되고 얻게 된다. 그렇기 때문에 그분들과 소통하고 교류할 때면 언제나 긍정적인 에너지를 얻는다.

나는 공동저서를 포함해서 7권의 책을 낸 작가가 되었다. 지나간 시간을 돌이켜 보면 책을 쓰면서 얻은 것들이 많다. 단지 책을 출간한 경험만을 얻은 것은 아니다. 책을 쓰는 과정에서 내가 살아온 시간들을 모두 불러내어 10대, 20대, 30대의 나 자신과 만났다. 끊임없이 흘러가는 삶 속에서 미처 되돌아볼 겨를도 없었던 기억들을 만날 때는 깜짝 놀라기도 했다. 그만큼 살아가면서 바쁜 일상을 핑계로 지나간 나에게 애정이란 것을 준 적이 없기 때문이다.

물론 지나간 시간은 이미 확정된 사실이기에 바꿀 수 있는 것은 아니다. 그렇지만 지금 있는 그대로의 자신을 받아들이고 사랑하기 위해서는 과거의 나에게도 위로와 사랑과 감사를 줘야 한다. 좋은 기억들도 있고 슬프고 아픈 기억도 있다. 그 모든 것들을 바탕으로 미래로 나아가는 것이다.

책을 쓰는 동안, 그리고 책을 출간한 이후에는 새로운 인연들도 많이 만나게 된다. 우리가 삶을 바꾸는 중요한 요소 중 하나가 주변의 사람이다. 어떤 사람인지 알고 싶다면 그의 주변에 있는 사람 5명만 보면 알 수 있다고 하지 않는가? 주변 사람이 바뀌면 나도 바뀐다.

책을 쓰는 것이 평생의 꿈이자 소망이었다. 그런데 책을 쓰는 동안 더 큰 꿈을 꾸게 되고 다른 꿈들도 꾸게 된다. 점점 더 넓고 높은 곳을 바라보게 된다. 꿈이라고 하면 사람들은 어렵게 생각 하기도 하고 번듯하게 뭔가 있어야 한다고 여기기도 한다. 하지만 꿈은 꼭 그래야만 하는 것은 아니다. 꿈은 그저 자신이 하고 싶은 것, 갖고 싶은 것, 되고 싶은 것이다. 그렇게 쉽게 접근하면 된다.

어떤 이는 직업은 꿈이 될 수 없다고도 한다. 그럴싸하고 더 멀리 바라보는 비전이 있어야 한다고 말한다. 꼭 그래야만 할까? 우리 스스로가 꿈에 한계를 만들지는 말아야 한다. 의사가 되겠 다는 것도 꿈이고 의사가 되어 암을 완벽히 치료하는 치료제를 개발하겠다는 것도 꿈이다. 더 나아가 의료서비스를 받지 못하는 낙후한 곳에 가서 의술을 펼치겠다는 소명 또한 꿈이다. 꿈은 작 게 시작해서 점점 넓혀 가는 것이라고 생각해도 된다.

요즘 아이들의 장래희망을 조사해 보면 교사, 연예인, 운동선 수를 많이 얘기한다. 이를 두고 아이들이 쉽고 편해 보이는 것을 희망하는 것이 문제라고 보는 이도 있다. 하지만 아이들의 장래희 망은 주어진 환경에 크게 영향을 받는다는 것을 간과해서는 안 된다. 오히려 아이들이 미래의 유망한 직업을 알 수 있도록 노력해야 하지 않을까. 아이들의 꿈은 아이들이 자라면서 함께 커 가도록 해 주는 것이 더 중요하다. 꿈을 잃어버리지 않도록 응원도 해 줘야 한다.

나는 꿈을 잃었는데도 꿈을 잃어버린 줄 모른 채 살아왔다. 책 쓰기는 그런 내게 꿈을 찾게 해 줬고 그 꿈을 더 확장할 수 있도록 해 줬다. 사람들은 성공을 바란다. 하지만 그냥 바라기만 하는 이들이 많다. 그것은 목표가 없기 때문이기도 하고 꿈이 없기 때문이기도 하다. 꿈이란 다른 말로 목표다. 그 목표를 달성하는 것이 성공이다. 즉, 성공과 꿈은 같은 것이다. 꿈에 다다르는 것은 바로 성공의 문을 여는 그 순간이다.

책 쓰기를 통해서 하고 싶은 것, 갖고 싶은 것, 가고 싶은 곳, 되고 싶은 것을 명확하게 그리게 되었다. 매일 아침 거실 벽에 붙여 놓은 나만의 보물지도를 만나는 것은 잠재의식에 명확한 나의 꿈을 전하는 일로 자리 잡았다.

내가 가장 좋아하는 취미는 마라톤이다. 예전에는 마라톤을 하면서도 개인 기록을 조금 앞당겼으면 하는 목표만 있었다. 하지만 꿈을 찾게 되면서부터는 마라톤을 하면서도 다양한 꿈을 꾸고 그 꿈에 도전하고 있다. 이전이었더라면 생각지도 않았던 것들을 시도하고 있다. 지난해 4월에는 처음으로 5개의 높은 산을 넘는 '국제 트레일 러닝'에 참가해 완주했다. 여름에는 50km와

100km 울트라마라톤도 완주했다.

얼마 전에는 한 번은 해 보고 싶었던 '63빌딩 계단 오르기 대회'에 참가했다. 마라톤을 꾸준히 해 왔지만 계단을 오르는 것은 달리는 것과는 달랐다. 첫 참가이지만 쉬지 않고 올라갔다. 40층에 다다르자 마라톤의 30km쯤에서처럼 쉬고자 하는 유혹이 마음속에서 일어났다. 이럴 때 선택지는 하나뿐이다. 멈추느냐 계속 가느냐다. 힘들어서 자신과 타협하면 언제나 아쉬움과 후회가 남는다는 것을 잘 알기 때문에 그 유혹을 이겨 내기로 했다.

그렇게 가쁜 숨을 몰아쉬며 최상층에 도착했을 때는 숨 쉬기도 어렵고 메스껍기까지 했다. 달리기 훈련을 할 때 전력 질주로 1km를 달렸을 때와 비슷한 느낌이었다. 그만큼 계단 오르기의 운동 강도가 높음을 몸소 알게 되었다.

마라톤에는 삶의 모든 것이 있다. 완주를 해낸다는 것은 작은 꿈을 성취하는 것과 같다. 긴 마라톤 여정 동안 생기는 여러 가지 어려움과 유혹은 마치 삶에서의 그것과 닮아 있다. 힘든 상황이 오면 이를 악물고 버텨 낸다. 이 정도에 꺾여서는 안 된다고 스스로에게 주문을 걸면서 말이다. 완주로 인한 성취감은 세상살이의 어떠한 어려움도 이겨 낼 수 있을 것 같은 큰 힘을 준다. 내가 꾸준히 준비하고 다양한 대회에 참가하는 이유이기도 하다.

7일 동안 7개 대륙에서 일곱 번의 마라톤 풀코스를 완주해야 하는 대회가 있다. 아무나 해낼 수 없는 대회다. 일곱 번 연속으로 해야 하는 부담감에다 매일 전속기로 이동하면서 그 나라의 시차까지 적응하고 이겨 내야 한다. 그럼에도 불구하고 언젠가는 꼭 도전해서 완주해 내고 말 것이다.

책 쓰기는 계속해서 나의 꿈을 확장시켜 주고 있다. 우리는 인생을 바꿀 수 있다는 얘기를 많이 듣는다. 그럼에도 불구하고 인생을 바꾸기가 쉽지 않다는 것을 안다. 그래서 대부분 도전해 보지 않고 안주하는 경우가 많다. 이런저런 핑계를 대며 말이다. 우리가 생각하는 것을 행동으로 옮겨야 한다. 그리고 행동을 계속하다 보면 습관이 되고 습관은 한 사람의 인격을 만들어 준다. 인격이 만들어지면 삶이 바뀐다. 동서양의 많은 철학자와 책들이 전해 주는 말이다.

나는 강연을 할 때나 사람들에게 얘기할 때 생각을 행동으로 옮기는 것을 강조한다. 생각만 해서는 아무것도 시작되는 것이 없기 때문이다. 행동으로 옮기면서 모든 것은 시작된다. 그리고 그 시작은 삶을 바꿀 수 있는 확률을 활짝 열어젖히게 된다.

책 쓰기를 시작하고 나서 내 삶은 바뀌고 있는 중이다. 성공과 실패는 종이 한 장 차이라고 한다. 하지만 책 쓰기는 일순간에 삶을 바꿔 주는 것은 아니라고 생각한다. 하지만 책 쓰기를 통해 내가 찾은 꿈들과 그 꿈들이 파도처럼 점점 커져 가는 것을 바라볼 때면 삶이 바뀐다는 것을 의심하지 않는다.

나의 관심과 애정을 받지 못해 외로웠던 꿈이 책 쓰기를 통해 내 삶으로 되돌아왔다. 매일 아침 다짐한다. 다시는 꿈을 외롭게 하지 않으리라고 말이다. 나의 애정을 듬뿍 받는 꿈은 시간이 얼마나 걸릴지는 알 수 없지만 내게로 오게 되어 있다. 꿈을 의심 없이 믿으면 이뤄질 수밖에 없다.

51

책 쓰기를 통해
삶의 가치와 자존감 올리기

김홍석 'Dream Realize Success 아카데미' 대표, 'Dream Math Academy 수학 학원' 원장,
학원 강사 성공 코치, 자기계발 작가

가슴속의 꿈을 실현하기 위해 삼성전자를 과감히 퇴사했다. 그 후 수학 강사로 활동하며 3년 만에 억대 연봉을
달성했다. 제자들에게는 꿈과 희망을 주는 동기부여가로, 강사로 성공하고 싶은 사람들에게는 코칭 전문가로 활동하고
있다. 저서로는 《나는 삼성맨에서 억대 연봉 수학 강사가 되었다》, 《보물지도7》, 《되고 싶고 하고 싶고 갖고 싶은
38가지》, 《또라이들의 전성시대2》 등이 있다. 현재 제대로 공부하는 비법을 담은 개인저서를 준비 중이다.

- Email king-dream@naver.com
- Blog blog.naver.com/king-dream
- Cafe cafe.naver.com/kyj0604

강사 컨설팅을 진행하던 중 한 강사가 질문했다.

"김홍석 강사님, 저도 지금 책을 쓸 수 있을까요? 학원 경력이
6개월밖에 안 되는데 몇 년을 더 해서 성공한 다음에 책을 써야
하지 않을까요?"

그 질문에 나는 이렇게 대답했다.

"강사님의 나이가 벌써 서른두 살입니다. 30여 년을 살아오며
경험하신 체험과 시련을 통해 깨달은 내용, 극복한 노하우가 무수
히 많습니다. 군이 학원 강사 이야기가 아니더라도 최고의 책 소

재가 될 수 있습니다. 그리고 강사님의 스토리야말로 누군가에게 도움이 되고 삶의 해답이 되는 보물일 수 있습니다."

나도 책을 쓰겠다는 생각이 처음부터 절실하지는 않았다. 게다가 내가 무엇을 쓸 것인가에 대한 고민도 거의 없었다. 그런데 단 1년 만에 7권의 책을 출간한 베스트셀러 작가가 되었다. 지금 생각하면 우연한 기적이 아니다. 내 안에 있는 가치를 깨달은 것이 시작이었다. 자신의 가치를 깨닫는 순간 기적은 아무렇지 않게 현실이 된다.

2년 전 겨울, 근무하던 학원에 대형 화재가 발생했다. 다행히 인명 피해는 없었지만 뉴스에 보도가 되고 몇백 명이 대피할 정도로 큰 화재였다. 화재로 인해 학원을 이전했고 그곳에서 운명적인 만남을 갖게 된다. 그렇다고 모든 것이 단순히 우연이었다고 하기에는 내 마음 깊숙한 곳에서부터 작은 울림과 떨림이 있었다. 이러한 마음의 변화가 운명적인 만남을 만들어 준 것이다.

대한민국에 책을 쓰는 방법을 알려 주는 학원이나 코치가 많다는 것은 나중에 알았다. 다행히 나는 그중 최고인 〈한책협〉을 만났다. 그곳에서 김태광 대표 코치를 만났다. 처음부터 책을 쓰기 위해 〈한책협〉을 찾아간 것은 아니었다. 화재로 이전한 학원과 같은 건물, 같은 층에 〈한책협〉이 있었는데 매주 주말이면 많은 사람들이 그곳을 오갔다. 그리고 서로를 '작가'라고 불렀다. 모두의 얼굴에 미소가 가득했다. 한쪽 벽에는 출간된 책의 포스터들이 가득 붙어 있었다. 자연스레 호기심이 생겼고 한 발 한 발 다가가게 되었다.

그렇다고 책을 쓸 마음은 역시나 전혀 없었다. 게다가 '내가 무슨 책을 쓴단 말인가?'라는 생각이 컸다. 그러나 〈한책협〉의 다양한 수업을 들으며 조금씩 마음이 움직이기 시작했다. 특히 김태광 대표 코치의 〈성공법칙 마인드〉 수업은 나에게 큰 변화를 가져다주었다. 자신의 모든 삶은 자신의 의식과 잠재의식에 의해 결정되며, 모든 것은 내가 원하는 대로 만들 수 있다는 것이었다. 이로써 나는 나의 삶의 작은 스토리들이 누군가에게 큰 도움이 될 수 있다는 것을 깨달았다. 그 시작이 바로 책 쓰기였다.

'나도 책을 쓸 수 있다'라는 자신감이 생겼다. 더 이상 '도대체 무슨 내용의 책을 쓸 것인가?'라는 고민을 하는 것이 아니라 '나의 많은 스토리 중 어느 것을 고를 것인가?'로 생각이 바뀌었다. 그렇다. 나도 책을 쓸 수 있다는 확신이 생겼다.

할 수 있다는 자신감이 생기고 내가 경험한 스토리의 가치를 깨닫는 순간 더 이상 책을 쓰는 것은 어려운 일이 아니었다. 오히려 나를 점검하고 완성하는 계기가 되었다. 보다 큰 행복감을 느낄 수 있었다. 가장 큰 것은 나의 스토리가 누군가에게 꼭 필요하고 도움이 될 수 있다는 깨달음이었다.

나는 삼성전자를 5년 만에 퇴사하고 학원 강사가 되었다. 그리고 6개월 만에 학생 수 70여 명을 달성하고 3년 뒤 억대 연봉 수학 강사가 되었다. 별것 아닌 스토리일 수 있지만 그 가치를 깨닫는 순간 실행력이 생겼고 그 영향력은 어마어마했다.

3년이 걸린 억대 연봉 강사 스토리를 책에 그대로 써 내려갔다. 단기간에 학생 수가 늘어날 수밖에 없었던 경험과 방법, 이직할 때마다 기하급수적으로 월급이 올랐던 이야기, 어느 학원에 가든 1등을 하고 학생들이 가장 좋아하는 강사가 되었던 나만의 노하우를 그대로 기록했다. 그리고 멋지게 책 한 권이 세상에 등장했다. 단 1년 만에 억대 연봉 강사가 될 수 있는 비법을 실은 《나는 삼성맨에서 억대 연봉 수학 강사가 되었다》가 출간되었을 때의 기분은 말로 표현하지 못할 정도다. 그러나 이 멋진 기분, 최고의 기적은 이제부터 시작이었다.

책이 출간되고 나서 정말 많은 변화가 생겼다. 많은 강사들에게서 연락이 왔다. 뿐만 아니라 고등학교의 강연 요청에 각종 미디어와 인터뷰도 진행했다. 게다가 방송 출연 섭외가 들어올 정도였다.

특히 강사들로부터 단순히 감사 내용뿐만 아니라 직접 만나 조언을 구하고 싶다는 문자가 많이 왔다. 그래서 일대일로 컨설팅을 진행했다. 컨설팅을 진행하는 1시간, 2시간 동안 책의 내용을 넘어 개별적으로 필요한 조언을 해 주었다. 사실 조언이랄 것도 없다. 단지 내가 알고 있는 방법, 내가 깨달았던 내용을 이야기해 줄 뿐이었다. 그럼에도 불구하고 컨설팅이 끝나면 그들은 매우 흥분하고 만족스러워하며 감사 인사를 했다.

컨설팅을 하면 할수록 스토리의 힘을 깨달았다. 어려운 전문 지식을 필요로 하는 사람들은 그것을 공부하면 된다. 하지만 삶의 노하우, 인생의 성공 법칙은 단순히 공부한다고 얻어지는 것이 아니다. 성공하고 싶다면 성공한 사람들이 쓴 책을 읽어야 한다. 학원 강사로 성공하고 싶다면 학원 강사로 성공한 사람의 책을 읽어야 한다. 공부를 잘하고 싶다면 단순히 공부하는 스킬만을 알려 주는 책이 아니라 왜 공부해야 하는지 동기부여와 꿈을 찾을 수 있도록 해 주는 공부법 책을 읽어야 한다.

재미있는 것은 자신이 생각하는 성공의 기준에 미치지 못하더라도 얼마든지 책을 쓸 수 있다는 것이다. 억대 연봉의 성공한 강사가 되어서 내가 책을 쓴 것은 아니다. 학원 강사 중 나보다 훨씬 더 많은 수입을 올리고 있는 강사들은 너무도 많다. 오죽하면 서울대학교를 졸업하고 현재 강사를 하고 있는 고등학교 동창이 내 책을 보고 연락해 왔다. 그 녀석은 "야. 1년에 2억 정도 번다고 책을 내냐? 나는 3억 이상을 벌고 있다고."라며 농담 섞인 말을 했다.

하지만 중요한 것은 지금이 아니라 미래다. 3억을 버는 그 친구는 일주일에 단 하루도 쉬는 날 없이 아침부터 밤늦도록 일했다. 몇 번 쓰러진 적도 있다고 했다. 그러나 나는 일주일에 4일만 출근한다. 나머지 3일은 책을 읽거나 여행을 가거나 나만의 시간을 갖는다. 출근하는 4일도 저녁에만 4시간 근무하고 오전과 오후에는 나만의 시간을 보낸다.

그리고 3억을 번다는 그 친구와 가장 큰 차이가 있다. 나는 힘들어하는 초보 강사들을 위해 나의 열정을 쏟아 책을 출간했다. 그리고 나의 영향력은 내가 쉬고 있는 지금도 세상에 퍼져 나가고 있다. 매 순간 나를 필요로 하는 강사들로부터 연락이 온다. 과연 앞으로 1년 후, 5년 후 누가 더 수입이 많을까? 누가 너 자유롭고 성공한 삶을 누리고 있을까?

책을 쓰면서 많은 것이 긍정적으로 변했다. 모든 부정적인 상황을 부정적으로 보지 않고 그 안에서 긍정적인 요소를 찾게 되었다. 나의 스토리의 가치에 대해 큰 깨달음을 얻었다. 단순히 책을 읽을 때는 찾을 수 없는 스스로의 자아를 찾게 되었다. 진짜 보물이 내 안에 있음을 저절로 느끼게 되었다.

1년에 책 몇 천 권을 읽었다며 그 비법을 정리한 책들이 많이 출간되는 걸 보면 무안함을 느낀다. 물론 독서는 중요하고 필요하다. 하지만 독서는 양이 아니라 질이다. 그리고 질 좋은 책을 많이 읽는 것보다 중요한 것은 책을 쓰는 것이다. 자신의 스토리를 있는 그대로 적으면 된다.

지인 작가 중에는 고등학생도 있다. '아니 고등학생이 무슨 책을 썼단 말이지? 동화책인가?'라고 생각한다면 오산이다. 작가는 힘들었던 학창시절을 정리하며 보다 나은 교육에 대해 본인이 느끼고 깨달은 내용을 책으로 옮겼다. 이 책은 베스트셀러가 되었고 작가는 중학교, 고등학교에 강연을 다니게 된다. 《학교에 배움이 있습니까?》의 정현지 작가 이야기다.

10대에 경험하고 깨달았던 바를 책으로 옮기면 똑같은 어려운 상황에 처한 학생들에게 도움이 될 수 있다. 별것 아닌 스토리는 세상에 없다. 가치가 작은 것도 없다. 그런 기준은 자신이 정하는 것일 뿐이다. 정말 사소한 체험과 깨달음이 이 세상 누군가에게 어둠 속의 빛이 되어 주고 희망이 될 수 있다.

나는 지금도 책을 쓰고 있다. 세상에서 나를 필요로 하는 학원 강사들을 위해 더욱 많은 나의 노하우가 담긴 책을, 공부로 힘들어하는 학생과 학부모를 위해 진짜 공부를 재미있게 하는 방법이 담긴 책을 쓰고 있다. 왜냐하면 나로 인해 단 한 명이라도 해답을 찾고 행복해질 수 있다면 세상에서 그보다 큰 성공은 없기 때문이다. 그리고 내가 충분히 그것을 해낼 수 있다고 믿기 때문이다.

누군가에게 도움이 될 수 있다는 것은 자신의 삶의 가치와 자존감을 올리는 가장 큰 방법이다. 결국 책 쓰기는 남에게 도움을 주는 방법이기도 하지만, 진정 자신을 찾고 자신의 성공을 빠르게 이룰 수 있는 최고의 비법이다.

52

책 쓰기를 통해
새로운 삶을 살아가기

이은호 희망 멘토, 자기계발 작가, 동기부여가

4년여 동안 다니던 회사를 퇴사한 후, 현재는 작가의 길을 걷고 있다. 독자로서의 즐거운 책 읽기와 작가로서의 행복한 책 쓰기를 통해 책과 동행하는 삶을 살아가고자 한다. 책으로부터 얻은 희망을 많은 이들에게 알릴 수 있는 희망 멘토와 동기부여가로서 활동하고 있다. 스스로 행복할 수 있는 방법을 끊임없이 찾아 나가며, 누구보다 행복한 삶을 살고자 한다.

누구나 인생을 살아가면서 극적인 반전을 경험한 적이 있을 것이다. 나 같은 경우가 그렇다. 〈한책협〉과의 만남이 내 인생을 극적으로 바꾸어 주었기 때문이다. 나는 〈한책협〉에 오기 전, 심한 우울증에 시달리고 있었다. 매일 이어지는 우울감에 정신은 물론 육체도 지쳐 있었고 삶에 대한 의욕도 없었다. 내가 이 세상에서 살 가치가 있나? 라는 생각을 하루에도 수십 번씩 하며 나자신을 갉아먹곤 했다.

그런 내가 유일하게 할 수 있는 일은 그저 독서밖에 없었다.

독서만이 내가 살아 있음을 느끼게 해 주었고, 내 삶을 이어 가게 해 주었다. 하지만 나날이 심해지는 우울증으로 결국 정신과를 방문하게 되었다. 나는 약물치료를 받으며 나와의 사투를 벌이기 시작했다.

나는 우울증 외에도 엎친 데 덮친 격으로 불안장애가 겹쳐 힘든 시간들을 보내야 했다. 게다가 이런 힘든 상황을 껴안고 직장생활을 버텨 내기란 쉬운 일이 아니었다. 시도 때도 없이 밀려오는 공포와 불안은 나를 잠식했다. 오로지 정신력 하나로 직장생활을 버텨 나가며 나와의 싸움을 해 나가는 상황에 빠져 있었다. 때로는 자살충동이 일어나기도 했다. 때로는 날카로운 신경 상태가 되어 대화를 건넨 직장 상사에게 화를 내기도 했다.

이런 나의 모습은 집에서까지 계속되었다. 날카로워진 나는 부모님의 사소한 질문이나 말씀에 퉁명스럽게 반응하며 부모님께 상처를 주곤 했다. 시간이 지난 후 나는 그런 모습을 후회하게 되었고 이 또한 나에게 큰 아픔을 가져다주었다. 그렇게 나의 삶은 철저히 무너져 내렸다. 회사를 다닐 힘이 거의 다 빠진 상태가 되었다. 종종 퇴사를 생각하기도 했다. 하지만 '스펙도 없는 내가 과연 뭘 할 수나 있겠어?'라고 생각하며 그 마음을 접었다.

그렇게 억지로 회사에 출근하고 병원에 다니고 집에서는 홀로 고통을 느끼는 생활을 이어 갔다. 다행이라면 나에게는 책이 있다는 것이었다. 우울증으로 거의 말을 잃어버린 내게 책 읽기는 유일한 낙이자 즐거움이었고 기적이었다. 나는 그저 책에 기대어 그리고 정신과 약에 기대어 생을 지속해 나갔다.

그러던 어느 날 문득 이런 생각을 하게 되었다. 절망의 심연까지 내려온 나를 유일하게 행복하게 해 주는 행위가 독서와 글쓰기 아닌가, 라고.

나는 주로 서평이벤트 활동을 하며 책을 읽어 왔다. 그런데 운명처럼 한 권의 책이 내게로 다가왔다. 나는 평소에 독서법 책을 읽지 않는 편인데 이상하게도 그 책에는 끌렸다. 나는 이벤트에 응모했고 당첨되었다. 그 책은 허동욱 작가의 《자투리 시간 독서법》이라는 책이었다. 그 책이 내 인생에 커다란 반전을 가져다줄 수 있으리라고는 상상도 하지 못했다. 왜냐하면 읽고 나서 그저 서평을 올린 후 기억 속에서 잊고 있던 책이었기 때문이었다.

그렇게 한참을 지내던 어느 날 나는 또다시 엄청난 불안과 공포, 우울감과 사투를 벌이게 되었다. 예전처럼 자주는 아니었지만 나에게는 저 세 가지의 감정이 물밀듯이 밀려와 고통스럽게 하는 시간들이 있었다. 그 시간을 버텨 낸 후 또다시 이런 생각을 하게 되었다. '정말 죽을 거 같은데 죽기 전에 해 보고 싶은 일을 해 보자'라고.

이런 생각이 든 나는 이전에 읽었던 《자투리 시간 독서법》을 서재에서 찾았다. 그러곤 그 책에 적혀 있는 허동욱 작가의 연락처로 문자를 보냈다. "저도 작가가 되고 싶어요!"라고. 그리고 〈1일 특강〉에서 작가의 첫걸음을 시작해 보자, 라는 답변을 받게 되었다. 당시 교대근무를 하는 데다 주로 주말에 출근해야 했기 때문에 바로 〈1일 특강〉에 참여하기는 어려웠다. 두 달여 동안 〈1일 특강〉에 참여할 날만 기다렸다. 나에게는 긴 기다림의 시간이었다.

그리고 드디어 〈1일 특강〉에 참여하게 되었다. 나는 이때까지도 〈한책협〉이라는 곳에 대해서 잘 알지 못했다. 당시에는 그저 작가가 되고자 하는 꿈만을 가진 채 〈한책협〉과 만났다. 그런데 〈1일 특강〉을 들으며 신선한 충격을 받았다. 내 주변에 정말로 책을 내어 저자가 된 사람들이 많이 있었기 때문이었다. 내 옆에도 내 뒤에도 작가들이 있었다. 그분들의 책이 이곳저곳에 전시되어 있었다. 너무나 신기했다. 지금 생각해 보면 〈한책협〉에서는 당연한 일이지만 말이다.

쉬는 시간에 김태광 대표 코치가 책 주제에 대해 상담을 해 주셨다. 이때 나는 나의 정신과 이력을 밝히며 이런 나도 책을 낼 수 있겠느냐고 질문했다. 김태광 대표 코치는 "당연히 낼 수 있습니다. 그것이 스토리니까요."라며 나를 격려해 주셨다. 그리고 나에게 굉장한 울림을 주는 말씀을 하셨다. 바로 "책을 쓰면 나만의 스토리를 가진 작가가 되지만 책을 쓰지 않으면 우울증 환자일 뿐입니다."라는 말씀이었다. 그랬다. 직장생활을 버텨 나갈 힘이 바닥난 나에게 남은 것은 책 읽기와 글쓰기뿐이었다. 그래서 더욱 작가가 되어야지, 라는 마음을 가지게 되었다. 나는 〈책 쓰기 과정〉에 등록하기로 결심했다.

〈책 쓰기 과정〉을 수강하기 전 나는 글쓰기에 막연한 두려움을 느끼고 있었다. 책을 읽는 것은 좋아하지만 책을 쓴다는 것은 상상도 하지 못했기 때문이었다. 간혹 서평 활동을 하긴 했지만 책을 쓴다는 것은 그보다 훨씬 어려운 일이라고 생각했다.

하지만 〈한책협〉에 들어온 이후 글에 대한 생각이 달라졌다. 아니, 글쓰기에 접근하는 것이 한결 쉬워졌다. 특히 김태광 대표 코치가 강의 때 했던 말들이 나에게 힘을 실어 주었다.

"여러분, 카카오톡이나 문자메시지를 보낼 수만 있는 사람이라면 누구나 책을 쓸 수 있습니다."

이 한마디는 내 의식을 송두리째 바꾸어 놓았다. 책 쓰기가 그렇게 쉽다고? 사실 이런 의심이 처음에도 들긴 했다. 하지만 〈책 쓰기 과정〉에 들어선 이후 이런 의심은 사라져 버렸다.

〈한책협〉은 바로 최고에게 배워서 최고가 되는 시스템을 갖춘 곳이었다. 이곳에 들어와서야 비로소 그 진가를 깨달았다. 무엇보다 나에게 〈한책협〉이 특별했던 것은 같은 꿈을 향해 나아가는 사람들과 함께할 수 있기 때문이었다. 그것은 나에게 기쁨을 가져다주었다. 〈책 쓰기 과정〉에서 만난, 꿈으로 맺어진 인맥이라는 뜻의 '꿈맥'들과 함께할 수 있어서 너무 즐거웠다.

꿈맥들은 나의 정신과 진료에 대해 알고 난 후에도 편견이 없었다. 나를 위로해 주고 응원해 준 소중한 인연들이다. 그들과 함께 있으면 너무 행복했다. 더불어 〈책 쓰기 과정〉을 통해서 작가란 나의 꿈을 이뤄 나간다는 사실이 너무나도 즐거웠다. 혼자가 아닌 꿈맥들과 함께 작가의 꿈을 향해 달려 나가는 과정, 그리고 더 나아가 메신저의 꿈을 향해 달려가는 여정은 내 인생에서 가장 행복한 시간이었다.

〈한책협〉과 함께하며 이렇게 나는 행복감에 둘러싸이게 되었다. 그러면서 나의 우울증과 불안장애도 서서히 사라지기 시작했다. 〈한책협〉은 정말 나에게 특별한 곳이다. 나에게 꿈을 찾게 해주었고 내 마음의 병도 치료해 주었다. 그리고 사람에 대한 사랑도 가르쳐 준 곳이다. 그리고 나에게 또 다른 기회를 준 곳이다. 바로 절망 속에서 찾아온 〈한책협〉에서, 그리고 행복을 찾은 이곳에서 스태프로 일하게 되었기 때문이다. 마음의 병을 앓는 나를 치유해 주고, 가족으로 받아 준 〈한책협〉을 나는 너무나도 사랑한다.

53

책 쓰기로 진솔한 나를 만나기

정광주 '한국부동산투자연구소' 대표, (주)강남산업개발 대표, 공인중개사, 건축기사,
부동산 투자개발 전문가, 강연가

해군사관학교를 졸업하고 해병대 중대장으로 전역했다. 그 후 식품제조업과 도소매업을 하며 사업가의 길을 걸었다.
현재는 부동산업에 종사하고 있다. 타고난 근면함과 집요한 승부욕으로 부동산업에서 성공을 거듭해, 현재는 연간
거래액이 200억 원이 넘는 공인중개사로 활동하고 있다. 또한 부동산 투자 노하우를 공유하고 부를 전파하는 부동산
재테크 강연가, 부동산 멘토로도 활동 중이다.

• Email 2010456@naver.com   • Blog blog.naver.com/2010456
• C·P 010.8524.0100   • Instagram real_estate_mentor_

　　책 쓰기는 가장 진솔한 나를 만날 수 있는 시간과 공간이다.
나의 아들 이름은 '진솔'이다. 진실하고 솔직하고 용기 있는 사람
이 되라고 내가 지어 준 이름이다. 세상을 살아가며 진실함과 솔
직함이 가진 힘이 얼마나 큰지 느꼈기 때문에 아들에게 '진솔'이
라는 이름을 지어 주었다. 그 이름처럼 아들이 진솔한 사람으로
살아가기를 바란다. 그런데 과연 나는 얼마나 진솔한 삶을 살고
있을까? 나는 책 쓰기를 하면서 이 물음에 대한 대답을 조금씩
얻을 수 있었다.

책 쓰기는 나에게 잠시 쉬어 갈 수 있는 여유를 준다. 이 시간을 통해 스스로 반성할 수 있게 되었다. 한 연구에 따르면, 한국인의 스마트폰 평균 이용 시간은 약 3시간이라고 한다. 요즘 사람들은 쉬는 시간에 스마트폰을 사용한다고 한다. 그런데 과연 스마트폰을 사용하면서 쉬는 것이 가능할까? 물론 나 역시 많은 시간 동안 스마트폰을 사용한다. 사람들은 스마트폰을 사용하면서 커뮤니티 활동, 게임, 동영상, 생활정보 앱 등을 이용한다. 쉬는 시간이라 여기는, 스마트폰을 보고 있는 3시간 동안 자신도 모르게 감정노동을 하는 것이다. 이렇게 우리는 우리도 모르는 사이에 소모되어 간다. 나도 그렇게 소모되던 사람이었다.

소통(疏通). 유행어처럼 사용되고 있는 소통이 진정한 소통인지 되새겨 볼 필요도 있다. 우리는 스마트폰으로 SNS, 각종 모임에 참여한 사람들과 소통한다. 그런데 과연 스마트폰, 온라인에서 하는 소통이 얼마나 큰 의미를 가질까? 우리는 주변에서 유명한 연예인 또는 정치인들의 SNS를 쉽게 접한다. 가끔 뉴스에서 이러한 유명인들이 자신의 SNS에 올린 글로 크고 작은 문제를 야기하는 사례를 본 적이 있을 것이다. 그들은 자신의 SNS를 통해 무엇을 얘기하고자 했던 것일까? 게다가 다음 날에는 본인이 의도했든 의도하지 않았든 자신의 SNS에 사과 글까지 올린다. 이런 SNS를 계속하는 것이 옳은지 물어보고 싶다.

이제 잠시 쉬어 가자. 스마트폰을 덮고 귀마개로 귀를 닫는다.

하얀 백지 위에 내 이야기를 써 나가기 위해 키보드를 두드린다. 귀를 닫음으로써 내면의 소리에 더욱 집중하게 된다. 다른 이와 소통하기 전에 나를 더 사랑해 주고, 나와 더 소통하는 시간을 갖자. 조금 느리게 소통하자. 순간의 감정이 아닌 내면의 깊은 울림을 통해 소통하자. 이렇게 책 쓰기는 나에게 쉬는 시간을 주면서 깊은 소통을 할 수 있게 해 준다.

현재 나는 부동산에 관한 책을 쓰고 있다. 책이라는 공간에서 나의 내면에 잠자던 나를 만난다. 이 책에서 나는 '많은 사람들이 부동산 투자를 통해 부를 축적하고 경제적 자유와 행복을 얻었으면 하는 마음'을 표현하고 있다. 지금은 초고를 쓰는 중이다. 아직 초반부임에도 나는 적지 않은 눈물을 흘리고 있다. 진실한 삶을 살아가고 있다고 생각했는데, 책을 쓰면서 진실하지 않은 내 모습을 발견했다. 진실한 줄 알았던 내 모습 속에 허위와 위선이 발견될 때, 가슴이 무너져 내리는 것을 느낀다. 이렇게 착각하고 있었구나. 이런 착각 때문에 지금까지 더 많이 힘들어했던 거야. 가슴이 무너져 내리면서 하염없이 눈물이 흐른다.

지금 내가 쓰고 있는, 책 속의 부자아빠에 대한 이야기 중 일부분이다.

"나의 아버지는 나에게 부자아빠가 되어 주지 못했다. 아버지를 생각할 때, 나는 죄송한 마음이 들곤 했다. 당신께서는 아끼고 희생하면서 나를 키웠다. 지금은 아버지를 원망하지 않지만, 살아오는 동안 가난한 아버지를 원망했었나 보다. (중략) 이제 나는 부자아빠가 되었다. 나는 아들을 키우며 내 것을 희생하지 않을 수 있는 경제적 자유를 가졌다. 그래서 나의 어린 아들에게 네가 좋아하는 꿈을 펼치라고 강력하게 말할 수 있다. 내가 했으니까, 당신도 달라질 수 있다. 당신도 부자아빠가 되고 싶다고 솔직하게 말하라. 그리고 지금 당장 부자아빠가 되어라."

이 글을 쓰면서 갑자기 울음이 터져 나왔다. 울음을 멈출 수가 없었다. 처음에는 "나는 가난한 아버지를 원망하지 않는다."라고 글을 썼다. 글을 쓰며 곰곰이 생각해 보았다. 정말 원망하지 않았을까? 나는 상처받지 않기 위해 자신을 속이고 있었다. 무수히 많은 상처를 안고 살아왔지만 '나는 강하다', '상처받지 않았다'라고 스스로를 속여 왔다.

자신을 속인다는 것. 내가 나 자신이 아니라는 것. 지금의 내 모습이 진짜가 아니라는 사실에 하염없이 눈물이 흘렀다. 결국 내 모습을 있는 그대로 바라보았다. 아버지를 원망했다고 인정했다. 한참 동안 그렇게 눈물을 흘리다 보니 마음이 시원해졌다. 책을 쓰지 않았더라면 느껴 보지 못했을 개운함이었다. 책 쓰기를 통해 진실한 내 모습을 발견하면서 비로소 더욱 강한 내가 될 수 있었다. 그리고 원망했던 아버지를 더욱 사랑할 수 있게 되었다.

이렇게 나는 책 쓰기라는 공간 안에서 나와 끊임없이 대화했고, 힘들어하는 내 영혼과 마주했다. 다른 사람들과의 관계에서는 나의 지친 영혼을 쉽게 발견할 수 없었다. 타인과 함께 있을 때 나는 자신을 더욱 포장했다. 힘들어도 힘들지 않은 것처럼 행동했다. 왜냐하면 타인에게 힘들다고 이야기하는 것 자체가 자존심이 상하는 일이기 때문이다. 그리고 왠지 모를 패배감도 든다. 심지어 일부 못된 사람들은 나를 패배자로 낙인찍기도 한다. 어쩌면 책을 쓰지 않았더라면 이런 사실을 죽을 때까지도 몰랐을 것이다. 아마도 그냥 열심히 살다가 죽었을 것이다.

책을 쓰는 동안, 아무도 없는 나만의 공간에서 그 누구의 방해도 받지 않고 나 자신을 만났다. 예전에는 하지 못한 깊은 이야기를 나누었다. 때로는 울고, 때로는 웃으며 추억을 이야기하고 꿈을 그렸다. 가끔 슬픈 이야기를 할 때는 나 자신에게 용서를 빌어야 했다. 용기가 없었다고. 도망치고 싶었지만 도망칠 수 있는 공간이 없었다고. 반면 기쁜 이야기를 할 때는 세상 모든 사람들과 기쁜 이야기를 나눌 수 있었다. 그리고 세상 모든 사람들이 나와 함께 기뻐해 주었다. 나 자신은 누구보다 나를 잘 이해해 주었고, 나 역시 그런 내가 무척 사랑스럽고 고마웠다.

지금 내가 하고 있는 책 쓰기는 나를 진정한 부자로 만들어 주었다. 그리고 메신저라는 꿈을 이루어 주었다. 나는 책 쓰기를 통해 진정한 나를 발견하게 되었다. 그리고 용기를 낼 수 있었다. 나의 진실하고 솔직한 이야기는 강한 힘으로 나를 일으켜 세웠다.

54

책 쓰기를 통해
인생을 바꿔 줄 기회 잡기

경수경 '렘포레유아심리센터' 소장, 유아교육 전문가, 부모교육 강사, 애니어그램 강사, 잠재의식 메신저, 자기계발 작가

한국외대 교육대학원에서 유아교육을 전공해 20년 동안 어린이집과 유아놀이학교를 운영했다. 아이와 부모의 마음을 코칭하며 얻은 경험과 지식을 많은 이들과 나누고자 한다. 사람들의 마음을 코칭하고 잠재력을 일깨워 꿈을 찾을 수 있도록 돕는 메신저로 살고 있다. 저서로는 《버킷리스트11》, 《인생을 바꾸는 감사일기》 등이 있다. 현재 감정을 주제로 한 개인저서를 준비 중이다.

• Email kidseledu@naver.com   • C·P 010. 2499. 3193

기회의 신 카이로스를 아는가? 이탈리아 북부 토리노 박물관에는 기회의 신 카이로스의 조각상이 있다. 조각상을 살펴보면 우람한 근육질 몸에 발뒤꿈치에는 날개가 달려 있다. 앞에서 보면 머리숱이 풍성하다. 하지만 뒤를 보면 머리카락이 하나도 없다. 상상해 보면 우스꽝스러워 절로 웃음이 난다. 카이로스 신은 왜 이렇게 우스꽝스러운 모습인 걸까? 석상에 그 이유가 적혀 있다.

"내 앞머리가 무성한 이유는 사람들이 나를 쉽게 붙잡을 수

있도록 하기 위함이고, 뒷머리가 대머리인 이유는 내가 지나가면 다시 붙잡지 못하도록 하기 위함이며, 어깨와 발뒤꿈치에 날개가 달려 있는 이유는 최대한 빨리 사라지기 위함이다. 내 이름은 카이로스, 바로 기회다!"

기회는 이처럼 언제든 만날 수 있지만 우리가 알아보지 못하는 사이에 지나가 버릴 수 있다는 의미일 것이다. 책 쓰기도 마찬가지다. 누구나 독서는 필수로 생각한다. 하지만 '책 쓰기'는 내가 할 수 없는 영역이라는 고정관념을 갖고 있다. 그런 관념이 책을 쓰는 행위를 어렵게 만든다.

나도 책 쓰기를 하기 전에는 그렇게 생각했다. 독서는 당연한 일로 생각했지만 책 쓰기는 작가들의 고유한 영역으로만 생각했다. 남의 일이라고만 생각했던 것이다. 그랬던 내가 《버킷리스트 11》을 시작으로 지난해만 벌써 개인저서 포함 5권의 책을 출간하게 되었다. 어떻게 이런 일이 가능하게 되었단 말인가? 그것은 바로 〈한책협〉의 힘이라고밖에는 말할 수 없다.

내가 책을 쓰게 된 동기는 국·공립 어린이집을 위탁받기 위해 평가 기준을 맞추는 데 필요해서였다. 개인저서가 있으면 원장 전문성에서 더 나은 평가를 받을 수 있기 때문이었다. 또 하나, 나이 마흔을 넘기면 책을 쓰겠다는 막연한 나의 계획 때문이었다. 20년을 유아와 엄마들을 만나면서 관찰하고, 접했던 많은 사례들. 그런 엄마들과 아이들을 대하면서 느꼈던 나의 마음들을 '책 쓰기'를 통해 풀어내고 싶었다.

하지만 나는 딱히 어떤 방법으로 책을 쓸 수 있는지 몰랐다. 그러던 중 김태광 작가의 《출근 전 2시간》, 《이젠 책 쓰기가 답이다》를 우연히 접하면서 책을 쓸 수 있겠다는 희망을 갖게 되었다. 바로 인터넷 검색창에 김태광 작가를 검색했다. 그러곤 〈한책협〉을 알게 되었고, 〈책 쓰기 과정〉을 수강하게 되었다.

책을 쓰기 전에도 나는 평소에 책을 많이 읽는 편이었다. 하루에 1권 정도의 책을 다양한 장르를 오가며 읽는다. 특히 성공마인드에 관한 자기계발 책을 많이 읽었다.

나는 오랫동안 놀이학교를 운영하면서 여러 엄마들을 대해야 했다. 그러면서 그들과의 대화를 이끌어야 했다. 그래서 자연스럽게 다양한 장르의 책을 읽게 되었다. 또한 스트레스를 독서를 통해 풀려고 했다. 해박한 전문지식과 성공에 관련된 스토리를 통해 나의 힘든 상황을 이겨 낼 힘을 얻을 수 있고, 스스로에게 동기를 부여할 수 있기 때문이었다.

하지만 독서는 독서일 뿐이었다. 책을 읽는 동안 받았던 동기부여는 점차 사라지고 부정적인 생각이 스멀스멀 올라왔다. 그런데 책 쓰기를 하면서 그런 부정적인 생각이 많이 사라진 것을 느낀다.

나는 책 쓰기를 하기 전에는 근심과 걱정이 많은 성격이었다. 일어나지도 않은 일을 저 멀리서 끌고 와서 걱정을 짊어지고 사는 그런 사람이 바로 나였다. 하지만 책을 쓰면서 생각을 정리하고, 마음을 다스릴 수 있는 힘을 얻게 되었다. 책을 쓰는 과정은 내가 나의 마음속을 들여다보는 시간이다. 때문에 인정할 것과 버릴 것을 구분할 수 있는 치유가 일어난다. 누구든 살아오면서 한두 가지 상처는 있다. 그런 상처를 책 쓰기를 통해 들여다보면서 있는 그대로의 나를 인정하기 때문에 자존감도 향상되는 것을 느낄 수 있다.

나는 누구든지 책 쓰기에 도전하라고 말하고 싶다. 누구에게나 자신만의 스토리가 있다. 나의 생각과 깨달음을 전할 수 있는 나만의 스토리를 통해 나의 이야기를 읽는 누군가의 삶에 희망과 용기를 줄 수 있을 것이다. 또한 책으로 엮인 나의 이야기를 보면서 가슴 뭉클한 무언가를 경험하게 될 것이다. 내가 살아오며 겪은 모든 경험이 소중한 가치로 탄생되는 순간이기 때문이다.

한 권의 책을 써 나가는 과정이 진정한 나를 만날 수 있는 소중한 시간인 것을 경험하게 될 것이다. 나 또한 책 쓰기를 하면서 지나온 시간을 되돌아보며 울컥했던 많은 순간들이 있었다. 잘했던 순간, 잘못했던 순간들이 스쳐 지나갔다. 그럼에도 불구하고 최선을 다하며 살아온 나를 대견하게 생각하게 되었다.

책 쓰기는 글재주가 있어야만 가능한 것은 아니다. 책을 쓰기 위해 선행되어야 하는 것은 바로 의식의 변화다. 의식의 변화 없이 책을 쓰기란 어렵다. 책 쓰기에 앞서 〈한책협〉에서 추천해 준, 수많은 자기계발 도서를 읽었다. 그 결과 '안 될거야', '할 수 없어'라고 생각했던 부정적인 나에서 벗어나 '할 수 있다', '해낸다'와 같은 긍정적인 마인드의 나로 변화할 수 있었다. 책을 쓰는 데 성공했음은 물론이다.

〈한책협〉의 김태광 대표 코치는 "성공해서 책을 쓰는 것이 아니라 책을 써야 성공한다."라고 하며 '끝에서 시작하라'라는 슬로건으로 〈책 쓰기 과정〉을 진행한다. 처음에는 이 말이 무엇을 뜻하는지 깨닫지 못했다. 하지만 지금은 이 말의 진정한 의미를 알 것 같다. 흔히 '성공하면 책 한 권쯤 내야지'라고 생각한다. 하지만 성공한다는 건 생각만큼 쉬운 일이 아니다. 오히려 끝에 와 있다고 느낄 때 한 권의 책을 쓰는 것이 성공을 앞당길 수 있는 방법이다.

누구나 성공에 대한 갈망이 있다. 각자 생각하는 성공의 척도가 모두 다르기 때문에 어떤 것이 성공이라고 단정지을 수는 없다. 내가 생각하는 성공은 자유다. 모든 것에서 자유로운 상태. 그런 상태가 성공이라고 생각한다. 절제하고, 인내하는 것이 아닌, 가족과 지인들과 좋은 것을 보고, 함께 맛있는 것을 먹고, 필요한 것을 사고, 이루고 싶은 꿈을 이루기 위해 돈과 시간으로부터 자유로운 것. 그것이 진정한 성공이 아닐까 생각한다. 책 쓰기는 그런 성공을 조금 더 빠르게 이루어지게 해 줄 수 있는 강력한 무기다. 이제 세상은 책을 '읽는' 시대에서 책을 '쓰는' 시대로 변화하고 있다. 그만큼 책 쓰기는 평범해지고 있으며, 작가는 늘어나고 있다는 소리다. 누가 책을 먼저 쓰느냐가 관건이다.

사람은 누구나 자신의 삶을 성공적으로 이끌고 싶어 한다. 앞에서 나는 '기회의 신 카이로스'의 이야기를 했다. 기회는 우리 삶에서 늘 있는 것 같다. 하지만 나의 삶을 성공 궤도에 올려놓을 수 있는, 속도와 방향이 정확히 맞는 기회를 만나는 것은 쉽지 않다. 우리의 인생을 멋지게 가꾸어 주는 그런 기회를 만나기 위해 우리는 날마다 최선을 다해 살아가고 있다. 기회는 저 멀리에 있지 않다. 아주 가까운 곳에 있다. 당신이 만일 이 글을 읽고 있다면 기회를 만나게 된 것이다. 지금 당장 책 쓰기에 도전하라. 상상할 수 없는 현실이 눈앞에 펼쳐지게 될 것이다.

55

책 쓰기를 통해 기적 만들기

이승희 행복드림 코치, 강연가, 자기계발 작가, 동기부여가, 희망 멘토

꿈과 희망을 전해 주는 강연가로 활동하고 있다. 자신을 변화시킨 비법과 마인드를 컨트롤할 수 있는 방법을 공유하며 사람들에게 동기부여를 하고 있다. 더 많은 이들이 꿈과 희망을 가지고 살아가기를 진심으로 바라면서 꿈과 희망의 메시지로서 전국을 다니며 강연 활동을 하고 있다. 저서로는 《우리가 살아가는 하루하루가 기적이다》 외 4권이 있다. 현재는 행복에 관한 개인서서를 '집필 중'이다

• Email lhd512@naver.com

며칠 전에 딸아이가 학교에서 배운 노래라고 하면서 '어머님 은혜'를 나에게 불러 주었다. "낳으시고 기르시는 어머님 은혜 푸른 하늘 그보다도 높은 것 같아." 그 노래를 들으면서 나의 어린 시절이 떠올랐다.

나는 어려서부터 부모님에 대한 책, 시, 노래 같은 것을 무척 좋아했다. 어린 시절 아버지가 할머님께 효도하는 모습을 보면서 자랐다. 그래서 나는 마음속으로 '나도 어른이 되면 아버지가 할머님께 효도하는 것만큼은 못해도 그 절반만이라도 부모님께 효

도하리라'라고 생각했다.

그러나 북한에서는 효도에 대해 쓴 책을 찾아보기가 힘들었다. 북한에는《학생 청소년들에 대한 교양사업을 더욱 강화할 데 대하여》,《조국과 인민을 사랑하는 참다운 애국자가 되자》,《청년들을 계속혁명의 정신으로 무장시키자》,《김일성 회고록 세기와 더불어》,《김일성선집》,《김정일선집》,《항일 빨찌산 참가자들의 회상기》이런 책밖에는 없었다. 그러다 보니 나는 어려서부터 자연히 '김일성 장군의 노래'를 부르며 성장했다.

인민(초등)학교에 입학하면서 가장 하기 싫은 공부가 김일성이 창시했다는 주체사상과 그들의 역사 공부였다. 인민학교 2학년 때 김일성 생일을 맞으며 난 소년단에 가입하기로 되어 있었다. 소년단에 가입하기 위해서는 소년단 입단선서와 김일성 역사를 줄줄이 외워야 했다. 하지만 나는 전혀 공부를 하지 않은 상태여서 한마디도 하지 못했다. 그날 소년단을 지도하는 선생님께서는 나에게 이렇게 공부해서는 소년단에 입단할 수 없다면서 나가라고 했다.

중학교 3학년 시기에는 그렇게 하기 싫어했던 공부도 열심히 해서 누구보다 먼저 청년동맹에 가입하기도 했다. 그러나 학교를 졸업하는 날까지 혁명역사 과목 성적만큼은 바닥에서 벗어나지 못했다. 북한에서는 인재를 양성하는 것이 아니라 당과 수령에 대한 끊임없는 충성심과 복종을 요구한다. 북한 당국의 가장 큰 목적은 지도자에게 무조건적인 충성을 다하는 인재를 양성하는 것이다.

북한은 해방 후부터 21세기인 지금까지도 삽과 곡괭이가 없으면 건설이 안 되는 나라다. 사람이 없으면 고속도로나 아파트 건설이 안 되고 심지어 농사도 짓지 못하는 나라다. 북한 사람들은 인간이 아니다. 그들은 김일성 일가를 위해 일하는 동물이다.

나는 어려서부터 그 누구에게도 얽매이는 것을 좋아하지 않았다. 그러다 보니 늘 두만강 너머 중국의 산을 바라보며 '나는 언제면 저들처럼 자유롭게 살 수 있을까?' 끊임없이 생각했다. 이틀에 한 번씩 진행하는 김일성 공부와 매주 토요일마다 시행하는 생활총화 시간은 나에게 고문과 같았다. 나는 조직 속에서 살기보다는 혼자 자유롭게 살기를 원했다. 개인적인 자유를 너무 소중하게 생각했다. 신이 인간에게 준 자유를 인위적으로 억압당하는 현실이 너무 고통스러웠다. 결국 나는 1995년에 두만강을 건너 탈북했다.

두만강을 건너면서 이제 더 이상 김일성 일가에 대한 공부를 하지 않고 매주 시행하는 생활총화를 하지 않아도 된다는 것이 제일 기뻤다. 나는 한국에 가기 위해 북경에 주재하고 있는 한국 대사관을 찾아갔다. 하지만 한국대사관 문턱을 넘지 못하고 중국 공안에 체포되었다. 공안에 체포되어 열흘 만에 도문과 남양을 거쳐 강제 북송되었다. 다시 북한 땅에 돌아온 나는 더 이상 사람이 아니었다. 그곳에서 나는 인간의 기본적인 권리마저 박탈당하고 말았다. 간수들은 우리에게 말했다.

"너희들은 사람이 아니야. 너희들은 짐승보다 못한 인간들이다. 너희들이 우리 말을 듣지 않으면 우리는 너희를 죽일 수 있다. 우리에게 복종하든가 아니면 죽어야 한다."

감방에서 우리는 아침 5시부터 자정까지 하루에 19시간씩 정좌해 있어야 했다. 조금이라도 움직이거나 말을 하면 손과 발이 문드러지게 맞아야 했다. 하루는 남자들 감방에서 말소리가 들려왔다. 간수는 말을 한 두 사람을 마주 세워 놓고 수염 뽑기를 시키는 것이었다. 때로는 서로 뺨을 때리게 하기도 하고 쇠꼬챙이로 손등을 내려찍기도 했다. 그곳에서는 상상할 수 없는 구타, 체벌과 고문이 이어졌다. 갖은 체벌과 고문 끝에 나는 폐인이 되어 감방에서 나왔다. 갖은 고생 끝에 나는 다시 두만강을 건넜다.

자유를 찾아 중국 땅에 들어왔지만 나에게는 꿈과 희망이 없었다. 불법체류자의 신세가 된 탓에 저 멀리에서 사이렌 소리만 들려와도 두려움과 공포에 떨어야 했다. 숨 막히는 도망자의 힘든 나날 속에서도 그래도 희망은 한국행이었다. 기나긴 고통과 시련의 항해 끝에 나는 2003년, 대한민국에 들어오게 되었다.

대한민국에서는 선택의 자유가 주어졌다. 나는 대한민국의 품에 안겨 자유를 만끽하면서 새로운 삶과 꿈을 가지게 되었다. 당시 나는 미용교수라는 꿈을 갖고 낮에는 일하고 밤에는 야간 대학을 다니면서 지식과 기술을 배워 나갔다. 그러다가 아이를 출산하면서 모든 것을 포기해야 했다. 출산과 아이 양육으로 내가 세운 삶의 계획은 물거품이 되었다. 미용교수가 되겠다는 나의 계획이 제대로 이루어지지 않게 되었다. 나는 '아이를 키우면서 할 수 있는 일이 무엇이 있을까?' 고민했다. 몇 날 며칠을 고민하다가 문득 두 번째로 국경을 넘을 때 막연하게 책을 써야겠다고 생각했던 기억이 떠올랐다.

하루는 글쓰기에 대한 책을 찾다가 김태광 작가의 《10년 차 직장인, 사표 대신 책을 써라》라는 책을 보게 되었다. 나는 무작정 김태광 작가에게 전화했다. 나는 내가 새터민이라는 사실과 내가 쓰고자 하는 책의 내용을 이야기했다. 그때 그는 나에게 "할 수 있습니다."라고 확신 있게 말했다.

며칠 뒤 나는 〈한책협〉의 〈1일 특강〉을 듣게 되었다. 그때 김태광 대표 코치는 '할 수 있다'라는 확고한 믿음을 재차 나에게 갖게 해 주었다. 그 후 나는 그가 진행하는 〈책 쓰기 과정〉을 듣게 되었다. 나는 3개월 동안 일곱 살 난 딸아이와 함께 대구에서 분당을 오가며 책 쓰기 강좌를 이수했다. '할 수 있다'라는 믿음을 가지고 열심히 노력한 결과 과정 안에 원고를 완성할 수 있었다. 책 출간이라는 목표를 이루어 낸 것이다.

책을 쓰는 과정에서 무엇이든 '할 수 있다'는 자신감이 상승했다. 우리 '새터민'들의 정신과 남한의 기술력이 합쳐지면 못 할 일이 없다는 것을 확신했다. 기적이 찾아와 나의 삶을 송두리째 바꿔 놓았다. 선택의 자유가 주어진 이곳에서 책 쓰기를 선택하고 실천한 결과 나는 제2의 삶을 살아가고 있다.

지난 23년간 북한에서 김일성 일가의 선군통치 아래에서 등을 펴지 못할 정도로 일해야 했던 나. 그랬던 내가 지금은 당당하게 대중 앞에 나서서 꿈과 희망을 얘기하는 강연가, 선한 영향력을 주는 메신저로 살아가고 있다. 자기계발 작가, 강연가, 동기부여가, 희망 멘토로서 전성기를 이루고 있다. 거기에 한 가지 더 추가해서 한반도의 미래인 통일을 위해 전국을 누비면서 통일 강연도 하고 있다. 바쁜 일상 속에서도 나는 장애인 여성을 위한 멘토 봉사도 하고 있다.

이 모든 것은 북한에서는 꿈도 꿀 수 없는 것들이다. 그곳에서는 책은 말할 것도 없고 전국을 다니며 강연한다는 것은 나에게 있을 수 없는 일들이다.

56

희망의 책 쓰기 불씨가 되기

유애희 초등학교 교사, 독서육아 전문가, 독서토론 심사위원, 자기계발 작가, 강연가

현직 초등학교 교사다. 초등학생에게 독서토론을 가르치고 학부모 독서동아리와 학교폭력예방 동아리 운영의 멘토로 활발히 활동하고 있다. 또한 책 읽어 주는 엄마와 학교 폭력을 당하지 않는 자녀가 되도록 교육에 힘쓰고 있다. 저서로는 《꼭 이루고 싶은 나의 꿈 나의 인생》이 있으며, 현재 '엄마표 독서육아'를 주제로 한 개인저서를 준비 중이다.

• Email cutetoday@naver.com

내가 작가가 되기 전, '2년 뒤에 책을 쓸까? 아니면 퇴직 후 책을 쓸까?' 하며 막연히 책 쓰기에 대한 계획을 세웠다. 그렇게 책 쓰기에 대한 계획을 세우는 것만으로도 만족해했다. 그러면서 책을 쓰기보다는 읽기만 했다. 그저 책만 읽는 바보였다.

6년 전, 내가 재직 중인 학교에 한 인턴 선생님께서 얼마간 근무하신 적이 있었다. 그분과 이야기를 나누다가 글쓰기에 대한 소식을 듣게 되었다. 영월소식지에 글을 써서 투고하면 소식지에도

올려 주고 원고료도 받을 수 있다고 했다. 그러면서 소식지에 글을 쓰는 방법을 알려 주었다. 나는 글을 써서 어디에 투고한다는 것은 한 번도 생각지 못했다. 그런데 내가 근무하는 지역 소식지에 내 글이 실릴 수 있다고 하니 도전하고 싶은 마음이 들었다.

처음으로 취재를 하다시피 사람들에게 물어 가며 글을 쓰기 시작했다. 글을 쓰면서 '이렇게 못 쓰는데 누가 내 글을 실어 주겠나' 하는 회의부터 생기기 시작했다. 자존감이 무너지면서 글은 많이 썼는데 정리가 되지 않았다. 해결 방법은 인턴 선생님께 다시 초심으로 돌아가 글쓰기에 대해 묻는 것이었다.

인턴 선생님은 무조건 글을 쓰고 다듬고 버리고 다시 쓰기를 반복하라고 했다. 그 소리를 들으니 맞는 말도 같아 글의 대상을 여러 번 찾아가서 인터뷰했다. 특히, 인도미술박물관 박여송 관장님의 이야기를 처음에 들었을 때와 달리 두 번째 들었을 때는 글이 보이기 시작했다. 나는 A4용지 2분의 1장의 글을 쓰기 위해 서너 번 관장님을 찾아갔다. 그러곤 듣고 보고 느낀 점을 글로 옮겨 적었다. 관장님 말씀을 상기하면서 글을 여러 번 다듬은 후 열흘 만에 소식지에 투고했다. 처음으로 나의 글이 영월소식지에 실렸다. 그 후 영월소식지에 A4용지 절반 분량의 작은 꼭지 원고를 다섯 번 투고했다.

작년 8월 더운 여름날, 나는 교통사고로 병원에 입원하게 되었다. 같은 병동에 있는 아주머니 두 분이 내 옆으로 오더니 자신들의 이야기를 쏟아 놓았다. 책만 읽던 내게 아주머니들의 온갖 세상살이 이야기가 다양한 정보처럼 들려왔다. 그녀들은 자신들이 떠들어서 책 읽는 데 방해가 되지 않느냐고 물었다. 나는 "책도 이야기고, 말도 이야기니 책을 읽는 것과 마찬가지입니다."라고 했다.

오랜만에 듣는 직장 밖 사람들의 이야기였다. 시집살이, 어리고 어리석어 당한 이야기, 아이들 키운 이야기, 보험 이야기, 병원에 들어오게 된 이야기 등 매일 화제가 바뀌었다. 두 사람의 이야기는 병원에 입원할 때부터 퇴원할 때까지 끝나질 않았다.

한 아주머니는 자신은 억울한 일이 많다며, 사람들에게 사기를 많이 당했다고 했다. 그래서 나는 그녀에게 공책을 주면서 거기에 꿈을 쓰라고 했다. 그리고 '남의 달콤한 말에 속지 말자. 바가지 씌우는 옷가게에 가지 말자. 집을 마련하자' 등의 글을 적어 자기암시를 하라고 했다. 그 아주머니가 이겨 내야 할 자신과의 싸움도 적게 했다. 그랬더니 내가 자신에게 처음으로 도움이 되는 말을 해 준 사람이라며 고맙다고 했다. 그러면서 자신의 이야기를 책으로 만들고 싶다고 했다. 자신이 쓴 일기를 보여 주면서, 바쁘게 돈을 벌면서도 아이들을 바로 키우기 위해 일기를 써 나갔다고 했다. 그 아주머니가 나보다 낫다는 생각이 들었다. 나는 솔직한 마음으로 그녀를 칭찬해 주었다. 정말 지금의 삶에 만족하는, 꿈이 있는 아주머니였다. 아주머니의 책 쓰기라는 꿈에 대해 생각해 보면서 나는 '다음에 쓰는 것이 아니라 지금 책을 써야 한다'라고 마음을 고쳐먹었다.

'지금 책을 쓰자'라고 마음먹었지만 직장 일로 또 정신이 없을 것이므로 몇 개월 후에나 책을 쓸 수 있을 텐데, 그땐 너무 늦겠지, 하며 갈등만 가득했었다. 나를 일으켜 세울 책을 다시 찾아보았다.

"과거가 아니라 현재의 삶만이 도움이 된다. 힘은 휴식을 취하는 순간, 멈춰 버린다. 힘은 과거에서 새로운 삶의 상태로 변하는 순간, 목표를 향해 화살이 나아갈 때 존재한다."

오바마 대통령이 성경 다음으로 좋아한다는 책, 랠프 월도 에머슨의 《자기 신뢰》에서 발견한 나를 위한 글이다. 나 자신이 남의 생각에 복잡해지고 강해지고 싶을 때, 현재의 삶을 살고 싶을 때 마주하고 싶은 글이다. 나의 닉네임 '투데이'라는 말처럼, '나는 지금, 현재 책을 써야 한다'라고 나를 설득했다. 곧이어 자기계발서를 찾았고, 김태광 작가의 책을 읽게 되었다. 다시 꿈이 앞당겨졌다. 바로 작가가 되는 길을 찾았다.

나는 딸에게 용기를 주고 싶었다. 그리고 딸에게 '내가 하고 싶은 일이 무엇인가? 나의 꿈이 무엇인가? 나를 변하게 하는 데 집중해야 하는 이유는?' 이라는, 끊임없는 자기성찰의 힘도 주고 싶었다. 그래서 책을 쓰기로 했다.

나는 김태광 작가의 《10년 차 직장인, 사표 대신 책을 써라》, 임원화 작가의 《하루 10분 독서의 힘》을 읽고 〈한책협〉 카페에 가입한 후 초보 작가들의 행보를 지켜보았다. 그리고 〈1일 특강〉을 신청하고 〈책 쓰기 과정〉에도 참여했다. 토요일마다 나의 꿈을 향해 달려갔다. 책 쓰기에 열정을 다하며 살게 되었다. 나와 같이 책 쓰기를 처음 시작하는 사람들과 같이하게 되어 위로가 많이 되었다. 성공한 작가들의 책을 보면서 성공을 시각화했다.

제목이 정해지고 꼭지가 만들어질 때 점점 살이 되고 피가 되어 가는 느낌이었다. 새벽 5시에 일어나 목차를 만들고 또 만들었다. 완성된 목차는 희망의 목차였다. 장 제목, 꼭지, 원고를 차례차례 써 내려가다 보니까 나의 꿈도 다시 변하기 시작했다. 책을 쓰는 과정에서 의식 변화가 일어나고, 새로운 꿈과 구체적인 삶의 설계도 다시 그려졌다. 의식 변화 책인 네빌 고다드의 《상상의 힘》과 《세상은 당신의 명령을 기다리고 있습니다》, 조셉 머피의 《잠재의식의 힘》, 베어드 T. 스폴딩의 《초인들의 삶을 찾아서》를 읽으면서 내적인 힘도 강해져 갔다.

그뿐만이 아니라 책을 쓰면서 1인 기업을 운영하는 대표들을 만나는 기회도 찾아왔다. 그들이 먼저 도와준다고 나서는 운과도

맞닥뜨리게 되었다. 게다가 한 가지 책 쓰기 효과가 나의 주변을 정리해 주기 시작했다. 부정적인 사람과 나의 시간을 빼앗아 가는 사람이 저절로 정리되었고 계획 없는 소비가 줄어들었다. 대신 그 자리는 책 사기로 채워졌다. 꼭 필요한 물건만 사게 되었다. 정리의 힘도 생겼다.

꼭 하나에 1개만 얻어야 하는 것은 아니다. 10개를 얻을 수도 있는 것이다. 작가가 되고 보니 나의 인간관계가 물갈이되고 있었다. 책 쓰기의 고난을 넘기는 순간, 책 쓰기의 동행자와 내가 작가로 성장하는 데 도움을 준 사람들이 이제 친구가 되었다. 그동안 업무적으로 만나는 정보 친구, 일이 안 될 때 답답한 마음을 이야기하다가 결론도 없이 끝나는 친구, 여행을 목적으로 하는 친구, 부정적이어서 잠이 오지 않게 하는 친구 등이 내 머릿속에서 파도처럼 밀려 나갔다. 그러면서 나보다 나은 사람, 사회적으로 인격과 성공을 갖춘 사람들이 눈앞에 나타나기 시작했다. 정말 작가에게 필요한 사람들이었다.

원고를 다 쓰거든 교정을 봐 주겠다고 하신 박여송 관장님, 책이 출판되면 무조건 가지고 오라는 김재춘 선각 스님, 책 출간 기념회를 열고 홍보를 하라는 박영선 소장님, 책을 써야 된다는 김인자 작가, 도서관의 사례를 얼마든지 제공하겠다는 박화균 선생님, 책 쓰기에 집중하라는 가족과 친정 식구들. 정말 감사한 이들이다. 그리고 나를 가장 자극하면서 무조건 쓰라고 잠재의식을 끌어내 준 김태광 대표님과 임원화 코치님께 감사드린다.

김태광 작가는 자신의 책 《마흔, 당신의 책을 써라》에서 "나는 오늘도 사람들에게 성공하고 싶다면 꼭 저서를 내야 한다고 조언한다."라며 한 권의 책이 인생을 바꿔 준다고 강조한다. 지금 작가로서 나의 인생이 바뀌고 있다.

앞으로 나는 이미 성공한 것처럼 버킷리스트를 쓰고, 넓은 시야를 가지며 작가, 강연가, 1인 기업가, 화가, 메신저, 마스터, 기부자로서 한 발 한 발 나아가겠다. 나를 위한 책 쓰기의 힘으로 내가 목표한 나의 꿈을 향해 화살을 멀리 쏘아 본다. 나는 전국 엄마들의 독서육아에 불을 지피는 작가로 살 것이다. 나아가 전 국민에게 힐링을 가져다주는 희망의 책 쓰기 불씨가 될 것이다.

57

책을 쓰며 도전의 짜릿함 맛보기

박혜경 에티하드 항공 부사무장, 승무원 멘토, 자기계발 작가, 동기부여가

에미레이트 항공 객실 승무원으로 근무했으며 현재 에티하드 항공 부사무장으로 근무 중인 10년 차 아줌마 승무원이다.
또한 월드잡에서 진행하는 '해외진출 멘토링(이전 명칭 K-Move)'의 공식 멘토와 승무원을 준비하는 취준생들의 멘토로
활동하며 그들의 잠재력을 극대화시켜 주고자 한다. 동기부여가, 자기계발 작가이기도 하다. 무(無)스펙으로 부사무장
승무원이 된 저자의 경험을 담은 개인저서를 집필 중이다. 저서로는 《승무원 영어면접 스킬》이 있다.

• Email luna1223@naver.com
• Instagram flying_luna_
• Cafe cafe.naver.com/luna1223

'성공하지도, 유명하지도 않은 내가 과연 책을 쓸 수 있을까?'

불과 3년 전만 해도 나는 이렇게 생각했다. 참 아이러니한 것
은 이런 생각을 하고 있었던 당시에도, 그전에도 나는 책을 쓰고
싶다는 생각을 하고 있었다는 것이다. 내가 처음 책을 써 보고 싶
다고 생각한 것은 2013년이었다. 그 당시 영어인터뷰 관련 강의를
꽤 오래 하고 있었다. 그때 제자들이 종종 영어인터뷰에 관한 책
을 쓰면 대박 날 것이라는 이야기를 해 주었다.

그때 '책 쓰고 싶다'라는 생각을 처음으로 하게 되었다. 하지만

책을 쓰고 싶은 마음은 굴뚝같았지만 두려움도 그만큼 컸다. 현지인처럼 영어를 구사하지도 못하고, 유명 대학을 나온 것도 아닌 내가 과연 되겠냐는 생각이 나를 주저하게 만들었다. 그래서 나는 제자들의 응원에도 스스로에게 쓰지 않아도 될 이유로 위와 같은 변명을 하고 있었다.

지금 돌이켜 보면 부끄럽지 않을 수 없다. 후회도 된다. 그때 마음먹고 도전했다면 어쩌면 내 인생이 더 빨리 달라지지 않았을까 하는 생각이 들기 때문이다. 그 뒤, 2년이라는 시간을 더 변명하고 고민했다. 안 된다고 말하면서도 책을 쓰고 싶다는 마음이 사라지지 않았다. 오히려 강해지기 시작했다.

'내가 지금까지 강의하고 가르쳐 온 세월과 쌓아 온 스킬이 있는데, 왜 안 되겠어!'

당찬 마음으로 2015년 3월, 나는 영어인터뷰를 주제로 한 책 쓰기에 도전하기로 마음먹었다. 마음을 먹기까지는 참 힘들다. 될 이유보다는 되지 않을 부정적인 생각들이 먼저 떠오른다. 도전하고 나서 실패에 직면하는 것이 두렵기 때문이다. 그래서 아예 도전 자체를 막으면서 나 자신을 아직 받지도 않은 상처로부터 보호하고 있었다. 어리석었다. 도전하지 않으면 결코 결과는 알 수 없다. 그런데도 나는 일어나지도 않은 실패에 겁먹어 도전 자체를 막고 있었다. 하지만 결정하고 나니 오히려 마음이 가벼워졌다. 그러곤 안 될 이유보다는 될 이유를 찾고 있는 나 자신을 발견하게 되었다.

이미 스타트를 끊었으니 멋지게 마무리하겠다는 의욕이 불타올랐다. 그렇게 1년을 비행과 강의 속에서 틈틈이 시간을 내어 원고 작업에 들어갔다. 그리고 2016년 10월에 《승무원 영어면접 스킬》이라는 책이 나의 이름을 달고 출간되었다.

10시간 비행하고 와서 눈도 못 붙이고 원고 작업에 매달렸다. 그렇게 충혈된 눈으로 컴퓨터 앞에 앉아 보낸 시간들이 멋진 결과가 되어 내 눈앞에 나타난 것이다. 과연 책이 출판될 수 있을까. 그런 불확실성에 대한 두려움과 가능성에 대한 의지와 불편한 동거를 하면서도 끊임없이 원고 작업을 했다. 시작했으니 죽이 되든지 밥이 되든지 해 보겠다는 마음으로 1년을 보냈다. 그런 인고와 불확실의 시간을 지나 책이 출간되었다. 그때의 기분은 정말 짜릿했다.

책이 출간된 후, 나를 바라보는 주변 사람들의 시선이 달라졌다. 다들 앞다퉈 멋지다 칭찬하고 대단하다면서 치켜세워 주기 시작했다. 무엇보다도 내가 나에게 보내던 부정적인 시선을 이겨 낸 것 같아 뿌듯하고 자랑스러웠다. 그로 인해 자존감도 높아졌다. 그리고 삶을 대하는 나의 자세 또한 더 당당해졌다.

"세상에서 잃을 것을 생각하면 새로운 도전을 절대 할 수 없다."

유명한 뮤지션인 지코의 친형 우태운은 열정을 안고 끊임없이 음악에 도전하고 있었다. 하지만 지코의 친형이라는 꼬리표 때문에 많은 부정적인 시선들을 견뎌야 했다. 그런 그가 〈믹스나인〉이라는 프로그램에 나가겠다고 했을 때, 동생마저도 그런 오디션 프로그램에 나가 봐야 잃을 것이 더 많은데 뭐 하러 나가냐며 말렸다고 한다.

그런 부정적인 시선들 속에서 우태운은 오롯이 자신의 실력과 노력으로 무대에서 멋진 퍼포먼스를 펼쳐 보였다. 그 뒤 양현석이 그에게 동생 지코의 말을 확인했고, 우태운은 미소로 대답을 대신했다. 나는 그가 지은 미소의 의미를 가늠할 수 있었다.

나 역시도 잃을 것을 먼저 생각하고 도전 자체를 꺼린 적이 많다. '과연 한다고 되겠느냐'라는 생각이 나를 지배하게 내버려 둔 적도 있다. 이런 자세로 세상을 대했을 때 내가 얻은 것은 아무것도 없었다. 하지만 두려움을 이기고 도전하고 노력한다면, 물론 실패도 겪게 되지만 얻는 것이 더 많다는 걸 알게 되었다.

나에게 있어 책 쓰기는 절대 이르지 못할 거대한 산이었다. 그 산이 너무 높고 험준했기 때문에 발을 내딛는 것조차 상상할 수 없었다. 하지만 나는 올라가는 것이 무서워 주저하는 것이 아닌 도전을 선택했다. 그리고 멋지게 정상에 깃발을 꽂았다.

도전 뒤의 짜릿함을 맛본 나는 더 이상 도전하는 것을 망설이지 않는다. 두렵지 않다는 것이 아니다. 두려움을 안고 도전하는 법을 배운 것이다. 오히려 두려움이 나로 하여금 더 노력하게 한다는 것도 깨달았다. 그리고 지금 나는 더 높고 험준한 산에 도전하고자 한다.

현재 내가 출간한 책은 교재의 개념이 강한 책이다. 이런 책을 넘어 내 삶을 녹여내는 개인저서 또한 지속적으로 출간하겠다는 도전이 바로 그것이다. 나는 다른 이의 삶에 좋은 영향을 주는 진정한 작가의 길을 걷고 싶다. 혹자는 생각할지 모른다. 성공한 것도 아닌 내 삶에 누가 관심이 있겠느냐고. 그런 내가 누구에게 영향을 미칠 수 있겠냐고 말이다.

하지만 나는 특별한 사람만 다른 사람에게 영향을 미친다고 생각하지 않는다. 또한 모든 사람의 삶이 평범하지만 특별하고 특별하면서 평범하다고 생각한다. 그렇기 때문에 내가 걸어온 모든 길이 평범하면서 누군가에게는 특별할 수 있다. 그런 나의 삶의 이야기를 진솔하게 전하고 내 실패와 성취의 경험을 나누면서 그 누군가의 삶에 선한 영향을 미칠 수 있다면 얼마나 멋지겠는가. 이 도전이 나를 미치도록 가슴 뛰게 한다. 앞으로 더 높이 비상할 내 모습이 그려지기에.

책 쓰기를 통해 부정적인 시선에서 자유로워지는 법과 두려움을 즐기는 법을 터득한 나는 '뭐 하냐고' 묻는 사람들에게 당당하게 말한다.

　"승무원으로 전 세계를 비행하고, 강의를 하면서 글을 쓰고 있습니다."

58

책을 써 많은 사람들의
마음 위로하기

김미정   '은퇴1인창업연구소' 대표, (주)지강투자법인 대표, 1인 창업 전문가, 1인 창업 컨설턴트,
은퇴 상담전문가, 가치 변화 메신저

자기계발을 통해 자신의 소명을 발견한 후 활기차고 행복하게 인생 2막을 준비하고 있다. 불안한 마음을 긍정적인
배움으로 떨쳐 버렸으며 성공자의 의식을 공유하는 가치 변화 메신저와 '은퇴1인창업연구소' 대표로 활동 중이다.
저서로는 《회사를 졸업하겠습니다》, 《버킷리스트8》, 《미래일기》, 《또라이들의 전성시대》 등이 있다.

• Email pre-retire@naver.com   • Cafe www.rslab.co.kr
• C·P 010. 2635. 6429

2017년 11월, 나의 개인저서인 《회사를 졸업하겠습니다》가 출
간되었다. '책을 쓰겠다'라고 선포한 지 1년 6개월이 지나서야 세
상의 빛을 보았다. 책 쓰기를 함께 시작한 동기보다 늦은 출발이
지만 괜찮다. 사람마다 대성하는 때가 다르듯이 책도 그 나름의
때가 있는 것이니까.

책을 쓰면서 나의 마음은 한결 부드러워졌다. 긍정적인 생각과
우주의 생각들로 머릿속을 채우다 보니 그렇게 변했다. 이전의 부
정적인 감정들을 떨쳐 낼 때마다 눈물이 났다. 다 끄집어내기까지

1년이라는 어마어마한 시간이 걸렸지만 책 쓰기 코치님들의 격려와 동기부여 덕분에 잘 마무리를 지을 수 있었다. 내 책이 출간되었다는 소식에 너무나도 벅찬 기쁨과 행복감이 밀려왔다. 또한 수고했다며 격려해 주는 지인들이 있어 더 기분이 좋았다.

탈고를 마치고 원고를 출판사에 넘기면서도 '과연 내 책이 출간될까?'라는 행복한 두려움에 휩싸이기도 했다. 그러나 《회사를 졸업하겠습니다》는 예상을 뛰어넘는 제목과 디자인으로 많은 사람들의 호응을 얻었고 주간베스트에 올랐다. 매일 SNS로 내 책을 검색하고 서평을 읽었다. 서평을 보면서 '다른 사람은 이렇게도 받아들이는구나'라고 생각하는 계기가 되었다. 나의 생각과 같은 독자의 서평은 고맙다. 그리고 다른 시각에서 봐 주는 독자는 내 의식을 확장시킨다.

"이 책의 저자는 현재 자신이 하고 싶은 일을 찾아서 열심히 노력하고 있는 현재진행형의 사람이다. 자신이 하고 싶은 일을 잘하고 싶다는 강한 의지가 있기 때문에 혹시 도움을 필요로 하는 사람이 있다면 아마 자신의 도움을 적극적으로 베풀어 주지 않을까 싶다. 지금 다니는 직장이 마음에 들지 않지만 어떻게 은퇴 준비를 해야 할지 막막한 사람이라면 이 책을 한번 읽어 보길 바란다. 자신의 은퇴 계획을 세우는 데 도움이 될 것이다."

"《회사를 졸업하겠습니다》에 나오는 많은 내용들은 다른 자기계발서에도 있는 내용이다. 하지만 일하고 있는 지금도 나에게 계속해서 공부하고 노력하고 미래를 위해 투자해야겠다는 마인드를 심어 주는 것은 이 책이 유일하다. 그래서 나는 나의 마음을 다시 한 번 다잡게 되었다. 또한 앞으로 나의 삶의 포트폴리오를 어떻게 세워야 할지 많은 생각을 하게 되었다. 그러면서 지금보다 더 미래를 위해 투자해서 나 자신의 가치를 높여야겠다, 라고 생각하게 되었다. 시간관리, 건강관리, 자기관리, 재산관리, 능력관리 등 모든 것을 다 갖추도록 끊임없이 노력해 은퇴 후의 삶이 지금보다 더 아름다울 수 있도록 해야겠다고 생각하게 되었다."

독자들의 서평으로 인해 책을 써야겠다는 소명이 더 확실해졌다. 훌륭한 책을 써 주어서 고맙다는 독자의 서평을 보았을 때는 감동을 받았다. 가슴속 저 깊은 곳에서 안도의 감정과 새로운 희망이 피어남은 말할 것도 없다. 비슷한 종류의 책은 많지만 좀 더 자세히 실천할 수 있는 방법들을 알려 주는 책이라는 내용도 있었다. 세월이 흘러가는 대로 자신을 내버려 뒀었는데 내 책을 읽고 마음을 다잡게 되었다는 독자도 있었다. 그렇다. 내 책을 읽고 자신의 마음을 다잡는 독자가 한 명이라도 있다면 그것으로 된 것이다.

출간된 책을 받자마자 먼저 사랑하는 남편과 아들 지훈이, 강훈이에게 사인을 해서 한 권씩 주었다. 남편은 언제나 나를 응원해 주고 지지해 준다. 그러나 큰아들 지훈이는 사춘기를 겪는 중이라 무슨 일이든 탐탁지 않아 했다. 그런 큰아들 지훈이가 내 책을 읽는 것이었다. 반쯤 읽어 보고는 "읽을 만하네."라며 칭찬 아닌 칭찬을 해 주었다. 그러면서 다음 날 학교에서 본다며 가방에 넣어 가는 모습이 어느 때보다도 사랑스러웠다.

〈세상을 바꾸는 시간, 15분〉에서 강연한, 《엄마 반성문》의 이유남 작가는 자랑스러운 자녀를 만들기보다 먼저 자녀에게 자랑스러운 엄마가 되어야 한다고 역설했다. 책을 출간하면서 완전히 공감한 이야기였다. 왜냐하면 첫째가 내 책의 독후감을 노트에 적은 것을 책상을 정리하다 보았기 때문이다. 노트에는 엄마는 대단하다며 자신도 엄마의 책 내용처럼 성공하고 싶다는 이야기가 적혀 있었다.

《성공해서 책을 쓰는 것이 아니라 책을 써야 성공한다》의 김태광 작가는 당신이 책을 써야 하는 다섯 가지 이유를 이렇게 이야기한다.

"첫째, 책은 최고의 소개서다. 둘째, 사회적 영향력이 크다. 셋째, 전문가의 자격증이다. 넷째, 미래가 달라진다. 다섯째, 사회에 공헌하는 일이다."

나는 여기서 넷째와 다섯째의 이유에 주목한다. 미래가 달라질 수 있는 일 중에 책 쓰기가 있다. 아무도 우리의 미래를 예측할 수 없다. 왜냐하면 책을 출간하면서 평범했던 사람이 한순간에 주목받는 것을 종종 봐 왔기 때문이다. 그렇다면 나의 미래는 어떻게 변할 수 있을까?

책을 내기 위해서는 유명하지 않아도 된다. 이제는 평범한 것이 특별한 것이다. 유명한 사람은 평범한 우리가 겪는 문제를 알 수 없다. 우리가 가진 문제들을 고민하고 위로하며 해결 방법을 찾으려 노력하는 그 경험과 지혜는 평범한 데서 나온다.

또한 책 쓰기는 사회에 공헌하는 일이기도 하다. 나의 저서인 《회사를 졸업하겠습니다》에서는 현재 우리 사회를 살아가는 나와 같은 중년의 문제이자 확장하면 모든 이들에게 해당하는 문제를 다루고 있다.

두 가지만 예로 들면, 책에서 "자식은 우리를 부양할 수 없으며 정부도 마찬가지이니 미리 미래를 준비하자."라고 말했다. 책을 읽은 독자들이 모두 같은 생각을 가지는 것은 아닐 것이다. 하지만 내 글을 읽고 단 한명이라도 변화한다면, 그걸로 충분한 것이다.

더불어 "회사는 나를 만들어 가는 곳이지 의존해 가는 곳이 아니다."라는 메시지로 한 번 더 직장생활을 생각하게끔 했다. 회사의 역량을 키울 생각만 하지 말고 나의 역량도 함께 키우기를 권유하고 있다. 회사에서는 연말이 되면 내년의 계획을 세워야 하기 때문에 매우 바빠진다. 이와 마찬가지로 자신도 내년에 해야 할 일 등을 미리 계획해야 한다. 계획과 목표가 없으면 달성도 할 수 없으며 계획을 수정할 수도 목표를 상향 조정할 수도 없기 때문이다. 직장에서의 모든 일은 내 가정과 각자에게 적용시킬 수 있다. 꿈과 목표가 없는 삶은 우리를 여기저기에 휘둘리게 한다. 이처럼 책은 독자들에게 사회의 많은 문제점들을 깨달을 수 있는 계기를 제공한다.

글을 쓸 때는 글쓰기에 깊이 빠지게 된다. 나 역시 마음껏 울고 웃으며 좌절과 고통을, 때로는 기쁨과 행복을 느꼈다. 내가 쓴 글을 통해 마음을 치유하고 힐링하며 때로는 동기부여까지 받았다. 내가 가진 열정을 책을 쓰는 내내 뿜어냈다. 그래서 책을 읽은 한 독자가 가슴이 두근거린다는 표현을 했는지도 모른다. 내 안에서 우주의 소명이 무엇인지를 발견하고 실천하겠다는 새로운 희망으로 열정이 더 크게 샘솟았다.

"누구나 책을 쓸 수 있다."라는 한 문장 때문에 나는 책을 쓰고 저자가 되었다. 누군가 나의 책을 읽고 어느 한 문장으로 인해 자신의 마음을 다잡을 수 있다면 좋겠다. 더 나아가 스스로 무엇인가를 시도하게 되어 그의 미래에 하나의 보탬이라도 된다면 좋겠다. 내가 책 쓰기를 통해 좀 더 나은 미래를 맞이하게 되었듯이 다른 이들도 책 쓰기로 나보다 더 나은 삶을 살아 나가기를 바란다.

59

책 쓰기로 삶의 질 높이기

이준희 성공학 메신저, 자기계발 작가, 동기부여가, 강연가

26년 차 직장인으로, 많은 이들이 자신만의 꿈을 찾아 특별한 삶을 살아가도록 도움을 주는 것을 모토로 삼고 있다. 책 쓰기를 통해 과거에 이루고자 했던 가치 있는 삶을 살고 있다. 강연 활동과 꿈맥 친구들과의 교류를 통해 끊임없이 꿈을 가꿔 나가고 있다. 현재 직장인의 자기계발을 주제로 한 개인저서를 집필 중이다.

• Email Ljunhee1@naver.com

요즘 세대들은 시간만 나면 스마트폰을 들여다본다. 자신이 좋아하는 분야나 전공분야의 책을 읽는 대신에 말이다. 일반적으로 독서는 시간 여유가 많은 사람들이 하는 것이라고 생각하곤 한다. 심지어 "일이 힘들고 생활이 고달파서 독서할 시간이 없어." 라고 말하는 사람도 있다.

독서는 시간이 남아서 하는 것이 아니다. 자투리 시간에도 얼마든지 할 수 있는 게 독서다. 자신의 의지와 관심만 있으면 10분 안에도 독서가 가능하다. 독서를 많이 하면 논리적인 사고력과 발

표력이 키워진다. 독서를 통해 간접경험을 함으로써 내가 직접 해보지 못하더라도 한 걸음 더 발전해 나갈 수 있다. 책을 열심히 읽는 것이 기본이 되어야 하는 이유다. 많은 지식을 습득하고 자신의 것으로 만들어 가면 우리의 삶의 질은 더욱 높아질 것이다.

어르신들은 종종 자신이 살아오면서 겪은 이야기를 책으로 쓰면 아마 전집쯤은 될 거라고 얘기하곤 한다. 로마에는 "말은 날아가지만 글은 남는다."라는 격언이 있다. 그때는 '어르신들의 경험을 책으로 써낸다면 얼마나 좋을까?'라고 생각만 했다. 그렇지만 쉽게 행동에 옮길 수 없었다. 책을 쓰고 작가가 된다는 것은 아주 특별한 사람만이 할 수 있는 것이라고 생각해서였다. 왠지 작가라는 직업을 가진 사람들은 보통 사람과는 다른 영역의 사람들 같았다.

독서를 꾸준히 하면 많은 지식을 습득하고 한 걸음 더 발전할 수 있다. 하지만 독서로만 끝내서는 안 된다. 습득한 지식과 내 경험을 책으로 내는 것으로 나아가야 한다. 책을 쓰게 되면 여태 살아온 세상과는 또 다른 세상과 만날 수 있는 기회가 생기기 때문이다. 자신이 배우고 느낀 것을 그리고 경험한 것을 타인과 함께 나눌 때 자신 또한 한 단계 성장할 수 있다고 믿는다. 나 또한 개인저서와 여러 권의 공동저서를 내어 꾸준히 성장해 나가고 있다. 책을 통해 나의 꿈과 비전을 다른 사람들과 함께 나눌 수 있다면 이보다 더 행복한 일은 없을 것이다. 〈한책협〉의 김태광 대표는 말했다.

"내 이름으로 된 책을 쓴 후 인생이 달라졌다. 책을 읽는 위치에서 책을 쓰는 위치로, 사인을 받는 위치에서 사인을 해 주는 위치로, 강연을 듣는 위치에서 강연을 하는 위치로, 사진을 찍는 위치에서 사진이 찍히는 위치로 신분이동 했다."

나 또한 공감하는 말이다. 1,000권의 책을 읽어도 독자의 위치에서는 달라지는 것이 없다. 하지만 내 책을 한 권이라도 쓰고 나면 많은 변화가 생긴다. 내 주변에도 그런 분들이 아주 많다. 대표적으로 대한민국 최고 책 쓰기 코치인 김태광 작가가 있다. 그리고 《스물아홉, 직장 밖으로 행군하다》의 임원화 작가도 중환자실 간호사에서 책을 쓰고 새로운 삶을 살고 있는 대표적인 작가 중의 한 명이다. 그녀는 책을 통해 자신이 걸어온 삶을 이야기했다. "중환자실 간호사로서 사람을 살리는 일을 하고 있었지만 정작 본인은 죽어 가고 있었다."라는 그녀의 이야기를 읽으며 많이 공감했다.

나 또한 회사를 25년째 다니고 있는 평범한 직장인이다. 25년 동안 충성을 다해 지금은 한 부서의 팀장이 되었다. 만약 내가 퇴사하고 회사에서 가진 직위가 없어진다면 과연 어떻게 될까? 평범한 회사원인 나의 미래는 선배들을 통해 어렵지 않게 상상할 수 있다. 회사에 있을 때는 서로가 업무에 관련되어 있기 때문에 호형호제한다. 하지만 회사를 퇴직하고 나면 마음에서 멀어지고 잘 찾지도 않게 된다. 여러분들도 이런 경험을 했을 것이다. 일반적인 친구와 직장동료는 다르니 말이다.

《회사를 졸업하겠습니다》의 김미정 작가는 내가 세상에서 제일 사랑하는 사람이자 존경하는 작가다. 그녀는 책 쓰기를 준비하면서 2년 남짓한 기간 동안 부산에서 분당까지 강의를 들으러 다녔다. 힘들만도 하건만 그런 내색 없이 즐거워하는 모습을 볼 때면 '얼마나 행복하면 저럴까'라는 생각이 들었다. 사람은 자신이 하고 싶어 하는 일을 할 때면 피곤하다는 생각을 하지 못하는 법이다. 김미정 작가의 영향을 받아 나 또한 책 쓰기를 시작했다. 부부가 공통의 취미를 가지게 된 것이다. 부부에서 서로에게 좀더 힘이 되어 줄 수 있는 동반자로 발전해 나가는 계기가 되기도 했다.

아내와 함께 책 쓰기를 준비하면서 만난 분들이 지금은 작가가 되어 다들 활발하게 활동하고 있다. 물론 나의 아내인 김미정 작가도 본인의 저서 《회사를 졸업하겠습니다》를 출간하고 나서 주변에서 작가님이라는 호칭으로 불린다. 그럴 때면 얼마나 기분이 좋은지 모른다. 지인에게 아내의 책을 소개하면 다들 놀란다.

"대단한 아내를 두었다."라며 부러워하기까지 한다. 책을 써서 자신을 알려 행복하고 자신의 글을 통해 많은 사람들의 삶이 긍정적으로 변한다면 이보다 더 좋은 일은 없을 것이다.

나 또한 개인저서를 빨리 출간해서 아내 역시 이런 기분을 만끽할 수 있도록 해 주고 싶다. 이 책을 통해 나는 다시 한 번 더 다짐해 본다. 올해에는 나의 개인저서가 출간될 수 있도록 집필을 빠르게 완료할 것이라고.

2017년 11월 25일은 아주 특별한 날이었다. 서울 시청 앞 더플라자 호텔에서 〈한책협〉 주최로 '작가의 밤' 행사가 진행되었다. 너무나도 뜻깊은 자리였기 때문에 부산에서 5시간이 넘는 시간 동안 이동하면서도 들뜬 기분을 주체할 수 없었다. 김태광 대표 외에 많은 작가님들이 참석하는 자리이기 때문에 더욱더 행복했다. 성공자의 마인드를 가진 분들과 함께 서로의 성공 기운을 나눌 수 있다는 것이 얼마나 좋았는지 모른다. 여기에 모였던 분들은 모두 책을 써서 성공한 사람들이다. 책으로 자신을 브랜딩하려고 노력하고 있는 분들이다. 책을 통해 자신의 인생을 빛내고 있는 분들이다.

내가 이 자리에 참석한 이유는 아내와 같이 꾸는 꿈과 목표 때문이다. 바로 책을 쓰고 성공해서 하와이에 성공학 아카데미를 여는 꿈이다. 누군가는 이루지 못할 꿈이라고 생각할 수도 있다. 그러나 우리 부부는 좀 더 큰 꿈을 함께 이루기로 했다. 혼자 하는 것보다 함께하면 이룰 수 있는 가능성이 더 커진다는 생각이 든다. 함께한다고 생각하니 두려움보다 행복감이 더 크다.

책 한 권이 사람의 인생을 바꾸기도 한다. 책을 읽다 보면 마음을 울리는 문구나 표현들이 있을 것이다. 그 문구에 감동을 받기도 하고 현재의 삶을 어떻게 꾸려 나갈지 생각해 보기도 한다. 과거에 어떻게 살았는지는 중요하지 않다. 앞으로 어떻게 살 것인지가 중요하다. 누군가 내가 쓴 책을 읽고 새로운 삶에 도전할 수 있다면 이보다 더 좋을 수는 없을 것이다. 책을 쓰기 위해 꾸준히 노력하는 것이야말로 행복한 일임에 틀림없다.

60

책 쓰기를 통해
나의 삶 일으켜 세우기

조우관 '경기도여성능력개발원' 커리어 코치, 직업상담사, 자기계발 작가

불행했던 지난날을 성공하겠다는 일념 하나로 극복했다. 불행한 이들에게 행복의 메시지를 전달하는 저자와 강연가로서의 삶을 꿈꾼다. 또한 커리어 코치로서 인생에서 돈보다 중요한 가치가 무엇인지 알려 주고자 한다.

• C·P 010.7366.7757

초등학교 3학년 때 《왕자와 거지》라는 동화를 희곡으로 각색해 연극 무대에 올렸다. 초등학교 6학년 땐 소설을 썼다. 그때부터였을까. 작가가 내 꿈 목록에 들어온 것이. 어쩌면 작가가 되고 싶었던 아버지의 영향을 받아 내가 인식하기 훨씬 이전부터 나의 심장으로 피가 들어오듯 꿈이 들어온 것인지도 모르겠다.

내가 어린 시절엔 작가라는 이름을 가진 모든 이들이 가난했다. 영화나 드라마에 나오는 작가들도 가난했고, 심지어 교과서에 나오는 작가들까지 모두가 가난하기만 했다. 가난을 유산으로 물

려받았던 나는 작가의 기본기와 개인기 자체가 가난인 것만 같았다. 그래서 그 꿈을 철저히 봉인해 버렸다. 어른이 되어서까지 가난하게 살 용기는 없었으므로.

나의 글은 오직 내가 쓰는 일기장에서나 볼 수 있었다. 또는 가끔 누군가를 대신해 써 주는 연애편지에서나 그 진가가 발휘되는 것이 고작이었다. 나는 작가라는 꿈이 나의 꿈 상자 안에서 미처 빠져나오기도 전에 그 문을 꼭 닫아 버렸다. 마치 판도라의 상자 속에서 튀어나오지 못했던 마지막 단어처럼.

사람은 누구나 글을 쓰고자 하는 열망을 가지고 있다. 우리는 끊임없이 무언가를 말하고자 하는 욕구를 가지고 있다. 하지만 다른 사람들에게는 그것을 미처 다 풀어내지 못한다. 그래서 어떻게 해서든 그것을 글로써 분출할 수밖에 없는 것이다.

미국에 어떤 여성이 살고 있었다. 그녀는 의사인 아버지 밑에서, 남부러울 것 없는 가정의 장녀로 자랐다. 공부도 잘했고, 좋은 대학에도 갔다. 그러다 한 남자를 만나 가정을 꾸리고 잘 살았는데, 어느 날 문득 싱크대로 떨어지는 물줄기를 보며 섬광처럼 기억 하나가 떠올랐다. 아버지가 어렸을 때부터 자신과 샤워를 함께하면서 자신을 성적으로 학대했던 기억이었다. 그전에는 그런 기억들을 내면 깊숙이 묻고 살면서 자기 자신조차 본인이 그런 일을 당했다는 사실을 기억하지 못했다. 떨어지는 물줄기에 묻어 뒀던 기억이 되살아나게 된 것이다. 아이들은 자신을 보호해야 할 대상으로부터 보호를 제대로 받지 못하거나 부당한 대우를 받을 때 생존하기 위해 자신의 기억을 보이지 않는 곳에 숨겨 버릴 수 있다고 한다.

나 역시 그랬다. 다른 친구들의 할아버지뻘인 아버지, 폭력적인 아버지, 무능력한 아버지. 이 모든 아버지의 모습들이 나에겐 부끄러움 그 자체였다. 아버지의 어지러운 역사는 곧 나의 역사가 되었다. 아버지의 모든 폭력과 원한이 나를 짓밟곤 했다. 그 안에서 내가 할 수 있는 것이라곤 공부밖에는 없었다. 그러면서 나는 내게 가해진 모든 폭력을 제삼자의 눈으로 보기 시작했다. 나의 문제가 아니라, 내가 알고 있지만 모른 척하고 있는 한 아이의 역사로. 그렇게 나도 나의 역사들을 묻어 버렸다. 그렇게 봉인된 역사는 결혼 후 엄마가 되고 나서 비로소 자신의 실체를 알아 달라고 아우성치기 시작했다.

내가 다시 글을 쓰기 시작한 건 그렇게 울고 있는 나를 달래기 위해, 철저히 나만을 위해서였다. 내가 다른 사람이 되어 내 안에서 여전히 울고 있는 나를 위로하기 위해서 말이다. 하나의 자아가 또 하나의 자아를 안아 주는 것처럼 나는 하얀 종이를 까맣게 물들이기 시작했다. 그러면서 나의 검은 역사들을 모조리 토해 냈다. 우리는 모두 누군가로부터 위로를 받고 싶어 한다. 하지만 진정한 위로는 내 안에서부터 나오는 것임을, 내가 나를 위로

하는 순간순간의 힘들이 남을 위로하는 것으로 이어질 수 있음을 깨닫게 되었다.

나 자신을 향한 위로가 다른 이들을 향한 위로가 되었을 때, 나는 드디어 가난에 더 이상 구애받지 않는 작가가 되었다. 어쩌면 작가는 자신의 글을 통해 위로와 힘을 얻었다는 누군가의 말 한마디에 계속해서 글을 써 나갈 수 있는 존재가 아닌가 모르겠다. 나는 나와 꽤 오래 알고 지낸 사이였는데, 이제야 나를 진짜 알게 된 느낌이다.

누구나 글을 쓸 수는 있지만, 아무나 책을 내지는 못한다고 생각했다. 하지만 나는 책을 낼 수 있다는 믿음이 있었다. 내가 나에게 친절해지기 시작하니, 친절한 내가 불친절했던 나에게 진짜 꿈을 보여 주고, 진짜 재능을 보여 준 것이다. 글을 쓰고, 원고를 쓰는 과정은, 고독하지만 그 고독의 깊이만큼이나 아름답다. 시간이 지나면서 나는 계속 내 위로 나 아닌 색을 덧칠했다. 책을 내고자 글을 쓰면서 원래의 색을 잃었던 나는 서서히 부드러워져 자연의 색에 가까워졌다. 나를 끊임없이 들여다봐야 하는 과정은 나 자신과 더 친해지게 해 줬다.

언젠가 친구가 말했다. 자신은 나에게 비밀도 말하고 힘든 것도 이야기하는데, 나는 자신에게 아무런 말도 해 주지 않는 것이 섭섭하다고 말이다. 나는 그렇게 완고했다. 아무도 믿지 못했고,

믿고 싶지 않았다. 누군가에게 도움을 요청할 줄도, 도움을 받을 줄도 몰랐다. 나의 마음과 아픔은 아무하고도 공유할 수 없는 것이었다. 해결해 주지도 못할 대상에게 내 문제를 말하는 것은 그에게 내 약점을 쥐어 주고 나의 나약함만 들키는 제로섬게임 같은 것이라 믿었다.

하지만 작가가 되어 나의 아픔을 나누었을 때 사람들은 살 힘을 얻는다고 말했다. 누구 한 사람에게 털어놓는 것도 힘들어했던 내가 대중을 향해 나의 부끄러운 역사들을 말하기 시작한 것이다. 바닥이었던 자존감이 수면 위로 고개를 내밀기 시작했다. 내 것이 아닐 것 같던 '용기'라는 두 글자가 내 것이 되었다. 글을 쓰고 책을 낸다는 것은 나의 죽은 영혼을 살리고 다시 나의 삶을 일으켜 세우는 강렬한 도구였던 셈이다.

어느 날, 내 SNS에 독자 한 명이 찾아와 글을 남겼다. 내 글을 읽고 마음이 따뜻해져서 글까지 남기게 되었다며 감사의 마음을 전했다. 그 글과 마음이 고마워서 내가 더 감동했던 적이 있다. 작가는 혼자서 글을 쓰는 외로운 직업이 아니었다. 많은 사람들에게 내 마음을 전하고, 나의 마음을 읽은 이는 다시 그 마음을 내게 전하는, 보이지 않지만 보이는 커뮤니케이션의 과정이었다. 힘든 삶의 과정과 시련을 극복한 나의 역사가 내 글을 읽는 다른 이에게로 옮아가는 연속적 과정인 것이다.

글을 쓴다는 것은, 책을 낸다는 것은 많은 속박으로부터 해방되는 기회를 내 삶에 들이는 행위다. 깊은 나락으로 떨어졌던 소녀의 꿈을 탈출하게도 하고, 흘러 다니는 의식을 한데로 묶었다가 세상 밖으로 다시 자유롭게 내보내기도 한다. 과거에서, 상처에서 벗어나 온전히 나로서 살아가는 진정한 해방을 맛보게도 해 준다. 우울과 낯선 감정들에서 벗어나 아름답고 소소한 세상의 기쁨과 진정한 삶의 가치를 발견하게 해 준다.

"엄마, 나도 엄마처럼 작가가 될 거야."
"엄마, 책이 나오면 나한테 제일 먼저 사인해 줘."
무엇보다 자식에게 나는 더없이 소중한 꿈 하나를 물려준 엄마로서 살게 되었다. 그 옛날 아버지로부터 받은 유산 중 가장 값어치 있는 유산 하나를 자식에게도 물려줄 수 있게 되었다. 사인해서 아들에게 책을 선물로 줬을 때 닮고 싶은 엄마를 넘어 가장 닮고 싶은 작가가 될 수 있을지도 모르겠다. 내가 책 쓰기를 통해 배웠던 자유를 아들에게 선물로 주고 싶다. 그리고 나의 이야기를 통해 자신의 죽은 영혼을 만나고 그 영혼이 치유되는 경험을 많은 이들이 하게 되기를 바란다.

나를 세우는 책 쓰기의 힘

초판 1쇄 인쇄 2018년 2월 19일
초판 1쇄 발행 2018년 2월 26일

지 은 이   **김태광·임원화 외 58인 지음**
펴 낸 이   **권동희**
펴 낸 곳   **위닝북스**
기   획   **김태광**
책임편집   **유관의**
디 자 인   **김하늘**
교정교열   **우정민**
마 케 팅   **허동욱**

출판등록   **제312-2012-000040호**
주   소   **경기도 성남시 분당구 수내동 16-5 오너스타워 407호**
전   화   **070-4024-7286**
이 메 일   **no1_winningbooks@naver.com**
홈페이지   **www.wbooks.co.kr**

ⓒ위닝북스(저자와 맺은 특약에 따라 검인을 생략합니다)
ISBN 979-11-88610-34-1 (03190)

이 도서의 국립중앙도서관 출판도서목록(CIP)은 서지정보유통지원시스템
홈페이지(http://seoji.nl.go.kr)와 국가자료공동목록시스템(http://www.nl.go.
kr/kolisnet)에서 이용하실 수 있습니다.(CIP제어번호: CIP2018003743)

위닝북스는 독자 여러분의 책에 관한 아이디어와 원고 투고를 설레는
마음으로 기다리고 있습니다. 책으로 엮기를 원하는 아이디어가 있으신 분은
이메일 no1_winningbooks@naver.com으로 간단한 개요와 취지, 연락처
등을 보내주세요. 망설이지 말고 문을 두드리세요. 꿈이 이루어집니다.